本书属于国家社会科学基金青年项目（10CKS015），
并受广东省哲学社会科学规划项目（GD18CMK01）资助

马克思主义
城市空间发展论

On Marxism City Space Development

刘莉 著

人民出版社

序

在历史唯物主义视野中,社会分工是城市产生的前提,而科学技术是城市产生和变迁的"助推剂",所有制的更替是城市产生和发展的根本动力,在这三大因素综合作用下原始社会末期孕育出了"原始初城"。随着这三大因素的继续变化,城市也"不断地分化各种组织和器官",生长出更复杂的空间样态。一直到资本主义生产方式选择了城市并最终在城市中确立起来,城市空间得到了剧烈的膨胀和扩张。

20世纪70年代初,西方马克思主义学者亨利·列菲伏尔提出了"空间生产"理论,指出"所有的社会总是要在地面上生产出一个属于自己的空间"①,城市作为特定区域内生产力、生产关系和上层建筑的空间聚集体,它们不仅是生产的场所,而且不断被社会的生产方式再生产出来,同时人们的相互关系也受到空间生产实践及其产物——空间格局的建构。马克思主义地理学家戴维·哈维提出了"历史—地理唯物主义","强调诸如空间、位置、时间、环境这些地理学概念"在历史唯物主义分析中的重要位置②,并从资本主义生产方式的变迁来研究城市地理空间的演进,"让空间处于运动状态",使其"展现出城市演进的新历史地理学"③。这些论述凸显出城市的空间铺展、空间演进和空间裂变,回应了当今资本主义社会生产体制变迁下城市空间急剧变化的现实,从生产方式的分析维度强化了历史唯物主义对城市空间内在变迁动力的揭示,凸显了资本扩大再生产运动的全球化——跨国生产结构中城市空间的地

---

① [法]亨利·勒菲弗:《空间与政治》,李春译,上海人民出版社2008年版,第122页。
② 胡大平:《从历史唯物主义到历史地理唯物主义》,《南京大学学报》2004年第5期。
③ [美]大卫·哈维:《巴黎城记》,黄煜文译,广西师范大学出版社2010年版,"序言"Ⅱ

理变迁趋势。

同时,生产方式的变化还相应地引发阶级关系、城市意识形态变化,它们缠结在城市空间的变迁中,具体表现为掌握城市权力的阶级,拥有城市空间的规划、布局、设计、雕琢的主导权,使城市空间的区划、生产、形塑、地理景观及文化风貌呈现出主导阶级的政治、经济、文化诉求及其特质的风骨。城市阶级关系在城市空间得到立体的表达,显现出阶级间的空间区隔、空间排斥以及空间资源专享和独占等不平等关系。这些问题,也是新马克思主义学者针对西方城市变化中的病态现象,从"城市空间"视角对资本主义展开批判的切入点。

就中国而言,随着改革开放的深入和市场经济体制的逐渐确立,首先是沿海城市出现了剧烈的空间重构运动,之后内陆腹地也加快了城市化进程。40年来,中国城市空间演变呈现出城市带、城市群交替推进的态势。党的十九大报告指出,要"以城市群为主体构建大中小城市和小城镇协调发展的城镇格局",要"推动京津冀协同发展"、"长江经济带发展"和"进行粤港澳大湾区建设"。这是建立在对当代城市空间发展的演进路径和地理趋势的规律性认识基础上所作出的趋势研判、方向把握并制定的科学决策,成为我国城市化研究必须关注和遵循的宏大格局。同时在城市化进程中,出现了诸如"空间消费化"、"空间过度生产"、"房地产业投机"、"公共产品分配不公"、"城市集体记忆资本化"、"农民工无序流动"、"底层人口的非正规就业经济"等问题,造成城市人口拥挤、住房短缺、环境恶化、城市冲突加剧、城市融入困难、城市认同破损、阶层空间隔离等诸多空间不合理、不健康、不文明、不和谐、不公平、不正义问题。在党的十九大报告中,习近平总书记指出,要"在发展中补齐民生短板、促进社会公平正义,在幼有所育、学有所教、劳有所得、病有所医、老有所养、住有所居、弱有所扶上不断取得新进展"①。因此,如何坚持中国城市建设中"效率、平衡、公平、和谐、绿色"的社会主义价值目标,是进行我国城市化研究的根本性视角——"以人民为中心的发展"视角。

---

①　习近平:《决胜全面建成小康社会　夺取新时代中国特色社会主义伟大胜利》,人民出版社 2017 年版,第 23 页。

刘莉博士的这本《马克思主义城市空间发展论》，是在她主持完成的国家社会科学基金项目"马克思主义关于城市发展的理论及当代中国城市化研究"基础上的心血之作。该书撰写历时七年，涉及对经典马克思主义、新马克思主义、中国化马克思主义关于城市发展诸多文献的研读与诠释，作者自觉寻绎马克思主义理论中关于城市发展变迁的动力、机制和不同阶段的空间表现形式之论述及其思理逻辑、言说范式，以此为指南探索中国城市化和城市空间生产、发展的正确方向，以及如何贯彻社会主义价值目标于其中等重要问题。作为同时进行空间问题唯物史观研究的学术旅友、同事，我见证了她艰苦的研究过程和学术成果，愿意向有兴趣于此的学者和读者，推介本书的一些有益探索。

我认为本书在总体上有如下特点。

第一，认真坚持以马克思主义作为展开问题研究的理论基础。该书沿着生产方式的发展脉络研究了从原始社会末期的"原始初城"到"全球城市"的城市发展过程，梳理了经典马克思主义作家关于城市产生、发展的论述，明确"城市是一定社会生产方式和上层建筑空间形塑或再生产出来的表征体"的马克思主义观点；以此为基底，解析了新马克思主义学者关于城市发展及其空间演替的理论阐发，厘析其对经典马克思主义城市观的发展和某些偏离，对后马恩时代西方资本主义城市发展脉络做了阐释；最后落脚在中国城市建设上，探讨中国化马克思主义关于城市化的理论延伸、思想创新和实践开拓，展示了一幅中国特色社会主义城市化的波澜壮阔的历史画面。同时也悉心检审这方面理论与实践的缺失，以经典马克思主义城市观为圭臬，汲取新马克思主义城市论中的有益成分，就中国城市发展中如何更全面地实现"效率、美善、公平"的社会主义价值目标，提出了一些有益的思考和见解，体现了马克思主义研究理论与实践结合、学术探索与家国情怀统一的境界。

第二，作者对问题的研究贯彻了一种学术创新的自觉和笃行。一方面，该书有创意地梳理了从"原始初城"——"古典城邦城市"——"封建政治城市"——"工场手工业城市"——资本主义"大工业城市"——"垄断城市"——"后大都市"——"全球城市"的城市发展脉络，分析了在生产方式变革推动下城市的空间景观、空间结构、多维功能和社会关系变化的相关性及其互创机制,强化了在生产方式基础上城市空间发展叙事的历史逻辑。另一方面,从资本主义城市"早期大工业城市"——"垄断城市"——"后大都市"——"全球城市"的发展变化来反观资本主义的发展变化及其特征,揭示城市发展变化背后空间生产社会化的历史基底和驱力,从"城市空间"视角彰显了马克思主义对资本主义的分析和批判。如此,都从城市发展的空间维度延伸了历史唯物主义的时代视野和解释力。

第三,该书具有强烈而鲜明的问题意识及其对中国社会的现实关怀。作者直面中国城市化运动中出现的诸如区域布局失衡,中心地带和外围落差加大、城乡建设失调,农民工社会权益和生存、发展空间受阻,融入城市困难的现象、城市空间资源资片面本化,规模无序扩张,房地产过热,空间产品分配不均,空间等级化和隔离化损害弱势群体的城市平等权等涉及国计民生、社会和谐、公平正义的现象,进行了马克思主义城市观和新时代中国特色社会主义五大建设协调发展观的分析。并且依循党和国家的城市化建设战略与大政方针,提出了解决难题的一些对策性思考,认为城市建设、发展必须坚持城市政府、社会组织和社区部门协同一致,发动和有效组织各方面力量完善城市空间"共治共建共享"的机制,塑造平等、包容、和谐、充满文明气息的城市关系和空间氛围,为满足广大人民美好生活的祈愿提供有力保障。

当然,该书也存在某些美中不足和需要推进的地方,如涉及的新马克思主义人物众多,对不同人物如何围绕城市空间发展这一主题展开其论述,缺少条分缕析的比较研究和横观纵览的整合、概括,在寻章摘句中少了些分析研判。又如对资本主义社会城市类型的历史分类略显粗略,只显示了一条发达资本主义国家城市发展的历史"主线",对其他不同地域的城市发展特征则关注不足;在生产方式之外,城市的政治事件、文化传统、历史遗存、人群力量如何对城市发展产生独特的影响也语焉不详。再如对中国当今城市发展的内在规律和自身特色是什么,缺少深入的揭示和澄澈的诠释,等等。作为一个青年学者撰写有部头规模的学术著作,在谋篇布局、逻辑架构、学理阐发乃至语言表达方面都不容易,都要经过更多的磨炼,才能炉火纯青,驾轻就熟。这需要坚持不懈的努力,也需要等待的时间。我希望也相信刘莉教授能在自己的科研实践中,无论是以上问题的进一步理论深化,还是学术视野的拓展、创新,抑或是思维、阐释和表述的功力,都会卓励精进,更上层楼。

受作者之嘱,随书几言,难免不当,权且为序。

胡 潇

目　　录

导　论

　　党的十九大报告指出,要"以城市群为主体构建大中小城市和小城镇协调发展的城镇格局",提出"推动京津冀协同发展"和"长江经济带发展",将长三角城市群、京津冀城市群建设为世界级城市群。这些目标和策略是建立在对全球的城市发展趋势和规律的准确把握之上,是对新时代中国城市化发展目标的科学研判之一。"都市圈、都市区、城市群等,已经成为一个国家和地区参与国际竞争的基本空间单元"[1],"在发达国家产生了都市圈、全球城市区域、全球性巨型城市区、巨型城市区等各种城市群体空间聚集的地域景观。"[2]

　　几千年来,城市已经由原始社会末期简单的"原始初城"发展成为具有复杂空间结构、繁杂的空间景观、人群聚集的大型空间聚集体,推动城市膨胀和演变的内在动力是什么? 这些内在动力又纠葛了哪些历史因素共同参与了城市的发展和变迁? 在今天城市又呈现什么样的空间发展趋势? 把握了城市空间发展变化的普遍规律、内在动力和影响因素,对我们今天进行新时代的城市化建设有着何种价值和意义? 要解答这些问题,我们必须回到经典马克思主义的历史本源,捕捉西方新马克思主义城市发展思想的点点慧光,再反身于中国城市化的理论和实践,落脚在新时代我们进行城市化建设的社会主义目标、发展方向、战略举措和方式方法上。

第一节　城市空间结构、空间景观和空间地形的发展

从历史的尘埃深处走来，我们看到自从城市在原野、山地的"原始人聚居部落"中缓慢孕育出来后，几千年来城市一直在发展，它从小小的"原始初城"越来越发展成光怪陆离的"庞然大物"，是什么在驱动其分化、发展呢？历史唯物主义认为，社会分工是城市产生的前提，而科学技术是城市产生和变迁的"助推剂"，所有制的更替是城市产生和发展的根本动力，在这三大因素综合作用下在原始社会末期孕育出了"原始初城"，随着这三大因素的继续变化，城市也不断生长出更繁杂的空间景观和不断变形的空间结构、复杂的空间社会关系，呈现更复杂的空间样态。

马克思恩格斯认为，技术进步和分工都是生产力的表现，而"分工发展的各个不同阶段，同时也就是所有制的各种不同形式"①。分工代表一个社会生产力发展水平的外显状况，所有制形式则代表了阶级社会生产关系的内在状况。技术进步推动城市空间的经济元素聚集以及地理扩散，分工促进对城市空间的区分化利用以及集约管理，这反映在不同的生产关系中，掌握生产资料的城市阶级力量根据分工提出的空间要求、借用技术力量来对城市进行空间安排、等级规定、景观设置，以维护自己的经济利益、政治统治和文化渗透，正是生产力和生产关系的相互作用形成的"历史协同—地理重塑"机制推动城市空间结构、空间景观和空间地形的发展。

第一，城市空间结构的延展和不断分化。城市空间为生产方式的运行提供了人口、资源、土地等生产要素，提供人员协作、交往的空间集结场域；因此，技术和分工的发展，促使城市空间结构不断延展和分化。技术的进步提供了人口聚集的生产和生活条件，人口集聚、劳动力、消费人口数量增大，生产资料、流通设施增加，实现了生产要素的地理集聚；同时生产集聚又刺激人口聚集，空间中生产设施、流通设施更精细化，这就进一步提出了对这些更复杂的空间经济要素的聚集、组合、连接以提高空间生产效率的问题，

---

① 《马克思恩格斯文集》第 1 卷，人民出版社 2009 年版，第 521 页。

客观上提出了城市空间延展的地理必需。同时分工意味着生产劳动的分类化、专门化和协作性,也就是生产劳动在空间中的具体运行方式,必然会在空间上引起地理反应。随着生产力的发展分工越来越精细化,分工的细化反映在城市空间上就是各空间单元的地理区隔以及内部各空间单元的整合和连接更复杂,由此刻画了一幅城市空间"区隔"、"纵横"的地形图。

在当代,随着生产力的发展城市的经济功能越发达,生成了更多新的生产部门和新的劳动分工,城市空间形态也因此表现得更为复杂,城市的空间结构也从"零散聚居点"相应变成了"多中心"的网络状城市,呈现圈状、带状、网状的空间结构。城市各区间部位通过专业化生产部门与全球生产网络直接关联,生出经济活跃的多"核"状的"小中心",各个小中心之间通过信息交通网络形成"扩散型"、"多核中心"式的城市空间结构,J.戈特曼将其称为"大都市连绵区(megalopolis)"、列斐伏尔和弗里德曼使用了"市域"(urban-field)一词,而索亚则创造了"超级都市区"、后大都市(postmetropolis)的概念,戈迪纳提出了"多核心大都市区域"(polynudeated metropolitan region)以及卡斯特尔斯使用"巨型城市"(megacity)一词描述了西方当前这种拼凑式多中心的城市空间形态。随着中国加入经济化进程三四十年间,中国也生长了一些超大规模的城市群,如京津冀、珠三角、长三角等国际城市群,也呈现出多核的"卫星城市"以及"双中心"的巨型城市空间结构。

第二,是城市空间景观形态的繁杂化。空间是生产劳动及其相关经济活动展开的场域,在生产中经济要素的空间聚集和配置,直接影响和制约着生产力发挥的效能。技术的进步提供了人口聚集的生产和生活条件,人口集聚、劳动力、消费人口数量增大,生产资料、流通设施、消费设施增加,城市的空间景观不断地丰富起来。城市的空间景观是城市生产力、生产关系、政治统治、文化观念的物质综合呈现,保障经济活动开展、维护政治秩序、体现文化的象征意义。

从原始村落"防御野兽的栅栏和土岗中演化出了城墙"①,从村庄的典礼

---

① [美]刘易斯·芒福德:《城市发展史:起源、演变和前景》,宋俊岭等译,中国建筑工业出版社2005年版,第12页。

仪式中流转出"方尖碑、纪念柱、穹顶厅堂"①等纪念性建筑之后,城市的空间景观也一直随着经济活动、政治统治、文化观念的变迁而变化。在建筑形态上,从城市开初的简单石砌建筑的王宫、神庙、小商铺到当今繁杂的城市建筑群、各种造型的百货公司、专营店、城市地标建筑、跨国公司企业总部大楼、娱乐中心广告,灯光、造型、图标的映照使城市成为一个光怪陆离的视觉呈现物。在城市基础设施上,由于城市规模越来越扩大、功能越来越复杂,行政管理功能也日趋复杂,城市设施也越来越多样化,从城墙、公共道路、蓄水池、简易集市到今天的巨大航空港、蛛网式的城市交通、港口码头、信息技术网络,各类交易场所……城市的空间躯体越来越繁杂,不断分化出各种物质"器官"。

第三,在城市关系形态中形成空间地形图。城市是伴随着阶级对立、政治统治和国家的出现而出现的,它是在巨大的社会分裂中产生的,也必然带着社会分裂的"胎记",并且这一"胎记"还在不断地成长中。从原始城市的两个阶级——奴隶主和奴隶阶级的存在,以及"农民、牧民、猎民、矿工、樵夫、渔人、士兵、商人、僧侣"的混合,到今天西方后大都市中"跨国公司商业人士"、"移民"、"有色人种"、"移民后裔"、"有色人种后裔"等种类的"金融人士"、"高端服务业人士"、"工厂工人"、"技术专家"、艺术人士、商业人士等职业人群的聚集。在当代中国大城市中,也出现了跨国资产阶级、富有的房地产商、金融和信息技术管理人士以及外来农民工、城市贫民等各阶层人员的聚集。这些人群依照其阶级地位、经济条件、生活方式、社会传统的差异,在居住空间、生活空间、生产空间的区隔和差异上体现出来,这是社会关系的地理空间反映和表达,由此构成一幅有着多条"褶皱"、"纹路"的有着众多空间分异和区隔的城市空间地形图。

不同历史时期的生产方式会根据所有制形式、生产的协作组织形式来"生成"一个带有自身烙印的城市空间结构,也会根据生产方式内部技术特征、分工组织形式的变化局部化地"重塑"城市空间结构,形成适合生产关系的新城市空间结构,这就是城市空间变迁的"历史协同—地理重塑"机制,正

---

① ［美］刘易斯·芒福德:《城市发展史:起源、演变和前景》,宋俊岭等译,中国建筑工业出版社2005年版,第12页。

如亨利·列菲伏尔(Henri Lefebvre)指出,"从一种生产方式转到另一种生产方式,必然伴随着新空间的生产"①,这是一条历史的"隐线"。同时还存在着一条"显形"的引起城市空间变迁的人的活动"主线"。城市空间反映着城市的政治权力关系,不同生产关系下掌握生产资料的城市权力阶级总是根据自己的经济利益来进行"空间生产"实践。"空间生产"即对空间本身的生产,意味着城市权力阶级不断运用地方政府权力、城市规划专家、城市设计者对城市空间进行组织、布局、设计、划分、规定、意义化等活动,按照自己的需要来组织城市空间,"生产"出新的经济空间结构、空间景观和空间地形,正如列菲伏尔所说,"城市是一个在特定的历史时期内被社会行为塑造、塑形和投资形成的空间。"②

第二节　马克思主义城市理论的出场、再场与"在场"

马克思恩格斯的城市发展理论从物质生产劳动这个基点出发,从生产力的发展引起所有制形式的变迁来论证城市的起源和发展,确立了将城市的发展放在整个生产方式的历史进程中来解释的基本分析方法,这是一个基本点。以此为基本点,我们可以清楚地探摸到几千年来城市演变背后的动因。马克思恩格斯将这一基本分析方法转向资本主义城市分析,揭示了资本主义生产方式是在城市中最终确立起来的并催生了资本主义早期大工业城市,同时资本主义早期大工业城市是无产阶级诞生的场所,马克思和恩格斯围绕着无产阶级的斗争和反抗批判了城市膨胀带来的阶级对立,城市因为集合了资本主义生产方式和阶级对立而成为进行资本主义批判的场域,因此马克思和恩格斯开辟了一条将创立时期的资本主义生产方式和19世纪"早期工业城市"的空间形态联系起来进行资本主义批判的一条路径,开创了"马克思主义和城

---

①　Henri Lefebvre.P oduction of space,Translated by Donald Nicholson-Smith,Maiden:Blackwell Publishing,1991.p. 46.

②　Henri Lefebvre.Production of space,Translated by Donald Nicholson-Smith,Maiden:Blackwell Publishing,1991.p. 73.

市研究的联姻"①,马克思恩格斯因此创立了"城市马克思主义"。

一、马克思恩格斯初创"马克思主义城市理论"

随着资本主义生产方式的建立,资本利用蒸汽机等先进的科学技术建立了大型工厂,改进了交通工具和现代化的世界市场,极大地重组了原有的城市空间面貌,城市辐射和聚集功能更强,人口激增、功能复杂、城市规模扩张,形成了早期的"工业城市"。"工业城市"的出现,集聚了先进的生产力,创造了大量的物质财富,同时以摧枯拉朽之势破坏了原有的生活方式,生成新的城市交往方式、消费方式和行为方式。在这一转型过程中,原有的"礼俗社会"崩溃,共同的价值观四分五裂;急剧或过度的分化带来社会秩序混乱,个人心理紧张、暴力和犯罪接踵而来;与之伴随的是城市空间的改造,环境污染和生态遭到破坏、住宅紧张、疾病流行;机器的轰鸣声中工人过度劳动和过度贫穷,失业率高涨,城市中的阶级暴动此起彼伏。"大都市粗鲁的改变,它的无数的反应和遭遇,它的不和谐不可预计的突变,转向噪音和喧闹,与平稳和缓慢流动的小城镇的节奏是相对照的。"②正是"工业城市"的巨大转型带来的各种城市问题,引起了早期学者的热切关注,"孵化"出了早期的城市社会学。

早期城市社会学的代表人物集中在法国和德国,有滕尼斯(Ferdinund Toninins,1855-1936)、涂尔干(Emile Durkheim,1858-1917)、西美尔(George Simmel,1858-1918)、韦伯(Max Web,1864-1920)③、同时代的马克思(Karl Marx,1818-1883)、恩格斯(Friedrich Engels,1820-1895)也以他们的城市问题研究跻身于早期城市社会学家的行列。这一时期的早期城市社会学家所持的是社会结构论,密切关注到了城市问题产生背后的资本主义社会结构,马克思主义城市学者艾拉·卡茨纳尔逊(Ira Katznelson)指出,"在诸如马克思、涂尔干、韦伯、滕尼斯、西美尔等伟大的理论家那里,他们每个人都涉及城市,但只是将它当成与工业的、资本主义的、国家为中心的现代性达成协议的更大工程的一个小部分。"也就是说,"现代大城市是他们考虑现代世界的这些标志时一种不可

---

① Andrew Merrifield.*Metromarxism:A Marxist Tale of the city*,London:Routledge,2002.p. 1.
② Andrew Merrifield.*Metromarxism:A Marxist Tale of the city*,London:Routledge,2002.p. 51.
③ 向德平主编:《城市社会学》,高等教育出版社 2005 年版,第 8 页。

避免的、必不可少的因素。"" "大城市——作为现代性的一个中心舞台和象征"，是作为"国家形成、资本主义发展等基本社会进程的产物和场所"。①

但是马克思恩格斯显然走得更远，在他们看来，"城市是基本生产条件的空间集结体、劳动力集中和流动的市场，是特定区域内生产力、生产关系和上层建筑的聚集体。② 城市纠葛了资本主义生产方式带来空间形态变化、阶级关系变化和文化意识形态变化。马克思恩格斯在《德意志意识形态》、《共产党宣言》、《英国工人阶级状况》等著作中则从资本主义生产方式的建立来讨论城市给人们（尤其是城市工人阶级）带来的社会关系变化和个人恶劣的生存境遇，同时认为城市问题必须通过无产阶级的阶级斗争在资本主义社会制度的摧毁中才能最终得到解决。这样，马克思和恩格斯因此开辟了将资本主义的'物质生产——19世纪的'工业城市'空间形态——城市中阶级关系"三者联系起来的一条批判路径，"使之成为一条现成的通道，强化对马克思主义的中心主题——资本积累的分析"。③ 而尤其是恩格斯在《英国工人阶级状况》中所作的城市分析，使得"恩格斯孵化出了城市马克思主义，孵化出了对'现代'大都市的一种'现代'分析。"④

城市是马克思恩格斯考察资本主义生产、社会阶级关系、政治统治的"社会存在"的现实样本，马克思恩格斯是将城市问题放在资本主义批判的整体框架下来进行考察的，他们的城市研究是置于资本主义进程所做的宏观分析，其进行城市分析的价值目标是指向资本主义批判。因此彼特·桑德尔（Peter Saunders）评论道：马克思恩格斯"将城市作为一个缩影来讨论时，他们关心的不是城市本身，而是资本主义过程，在城市环境下，资本主义过程得到了最清晰的揭示"。⑤但与此同时，他们从资本主义生产方式的视角对早期工业城市

①　[美]艾拉·卡茨纳尔逊：《马克思主义与城市》，王爱松译，江苏教育出版社2013年版，第10页。

②　高鉴国：《马克思恩格斯城市思想探讨》，《山东大学学报》2000年第3期。

③　[美]艾拉·卡茨纳尔逊：《马克思主义与城市》，王爱松译，江苏教育出版社2013年版，第29页。

④　Andrew Merrifield.*Metromarxism：A Marxist Tale of the city*，London：Routledge，2002.p. 177.

⑤　Peter Saunders.*Social theory and the urban question*，London：Hutchinson Eduction Ltd，1986. p. 25.

进行的分析,代表了整个 19 世纪城市研究的最高水平,是城市研究领域的先驱,为一百多年后新马克思主义者的城市批判理论奠定了理论基础。

二、新马克思主义城市理论的西方"出场"

第一次世界大战之后,芝加哥城市社会学派的思想发展起来,芝加哥学派面对第一次世界大战后大量移民涌入美国导致都市拥挤、无根漂泊、贫困、动荡等问题,从城市文化角度来分析城市问题,期待从社会分化中建立一个社会整合的局面。芝加哥学派的代表人物有罗伯特·帕克(Robert Park,1864-1944),伯吉斯(E.W.Burgess,1886—1966)和沃斯(Louis Wirth,1897-1952)等人。芝加哥学派延续了早期城市社会学家西美尔、滕尼斯、涂尔干和韦伯的关于城市生活方式、个人心理、城市生活特征等诸多主题,但是他们抛弃了早期城市社会学家的"资本主义社会结构"的理论背景和框架,把城市仅仅限定在文化意义上,这样就抛弃了城市问题产生的经济根基,将所有的城市问题都归结为城市文化自身发展中具体产生的问题,遮蔽了资本主义的社会结构。

芝加哥学派城市学的根本缺陷导致其无法分析城市问题背后宏大的社会结构,当社会结构遇到转型的时候产生了新的城市问题,芝加哥学派就无法回应了。在 20 世纪 60 年代末、70 年代初,随着不同民族在世界上的流动、迁移和融合,围绕着城市改造形成了空间、住房不公、城市贫困和两极分化,围绕着就业、教育不公的社区政治运动和城市社会运动不断出现,雷勒·史密斯(Neil Smith)指出,"(列菲伏尔所写的)《城市革命》首次出版在 1970 年,是发生在巴黎的 1968 年五月革命的再生物。从底特律到东京,布拉格到墨西哥的城市,主要都是造反的景象。20 世纪 60 年代,在世界上达到顶点的反叛运动挑战着资本主义、战争、种族主义、父权制、帝国主义和现代城市生活的异化等问题。"①正是这些尖锐的城市矛盾,使芝加哥学派的理论路径无法解释城市社会问题,于是马克思主义者重新捡起了被中断一百多年的马克思恩格斯对城市的社会结构分析法和阶级分析法,在马克思恩格斯的"资本积累"、"阶

---

① Henri Lefebvre. *The Urban Revolution*, Translated by Robert Bononno, London: University of Minnestita Press, 2003. foreword vii.

级斗争"、"商品拜物教"、"资本循环"、"地租和金融资本"等理论基础上,结合资本主义生产方式的新变化,发展出一套新的对都市问题的理论解释,这就是新马克思主义城市理论兴起的历史背景。

城市在马克思主义理论发展中实际上被忽视了一百多年①,这种"黯然退场"的局面直到 1968 年马克思主义哲学家亨利·列菲伏尔(Henri Lefebrve)出版《城市的权利》一书才被打破。列菲伏尔、卡斯特尔斯(Mannel Castells)、大卫·哈维(David Harvey)力图恢复马克思主义从资本主义社会结构来分析城市的传统批判视角,从资本主义生产方式来分析城市空间现象及其城市社会关系,新马克思主义城市思想借着马克思恩格斯的关键话语再一次登场了,直击资本主义新的经济结构、政治结构和文化结构在城市中的新显现、印照和呼应现象。艾拉·卡茨纳尔逊评论道,在 20 世纪 60 年代后期,城市马克思主义显示了马克思主义有力地阐释城市事物,也显示了城市作为一个焦点可以发展马克思主义作为社会和帝国理论的批判力量。②

亨利·列菲伏尔在 1970 年写成了《城市革命》、1972 年写成的《空间与政治》,1974 年写成了《空间的生产》,提出了"空间生产"理论,"在历史唯物主义以及更广泛的批判理论框架中引入了空间"③,深刻地揭示了随着资本主义生产方式发展垄断资本主义的空间生产包括对城市空间进行规划、组织和设计的全部秘密,将社会发展的历史过程和空间结构联系起来考察,这是列菲伏尔卓越的理论贡献,也是启发了马克思主义地理学家戴维·哈维提出"历史—地理唯物主义"立场的重要理论基础。哈维提出要凸显历史唯物主义的空间维度,将历史唯物主义上升为"历史—地理唯物主义","强调诸如空间、位置、时间、环境这些地理学概念"④在历史唯物主义分析中的重要位置,并从资本主义生产方式的变迁来研究了城市空间地理的演进,指出要"让空间处

---

① 　[美]艾拉·卡茨纳尔逊:《马克思主义与城市》,王爱松译,江苏教育出版社 2013 年版,第 29 页。

② 　Ira Katznelson.*Marxism and the city*,Oxford university,1992.p.42.

③ 　[美]爱德华·W.苏贾:《后现代地理学——重申批判社会理论中的空间》,王文斌译,商务印书馆 2007 年版,第 45 页。

④ 　胡大平:《从历史唯物主义到历史地理唯物主义》,《南京大学学报》2004 年第 5 期。

于运动状态",使其"展现出城市演进的新历史地理学"①,哈维尤其分析了城市的后现代景观风貌和资本主义灵活积累机制之间的内在关系,深刻揭示了资本主义生产方式变迁如何通过文化和意识形态映照在城市的空间景观上,这清晰地在经济基础通过文化上层建筑在城市空间景观和空间风貌上的折射作了一个清晰的链接。爱德华·索亚(Edward W Soja)和萨斯基姬·萨森(Saskia Sassen)则分析了资本的全球生产链条延展造成了"后大都市"中大批从事"非正规经济"的下层人群,表现在城市空间地形上就是空间隔离的多肌理化,这正是城市社会关系的地理表达。

三、马克思恩格斯城市理论的中国"在场"

马克思恩格斯城市理论的发展有着两条线索:一条是马克思恩格斯的城市理论在西方的重新复兴,即新马克思主义城市理论的兴起。另一条则是在东方社会主义世界的理论发展和实践探索,苏联在社会主义制度确立以后,斯大林、列宁结合社会主义经济、政治体制的确立,以马克思恩格斯的城市思想为指导,对城市进行过诸多论述并进行了积极的城市化实践探索。中国从改革开放以来,也在继承马克思恩格斯城市发展理论和城市化理论的基础上,开展了中国城市建设和城市化的实践进程,在实践中丰富和发展了马克思恩格斯的城市理论,形成了中国特色的社会主义城市化理论。

邓小平的非均衡区域发展思想主张一部分地区先发展起来,先富带动后富,在这一思想框架下沿海城市首先发展起来,在先富取得成功后,中国共产党推行区域经济协调发展战略,实施了西部大开发,促进大中小城市和小城镇协调发展以及可持续发展,党的十八大以来又提出了"以人为核心的新型城镇化",着眼于人在城市中的宜居生存。中国特色的社会主义城市化理论继承了马克思恩格斯城市理论的生产关系分析维度,落脚在人的发展上,强调从社会主义生产关系的调整和优化来解决城市化中的问题,运用社会主义的制度优势进行全局统筹、整体推进,关切人民群众在城市中的生存境遇和和谐发

---

① [美]大卫·哈维:《巴黎城记》,黄煜文译,广西师范大学出版社2010年版,"序言"Ⅳ。

展,是马克思主义城市理论的中国"在场"。

在当前,中国城市化进程中也存在着一些城市发展中普遍存在的问题,如一些地区对城市空间的反复"腾移"和"改造",房地产业的投机使住房的短缺和空置并存,造成城市空间的分配、居住、使用权的不公平;城市公共空间的私有化和符号化、城市集本记忆的资本化,城市景观的符号化、拼贴化、怀旧式的后现代意象……,同时还存在着城市人口拥挤、住房短缺、环境恶化等社会问题。作为社会主义制度的国家,我们要以马克思恩格斯的城市发展思想为根基,结合中国城市发展实际问题,汲取西方新马克思主义城市思想中的合理部分,推进马克思主义城市发展理论的中国发展,实现"全局平衡、效率公平、美善兼具"中国城市化发展目标。

第三节　对新马克思主义城市理论的剖析和价值定位

如前所述,新马克思主义城市理论是马克思恩格斯城市理论在西方的当代"在场",但是这里也存在两个问题:第一,关于"新马克思主义城市理论"是不是形成了一种新的思想潮流和思想体系,是否能够在足以确定的含义上使用这一概念? 是否形成了一种得到学界足够承认的一套新马克思主义的城市理论? 第二,它与马克思恩格斯的城市思想有何关系,它如何继承、发展,抑或在哪些方面偏离甚至背离了马克思恩格斯的城市思想? 对这些问题的解答,直接关涉到对新马克思主义城市理论的价值定位以及在中国当代城市化场景中对它的汲取、加工、改造和创新。

一、对新马克思主义城市理论内涵的界定

安迪·麦瑞弗德(Andrew Merrifield)在《城市马克思主义:城市的马克思主义叙事》(*Metromarxism:A Marxist Tale of the city*)一书中,"用城市马克思主义"来标识了马克思主义的城市思想,从时间顺序上罗列了马克思、恩格斯、本雅明(Walter Benjamin)、列菲伏尔、德波(Debord)、卡斯特尔斯、哈维、马歇尔·伯曼(Marshall Berman)等人的城市思想,并明确指出了他们的马克思主义者的身份,"我在本书中选择的思想家不仅是城市学者,更是具有想象力的

马克思主义者"①,分析了他们各自运用马克思主义的理论资源来分析城市问题以及从城市视角进行的资本主义批判思想,认为马克思恩格斯之后的马克思主义城市思想家"已经保持了一种马克思主义的方法,不是表面的,而是指向一个结构的辩证的马克思主义"。②

写作《马克思主义与城市》一书的艾拉·卡茨纳尔逊在书中指出"最近三位最有影响的马克思主义与城市研究学者亨利·列菲伏尔、戴维·哈维、曼纽尔·卡斯特尔斯"③,是"使马克思主义回归城市议题的城市学家","这种20世纪60年代后的城市马克思主义已经表明,马克思主义理论是如何能够强有力地阐明事物是城市的,同时也表明一种显而易见的城市焦点是如何可以加强作为社会和实证理论的马克思主义的"。④在此书中,艾拉·卡茨纳尔逊还将多琳·马西(Doreen Massey)、沙伦·祖金(Sharon Zukin)等人也罗列在其中,将她(他)们和列菲伏尔、戴维·哈维(David.Harvey)、曼纽尔·卡斯特尔斯一起称为"新马克思主义者城市学家",认为这些"新马克思主义者的研究成了城市领域改革的主要源泉"。⑤

高建国在《新马克思主义城市理论》一书中,研究了新马克思主义城市学说三位代表人物列菲伏尔、哈维、卡斯特尔斯的思想,将其归为"政治经济学派的城市新马克思主义"⑥。第二类代表人物包括哈维的继承者爱德华·索亚(Edward W Soja)以及萨斯基姬·萨森(Saskia Sassen)等人,米切尔·迪尔(Michael J.Dear)在《后现代都市状况》一书中将索亚的理论归到马克思主义城市理论中,认为索亚和哈维"最终都以现代主义理论(马克思主义理论)彻底重构了城市学说"。⑦写作《全球城市》和《全球化及其不满》的萨斯基姬·

---

① Andrew Merrifield.*Metromarxism:A Marxist Tale of the city*,London:Routledge,2002,p. 1.

② Andrew Merrifield.*Metromarxism:A Marxist Tale of the city*,London:Routledge,2002, p. 176.

③ [美]艾拉·卡茨纳尔逊:《马克思主义与城市》,王爱松译,江苏教育出版社2013年版,第88页。

④ [美]艾拉·卡茨纳尔逊:《马克思主义与城市》,王爱松译,江苏教育出版社2013年版,第89页。

⑤ [美]艾拉·卡茨纳尔逊:《马克思主义与城市》,王爱松译,江苏教育出版社2013年版,第2页。

⑥ 高鉴国:《新马克思主义城市理论》,商务印书馆2007年版,第2页。

⑦ [美]Michael J.Dear:《后现代都市状况》,李小科等译,上海教育出版社2004年版,第91页。

萨森,将自己的全球城市理论称为"新中心地理学",从新的全球空间等级结构重构了城市学说,揭示了资本主义全球生产的变化脉动在城市空间中的地理印照,基于其从全球生产空间结构出发进行的对城市地理的空间描绘,我们可以把他(她)们称为"政治地理学派"的城市新马克思主义者。第三类代表人物是运用商品拜物教理论、剩余价值理论来分析城市的日常生活、消费生活,这其中还包括了安瑞·麦瑾弗德在《城市马克思主义:城市的马克思主义叙事》一书中列到的本杰明、德波(Debord)、马歇尔·伯曼(Marshall Berman)等人以及艾拉·卡茨纳尔逊在《马克思主义与城市》一书中提到的沙伦·祖金(Sharon Zukin)等人,从资本主义生产方式出发来批评城市的日常生活文化和城市消费文化,以及描绘了城市的景观、消费、权力地形图,我们可以将其称为"文化学派的城市新马克思主义"。

因此,"新马克思主义"是指在马克思之后在西方社会出现的、运用马克思主义的立场、观点或者方法来解释资本主义社会新的变化的思想和观点,对经典马克思主义既有发展、也有改造其中既有观点相当正统的"马克思主义者"[①],也有对经典马克思主义的偏离、否定甚至批判的观点,但是他们基于资本主义的新变化而作出的对资本主义社会的新批判,是有着合理的成分的,需要仔细加以鉴别。本书采用的"城市新马克思主义"或"新马克思主义城市理论"沿用了高鉴国在《新马克思主义城市理论》一书中的概念边界,"涵盖西方国家运用马克思主义观点进行城市研究的学者及其著作"[②],特别选取了包括政治经济学的、政治地理学派的、文化学派的三类新马克思主义的代表人物,力图从资本主义经济生产、政治斗争、文化生活三个方面来寻找资本主义生产方式的变化和城市变化的内在关联。这三类代表人物都延续了马克思恩格斯关于"资本主义的城市问题是资本主义社会矛盾的空间体现"的观点,在此意义上我们都将其称为新马克思主义城市学者。

为此,我们将马克思恩格斯称为"城市马克思主义"的"开创者",将具有城市视角的新马克思主义者,称为"新马克思主义城市学者"(当然这些学者

---

① 高鉴国:《新马克思主义城市理论》,商务印书馆 2007 年版,第 2 页。
② 高鉴国:《新马克思主义城市理论》,商务印书馆 2007 年版,第 3 页。

并不是单纯的城市学者,而是跨越地理学、经济学、社会学、文化学、文学等交叉学科,他们有些也如马克思恩格斯一样,不是为了专门研究城市而是在资本主义的研究和批判中涉及了城市分析和论述,在这里我们突出了他们"城市学者"的身份),将他们和马克思恩格斯统称为"城市马克思主义者",将他们的思想合称为"马克思主义城市理论"。

二、新马克思主义城市理论的价值及其缺陷

马克思和恩格斯主要是通过资本主义生产方式初创期的早期"工业城市"这个考察点来揭示资本主义生产方式,"他们对马克思主义和城市研究的联姻是有贡献的"。① 但是因为时代的原因他们对资本主义生产方式成熟、发展以及变化而引起的城市变化没有办法关注。后来的新马克思主义城市学者正是沿着马克思和恩格斯开创的"马克思主义和城市联姻"的道路,各自采取不同时期的马克思和恩格斯的思想资源来继续进行资本主义成熟期、发展期的城市研究,这其中也存在着对马克思恩格斯城市思想的继承、发展、偏离甚至否定,所以要在研究中对其理论特征、缺陷、价值边界、应用范围进行细细甄别。

在性质上,新马克思主义城市学者是坚持马克思主义的,可以归属到马克思主义阵营。按照高鉴国的论述,他们的基本特点包括:(1)提出坚持、发展马克思主义的理论使命;(2)在主要研究工作(或具有代表性的研究)中用马克思主义作为理论基础。(3)提出了一定的政治实践目标。② 新马克思主义城市学者各自运用马克思恩格斯的异化理论、商品拜物教思想、劳动力生产理论、阶级斗争理论、住宅正义、资本循环等理论资源,从不同的视角去考察英、法、美国等发达资本主义国家的城市发展及其变化状态。这样,他(她)们的思想在两个维度显现出价值。

一方面,运用马克思主义视角丰富了对城市形态的考察。在马克思主义视野下资本主义生产方式布展的城市成为一个变幻莫测、光怪陆离的复合体,

---

① Andrew Merrifield,*Metromarxism:A Marxist Tale of the city*,London:Routledge,2002.p. 1.

② 高鉴国:《新马克思主义城市理论》,商务印书馆 2007 年版,第 3 页。

或呈现为本杰明视野中灯红酒绿的"拱廊街"、或成为德波视野中的"景观"、或是列菲伏尔视野中"异化"的城市日常生活、或是卡斯特尔斯认为的"城市是集体消费的单元",或为哈维视野中的"房地产投机的城市",以及代索亚视野中的"后大都市"、萨森看到的全球空间结构中的"全球城市"……不同的城市依据资本主义生产的变化呈现出不同的空间结构、空间景观和空间社会关系图。另一方面,运用城市视角发展了马克思主义的资本主义批判理论。城市是资本主义生产方式寄居和运作的场所,从"早期工业城市"—"福特城市"—"后大都市"、"全球城市"的城市类型的变化可以折射资本主义的发展变化及其特征,捕捉城市变化中资本主义生产方式的变化脉络,从"城市"视角推进了马克思主义对资本主义的分析和批判,增强其对当代社会发展的理论解释力。正如哈维指出的,城市作为一面镜子可以折射出社会的其他层面,可以"捕捉整个社会中起作用的社会进程中的显著特征"。[1] 正如安瑞·麦瑞弗德指出,"城市马克思主义有进步的主张,渴望有政治意义还有示范性的指导意义。它详细解释了城市马克思主义的辩证的自然,也解释了资本主义大都市的辩证法,揭示了城市如何执行了对资本主义的功能性的影响,也揭示了对马克思主义本身的影响。"[2]

在理论来源上,新马克思主义城市学者是对马克思主义多样理论资源的选择性运用,同时他们受到多种理论资源的影响,如结构主义、后结构主义、现实主义、情境主义、实证主义、人道主义、黑格尔主义等,也存在着对马克思恩格斯思想的一些误读、批评甚至背离、否定,如列菲伏尔、哈维和索亚对马克思"缺乏空间视角"的批评,德波、列菲伏尔对马克思恩格斯不"关注日常生活"的批评,卡斯特尔斯对列菲伏尔的批评也间接显示了他对马克思的早期人道主义思想的批评……同时,新马克思主义城市思想也出现一些理论缺陷,如违背历史唯物主义原则、过于抬高"空间",将空间唯心化;或者存在将资本逻辑绝对化、抹杀不同城市的空间传统、风土人情等倾向;忽视阶级斗争和无产阶级的革命主体力量,幻想通过话语、艺术、"混杂"的后现代抵抗方式,导致理

---

[1]　David Harvey, *Social Justice and the city*. London: Edward Arnold, 1973. p. 16.

[2]　Andrew Merrifield. *Metromarxism: A Marxist Tale of the city*, London: Routledge, 2002. p. 6-7.

想上的"乌托邦"倾向……还有新马克思主义城市学者从马克思恩格斯处挖掘的理论资源也各不相同,相互之间的思想也存在矛盾、冲突,如卡斯特尔斯对列菲伏尔"人道主义异化思想"的批评,哈维对列菲伏尔的继承和批判,索亚对列菲伏尔的赞扬及批评……正是透过这些矛盾和冲突,我们可以看到附加在城市上的复杂的迷雾,可以看到一个复杂的、多面立体的城市,可以看到围绕着资本主义生产方式文化、政治和经济生产的复杂关联,帮助我们认识到整个资本主义社会"有机体"在城市空间单元中的错综复杂的体现以及带来的社会关系的复杂性和文化的多样性。

所以,首先我们需要高度评价新马克思主义城市理论的价值,正如安瑞·麦瑞弗德指出,"无论是作为一种独特的思想和实践,还是一个复杂的'感情结构',城市马克思主义能够帮助我们阐明目前错综复杂的城市政治和城市发展问题。"①"无论怎样,城市马克思主义提醒我们已经拥有的——曾经拥有的——使城市生活充满活力、激动和自由,它使我们知道我们仍然需要去努力达到公正。"②

三、新马克思主义城市理论的中国价值

新马克思主义的城市理论抓住了马克思恩格斯从资本主义生产方式进行城市分析这一基本点,对资本主义生产体制的当代变化引起的全球空间重组、全球空间竞争、全球劳动力市场分化"牵扯"着城市空间形态,包括城市空间结构、空间景观和空间地形的变化做出了马克思主义的回答,并批判了不平衡发展的全球城市新体系、城市空间不平等的区隔、"边缘无产阶级"新的恶劣境遇,以及设想了新的城市斗争方式。这些思想着眼于对资本的全球生产网络与城市新空间形态之间联动关系的考察,从"城市空间"视角推进马克思主义的政治经济学批判;同时将发达资本主义城市空间的发展变化置于全球资本主义的生产空间结构中进行分析,也为在全球生产空间结构中处于不同位置的第三世界国家城市,如中国城市空间的发展变化提供了分析维度和理论

---

① Andrew Merrifield. *Metromarxism*: *A Marxist Tale of the city*, London: Routledge, 2002, p. 11.

② Andrew Merrifield. *Metromarxism*: *A Marxist Tale of the city*, London: Routledge, 2002, p. 178.

资源。

在当前全球化的浪潮中,中国的城市也在经历资本主义全球空间结构和自身城市化进程带来的双重影响,城市空间重组、城市文化变迁和城市社会关系形态变迁也引发了诸多的城市问题,如城市空间的分配、居住、使用权的不公平、城市公共空间的私有化和符号化、住房的短缺和空置并存、城市空间的同质化倾向;如城市本土文化的消融和外来文化的勃兴,城市景观的符号化、拼贴化、怀旧式的后现代意象,城市的消费主义文化甚嚣直上等,这是城市新马克思主义涉及的西方城市研究主题在中国的变形式呼应。我们需要从历史唯物主义的视野仔细鉴别新马克思主义城市理论的缺陷、矛盾和局限,并结合中国实际、厘清其理论在中国社会的应用边界和范围。

中国的城市化,是第三世界的城市化,是处在全球资本主义体系边缘的城市化进程,也会带上自身的更多的特征,如农民工的城市空间权利、城市融入、城市认同、城市贫民的空间"腾移"问题,城中村的改造等问题,我们要立足于马克思恩格斯的城市理论,在新马克思主义城市理论中去细细研读、采撷资源,将两者结合起来对准中国的城市问题来移植、栽培,以期能生产出中国马克思主义城市社会学之"花朵"。

四、国内学术界对新马克思主义城市理论的研究现状

从20世纪90年代起,国内学者开始关注新马克思主义城市思想,出版了大量的译著,如亨利·勒菲弗的《空间与政治》、哈维的《希望的空间》、《叛逆的城市:从城市权利到城市革命》、《后现代的状况:对文化变迁之缘起的探究》、《巴黎城记》、苏贾的《后现代地理学——重申批判社会理论中的空间》、《后大都市》、《第三空间:去往洛杉矶和其他想象地方的旅程》、丝奇雅·沙森的著作《全球城市——纽约、伦敦、东京》、《全球化及其不满》等著作,以及在《国际城市规划》杂志中关于曼斯特尔斯的《城市问题》、《城市、阶级和权力》等著作中部分章节的翻译文章、在包亚明主编的《现代性与空间生产》中翻译了列菲伏尔《空间生产》著作的一些章节。

国内学界也对新马克思三义城市思想进行了诸多研究,研究的路向分为四条。

　　第一条研究路向是整体解读新马克思主义或单个学者的城市思想的思想内容、理论特点、逻辑演进等,如高鉴国的著作《新马克思主义城市理论》(2007)、张应祥的论文《资本主义城市社会的政治经济学分析——新马克思主义城市理论述评》(2009)、赫曦滢的博士论文《新马克思主义城市学派理论研究》(2012)、沈月的《新马克思主义城市理论的发展脉络与逻辑演进》(2016)。对单个学者的研究如任荣硕士论文《论论曼纽尔·卡斯特的新马克思主义城市观》(2011)、章仁彪的论文《大卫·哈维的新马克思主义空间理论探析》(2010)、董慧的《当代资本的空间化实践——大卫·哈维对城市空间动力的探寻》(2010)、袁久红的《历史—地理唯物主义视域下的城市空间生产——哈维的理论范式及个案研究》(2012)、王志刚的论文《资本主义都市演进的历史地理学批判——解读爱德华·索亚〈后大都市——城市和区域的批判性研究〉文本中的空间思想》(2014)、《后大都市的全景透析:历史、现状与未来——爱德华·索亚晚期资本主义空间批判思想的一个截面》(2013)、刘白《论本雅明的城市空间批评》(2015)、魏俊达《本雅明城市美学的当代意义》(2015)。

　　第二条研究路向是比较新马克思主义的城市思想和马克思恩格斯城市思想的继承、发展关系。如李春敏的著作《马克思的社会空间理论研究》中的部分章节(2012)、范瑛的论文《城市空间批判——从马克思主义到新马克思主义》(2013)、方环非的论文《马克思主义城市空间理论的重构——一个新马克思主义的视角》(2015)。

　　第三条研究路向是从新马克思主义城市思想中研究随着资本主义生产方式的变化城市变迁的趋势和规律,如张应祥的论文《资本主义与城市社会变迁——新马克思主义城市理论视角》(2006)、拙作《资本全球生产空间结构中城市空间地理的演变——地理学派的新马克思主义城市空间批判理论解析》(2016)。

　　第四条研究路向是借用新马克思主义城市理论来分析中国城市发展中的问题,如何舒文的《城市空间的资本改造——基于新马克思主义分析视角》(2009)、张京祥的《新马克思主义理论视角下的城市更新》(2008)、高峰的《城市空间生产的运作逻辑——基于新马克思主义空间理论的分析》(2010)、张霁雪的《新马克思主义城市社会学对我国地域政策的启示》(2014)、赫曦滢的《新马克思主义城市理论的逻辑及启示》(2014)、杜志威的《收缩城市的形成与规划启示——基于新马克思主义城市理论的视角》(2017)等论文。

第四节　研究脉络和主要内容

一、研究思路和线索

首先,从马克思恩格斯有关城市的论述出发,梳理历史唯物主义视野中城市的形成和发展脉络,探讨"原始初城"——奴隶制古典"城邦城市"——封建"政治城市"——"工场手工业城市"——资本主义早期"大工业城市"的城市空间结构、空间景观以及城市空间社会关系的变化,归纳城市形成和发展规律的"显"线和"隐"线。

接着,从马克思恩格斯城市思想发展的西方场域来梳理新马克思主义者的思想,从瓦尔特·本亚明、德波、列菲伏尔、卡斯特尔斯、哈维、索亚、萨森等人的思想,勾勒出从"大工业城市"到垄断资本主义时期"垄断城市"的空间重组和结构变迁,再从资本主义生产体制的变化描绘全球资本主义时期"后大都市"的空间裂变和网络化发展。

最后,从马克思恩格斯城市思想在社会主义国家的发展进行分析,分析了苏联和中国共产党的城市化思想对马克思恩格斯城市思想的承接和发展,并提出了全球化和市场经济体制两大结构下新时代中国城市空间发展的趋向以及城市优化发展的社会主义价值目标、路径和措施。

因此,本书的研究线索有两条:一是,从历史纵向上,勾勒出"原始初城"——"古典城邦城市"——"封建政治城市"——"工场手工业城市"——"大工业城市"——"垄断城市"——"后大都市"的城市发展脉络,并力图揭示生产方式的变化如何"重构"、"改写"着城市的空间结构形态、物理景观形态、城市社会关系形态,揭示不同类型城市在空间结构、空间景观、空间社会关系形态的变化脉络,凸显生产方式、社会文化与城市空间形态之间的内在逻辑关联。二是,在横向场域中,在与西方城市发展与变迁的比较中,明确中国城市空间发展受到全球生产体系的拉扯和波及而呈现出的带有普遍性的规律,同时又呈现自身独特的社会主义发展逻辑,表现出中国特色的空间发展目标、路径和形式。

二、框架结构和逻辑顺序

导论:分析了城市空间结构、空间景观和空间地形的发展,指出了马克思主义城市理论的出场、退场、再出场的发展历程,对新马克思主义城市理论的概念界定、理论源泉、理论缺陷、价值定位以及在中国的现实运用等问题进行了梳理和澄清。

第一章:历史唯物主义视野中的城市空间发展的动力论。在"原始初城"——"古典城邦城市"——"封建政治城市"——"手工业城市"——"大工业城市"的城市类型发展脉络中,运用历史唯物主义的视野揭示了促进城市形成和空间发展的历史前提、内在动力和"劲推器"等三大因素:社会分工、所制形式的更替、科学技术的发展。

第二章:马克思恩格斯论早期"大工业城市"的空间形态。探讨了马克思恩格斯视野中资本主义生产方式确立期早期大工业城市城乡分隔的空间格局、城市新空间景观的出现以及城市阶级关系在空间上的表现。

第三章:垄断资本主义时期"垄断都市"的空间重塑。分别从德波、列菲伏尔、卡斯特尔斯的思想出发,探讨了垄断城市的消费文化景观、空间结构和空间干预引起的都市社会运动等方面,归纳出"垄断城市"的空间重塑和社会关系变迁。

第四章:全球资本主义时期"后大都市"空间裂变。分别从哈维后期思想、索亚、萨森的思想出发,探讨了"后大都市"空间结构的"多核多线"、城市空间景观的"后现代化"、城市的"全球空间节点性"等状况,并归纳出资本主义全球化的生产方式下"后大都市"的空间裂变和网络化发展。

第五章:社会主义苏联和中国城市化的理论和实践进程。以马克思恩格斯的城市思想为理论前提,探讨了社会主义制度的苏联的城市化理论和中国城市空间化实践中的经验和教训、探讨了新中国成立以来中国城市化的理论发展及其各历史阶段的城市化的实践,分析了中国城市化实践中取得的成就、经验以及和西方、苏联城市化相比较的特点、独特道路、存在的问题以及未来发展的要求。

第六章：全球化和市场经济体制下中国城市空间发展方向。借鉴新马克思主义城市理论，探讨了中国城市化的两个宏观大框架——经济全球化和市场经济体制对中国城市空间发展产生影响的方式和途径；结合了中国城市空间发展的趋势以及城市空间生产中存在的问题，挖掘了马克思恩格斯城市思想和新马克思主义城市理论对中国城市空间发展的现实启迪，提出了优化城市空间形象，推进城市空间正义的方向，构想了促进"美、意、善"社会主义城市发展的价值目标、综合路径和具体对策。

结语：改革开放以来中国城市化的空间发展样本——广州。以改革开放的前沿城市——广州为例，分析了自改革开放以来广州城市空间结构的演进、空间建筑景观优化、空间文化形象建设等方面的举措，以期能为别的城市的空间发展提供一些借鉴。

三、研究特色和创新之处

（一）研究特色

研究框架有特色。将资本主义城市的发展分为"大工业城市"、"垄断城市"、"后大都市"三种典型类型，以典型城市为代表来研究各种类型城市的空间结构变化、空间景观变化、城市空间关系变化，并与这一时期的资本主义生产方式的特点结合起来，力图把握生产方式与城市的空间景观、空间结构、社会空间关系发展变化之间内在的逻辑关联。

研究思路有特色。以马克思恩格斯的城市思想作为基点，按照新马克思主义城市学代表人物的出场先后顺序，将相近人物的城市思想放在"大工业城市"、"垄断城市"、"后大都市"这几个时期中来进行历史梳理，从而归纳出不同时期城市的空间发展特征及其空间变化规律。

研究视域有特色。将资本主义生产方式的不同发展时期和现代主义、后现代主义文化以及城市的景观文化特征三方面联系起来，揭示了资本主义生产方式如何通过自身的文化形式作用于城市空间景观，将经济基础通过文化上层建筑在城市空间景观文化上的折射作了一个清晰的链接。

(二)创新之处

研究内容创新。第一,梳理了历史唯物主义视域下城市的最初起源、发展变化的历史脉络、归纳了历史上的城市类型、总结了影响城市空间发展变化的因素、动力机制。第二,从政治、经济和文化的角度探讨了城市的消费空间、城市的经济空间生产、城市的集体消费品空间分配的政治,推进了"空间视角"的城市变化发展研究。第三,研究了马克思恩格斯和新马克思主义者城市理论在中国城市化过程中的现实价值和启示,提出了建构中国城市空间发展的社会主义价值目标。

研究方法创新。运用人物思想解读和城市类型相结合的方式,从资本主义生产方式的发展变化来进行城市类型的划分,并把握城市随生产方式发展变迁的表征和内里。按资本主义生产方式的发展将城市分为了几大类型:早期"大工业城市"(对应马克思恩格斯的城市思想)、"垄断城市"(对应德波、列菲伏尔、卡斯特尔斯的城市思想)、"后大都市"(对应哈维、索亚、萨森的城市思想)。综合各派人物思想的侧重点来提炼城市空间结构、空间景观和空间社会关系的变化,并寻求对中国当下城市化进程中城市建设的现实意义。

(三)研究主要建树

厘清了历史唯物主义视野中的城市发展脉络。第一,梳理了城市产生和空间发展的动力机制、影响因素和多线形式。第二,梳理了从"原始初城"——奴隶制古典"城邦城市"——到封建"政治城市"——"工场手工业城市"——资本主义早期"大工业城市"各种城市类型的空间特征、社会分工状况、社会关系状况以及在这些方面西方与中国同类型城市的相同与区别。

揭示了城市与生产方式之间内在的逻辑关联。揭示了资本主义生产方式的发展变化如何对城市景观形态、空间结构、城市社会关系形态进行了"塑造"、"重构"和"改写",并反向从城市地理变迁揭示资本主义生产方式的变迁,从"城市"地理学的视角推进对资本主义的批判。

研究了城市化进程中中国城市的空间发展问题及其应对举措。在中国城市化过程中,也形成了一些城市化的共性问题,如城市人口拥挤、住房短缺、环境恶化、城市冲突、阶级空间隔离等空间的分配、居住、使用权的不公平,以及由于空间权力的不同造成的人际冲突和社会不和谐等问题。针对这些问题,提出了优化城市空间形象、打造城市空间正义的社会主义价值目标、对策和措施。

第一章 历史唯物主义视野中的
城市空间发展动力论

　　城市产生的最根源的推动力是什么呢？地理学、社会学、政治学和经济学者从各个不同的角度展开了探讨，提出了各种关于城市起源的说法。如认为城市由政治权力所缔造、城市由早期的商业活动形成、城市是非农业活动的聚集地、城市是安全防御的地理构建、城市是人群在一定地域的集聚⋯⋯马克思的历史唯物主义视野下的城市起源说则是从物质生产劳动这个基点出发，从生产力的发展来论证城市的起源和发展，将城市的形成和发展放在整个生产方式变迁的历史进程中来解释，从而可以将各种起源说的多要素整合起来，在多要素中找到一条历史的"主线"，将各种偶然的促使城市起源的各要素围绕着生产方式发展的"主线"形成一个有机的解释体系。

　　因此根本上看，城市的起源和空间发展的动力是技术的进步引起了物质生产劳动的不断分化，分工的专业化导致了城乡在生产和交换功能上的分离，进而导致城市在乡村中逐渐"孕育"、成长至脱离。随着分工的发展，出现了不同的所有制形态，不同历史时期的生产方式会根据所有制形式、生产的协作组织形式、生产技术来"生成"一个带有自身烙印的城市空间结构，也会根据生产方式内部技术特征、分工组织形式的变化局部化地"重塑"城市空间地形和生产空间景观，形成适合生产关系的新城市空间形态，这就是技术、分工和所有制三者相互关联形成的城市发展变迁的"历史协同—地理重塑"的动力机制，正如亨利·列菲伏尔（Henri Lefebvre）指出，"从一种生产方式转到另一种生产方式，必然伴随着新空间的生产"[1]。

---

　　[1]　Henri Lefebvre. *Production of space*, Translated by Donald Nicholson-Smith, Maiden：Blackwell Publishing，1991.p. 46.

第一节　社会分工是城市产生和空间发展的前提条件

在马克思恩格斯看来,分工分为了基本生产部门之间的、生产部门内部的分工,某一劳动部门共同劳动的个人之间的分工三种形式。三大基本生产部门的分工带来了交换的专门化,使城市的交换功能凸显;个人之间的劳动分工带来了协作化的生产,带动了城市空间要素的发展;生产部门内部的分工带来了城市的交通运输结构、流通结构、生产空间等各部分的出现,带动了城市的功能发展、空间发展和结构发展。分工意味着生产劳动的分类化、专门化和协作性,是生产劳动在空间中的具体运行方式,必然会在空间上引起地理反映,表现为各空间区域的地理区隔以及各空间区域的整合连接,呈现的是城市空间的地形图。

一、三次基本生产部门的大分工导致交换的专门化

“城市”包括了“城”和“市”,“城”和“市”在最初是两个不同的概念,“城”是城墙、城楼等物质形态,“市”是“集市”,即商品交换的空间场所。因此,城市一开始出现,就有两种功能:一是防御功能,二是交换功能。

随着生产力的发展,私有财产的出现,城市首先表现出“城”的防御功能,是出于保护部落私有财产的需要,恩格斯在《家庭、私有制和国家的起源》中指出,“用石墙、城楼、雉堞围绕着石造或砖造房屋的城市,已经成为部落或联盟的中心,这是建筑艺术上的巨大进步,同时也是危险增加和防卫需要增加的标志。”①在中国古代,新石器时代晚期为了保护各部落的财产,防御性的环濠已经出现,在居民点外围挖壕沟、夯土墙、砌石墙,修筑防御设施等。其次是“市”的交换功能。随着生产力的更进一步发展,农业剩余产品出现,这样一方面使一部分人能不直接从事农业生产,进入到城市生活从事手工业、商业活动,城市聚集了一定规模的人口;另一方面,剩余产品需要在一定人群聚集的场所中进行交换,强化了商品交换的场所——“市”的功能。正是生产力发展

---

① 《马克思恩格斯选集》第4卷,人民出版社1995年版,第163页。

带来的基本生产部门的分工导致了商品交换的出现,在频繁的商品交换中人们更突出了城市的"市"的功能。马克思主义城市学家卡斯特尔斯指出,"考古研究显示:第一批具有高密度人口的稳定的城市地区(美索布达米亚,约公元前 3500 年;埃及,公元前 3000 年;中国和印度,公元前 3000—前 2500 年)出现在新石器时代末期。这些地区的技术条件和劳动力生产的产品能够满足人们的基本生活需要之外还有剩余。""当一些社会成员不必直接居住在农业生产地区时,城市成为了他们选择的居住方式。"①也就是说,城市是以农业生产的过剩为基础的。

第一次社会大分工,导致交换经常化。在原始的氏族社会,部落之间是通过防护森林隔离开来的,"分工是纯粹自然的,只存在于两性之间",财产是公有的,交换是偶然的间或发生的。但是一些最先进的部落开始驯养牲畜,畜牧业从狩猎中分裂出来,农业也从采集业中分离出来,于是产生了第一次社会大分工,"游牧部落从其余的野蛮人群中分离出来",游牧民族的数量众多的畜类产品于是可以用来交换,恩格斯指出,"自从游牧部落分离出来以后,我们就看到,各不同部落的成员之间进行交换以及它作为一种经常制度来发展和巩固的一切条件都具备了","这就第一次使经常的交换成为可能"。② 随着农耕的进步,生产力的积累也出现了农业剩余产品,为人口聚集和不同部落间的贸易和交换提供了条件,逐渐形成了比较固定的交易场所,这就形成集市,"集市是城市的原始和低级形态,包含了城市最基本的内容和功能。"③但是同时部落之间为了掠夺的战争也出现了,在"在新的设防城市的周围屹立着高峻的墙壁并非无故;它们的深壕宽堑成了氏族制度的墓穴,而它们的城楼已经高耸入文明时代了"。④ 恩格斯在《马尔克》一文中讲到德国的日耳曼人在从土地公有制变成私有制的情况下城市产生出来了,恩格斯指出:"只要村一旦变作城市,也就是说,只要它(乡村)用壕沟和墙壁防守起来,乡村制度也就变

---

① Mannel Castells. *The Urban Question*: *A Marxist Approach*, Translated by Alan Sheridan, Edwaed Arnold Ltd,1977.p. 11.

② 《马克思恩格斯选集》第 4 卷,人民出版社 1995 年版,第 160 页。

③ 向德平主编:《城市社会学》,高等教育出版社 2005 年版,第 26 页。

④ 《马克思恩格斯选集》第 4 卷,人民出版社 1995 年版,第 164 页。

成了城市制度。"①这时城市的"城"的防护功能占据首位,"市"的交换功能还处于萎缩状态。

第二次大分工,导致交换目的化。随着铁器的出现,私人财富在增加,农业内部的劳动分工也更为复杂,手工业部门如织布业、金属加工业等出现,"显示出生产的日益多样化和生产技术的日益改进","于是发生了第二次大分工,手工业和农业分离出来"。②随着生产分为农业和手工业这两大部门,"便出现了直接以交换为目的的生产,即商品生产",一部分人专门从事商品生产以为了获取交换带来的利益,交换成了生产的目的,同时部落之间、部落边境、海外的贸易也出现了,这促进了城市"市"的功能发展。"城市工业本身一旦和农业分离,它的产品一开始就是商品,因而它的产品的出售就需要有商业作为媒介,这是理所当然的。因此,商业依赖于城市的发展,而城市的发展也要以商业为条件,这是不言而喻的。"③

第三次大分工,导致了交换的专门化。由于商品交换的发展,出现了一个不从事生产只从事交换的商人阶级。这是社会第三次大分工,恩格斯指出:"文明时代巩固并加强了所有这些已经发生的各次分工,特别是通过加剧城市和乡村的对立(或者是像古代那样,城市在经济上统治乡村;或者是像中世纪那样,乡村在经济上统治城市),而使之巩固和加强,此外它又加上了一个第三次的、它所特有的、有决定意义的重要分工:它创造了一个不再从事生产而只从事产品交换的阶级—商人。"④商人阶级作为中间人插入到生产者和交换者之中,交换的过程就变得错综复杂,这种交换就只能以货币为媒介、以"市"为固定的场所来进行了,所以交换的需求导致城市的"市"的功能巩固,商人作为商品交换的主导者,促进了城市成为集中交换的场所,城市从乡村中分离出来了。

分工的加深过程,是工业和商业的分离;也是城乡的分离过程、人与人的分离过程,在分工背后是生产力的推动,"一个民族的生产力发展的水平,最

①　《马克思恩格斯全集》第 19 卷,人民出版社 1963 年版,第 361 页。
②　《马克思恩格斯选集》第 4 卷,人民出版社 1995 年版,第 163 页。
③　《马克思恩格斯全集》第 25 卷,人民出版社 1974 年版,第 371 页。
④　《马克思恩格斯选集》第 4 卷,人民出版社 1995 年版,第 166 页。

明显地表现在该民族分工的发展程度上。任何新的生产力都会引起分工的进一步发展"。① 因此生产力的发展是城市产生和发展的基本动力,决定了城市发展的内容和形式。同时生产力的发展引起的社会分工导致了阶级和国家的出现,最初的城市出现是统治阶级运用政治权力建立起来的,统治阶级在城市中设置行政机关、军队、警察等公共政治机构,城市管理也成为政治统治的工具,也就是说,城市是伴随着阶级对立、城乡对立而同时出现的,城市在出现之初就是阶级矛盾和阶级冲突展现的空间领域。

二、生产部门的分工生成城市空间地形

三次大分工,发生在原始社会末期,确立了社会生产的三大基本部门:农业、手工业和商业部门,手工业和商业在城市中聚集,人口聚集在城市,催生了一批奴隶社会时期的城市。但是各个地区分工的发展步骤并不完全一致,分工并不是一帆风顺地向前发展,由于战争会带来文明中断、积累起来的生产力毁灭,所以分工也会处于停滞不前。在漫长的中世纪的城市里,手工业内部之间的分工是比较稀少的,"城市中各个行会之间的分工还是非常少的,而在行会内部,各劳动者之间则根本没有什么分工,每个劳动者都必须熟悉全部工序"。"各城市之间的有限交往、居民稀少和需求有限都妨碍了分工的进一步发展。"②但生产力发展总的趋势势不可挡,手工业部门和商业部门的分工在封建社会还是缓慢地出现了,各个封建行会的出现也就表现了各个手工业生产部门的出现,如玻璃厂、造纸厂、造船厂、炼铁厂等生产部门,这些生产部门的专门化"以分工为基础",要求劳动力大量集中、更多地利用自然力、大量生产以及劳动资料等等的集中。③ 同时由于这些不同部门内部的分工,在某一劳动部门共同劳动的个人之间的分工也越来越细致了。

个人之间劳动分工促进了对空间要素的组织和管理。同一劳动部门中个人之间的分工导致了在生产中的协作劳动,协作劳动总是在一个空间中展开

---

① 《马克思恩格斯全集》第3卷,人民出版社1956年版,第24页。
② 《马克思恩格斯选集》第1卷,人民出版社1995年版,第106页。
③ 《马克思恩格斯全集》第46卷(上),人民出版社1979年版,第514页。

的,"将许多同时劳动的工人在同一空间(一个地方)的密集、聚集"①,因此需
要对人口、生产资料、技术、厂房、土地等聚合的空间元素进行位置匹配、协调
空间流程、进行技术的空间编配。奴隶社会和封建社会部门之间的劳动分工
比较稀少,资本主义大机器生产下劳动分工越来越细致、工人的劳动种类越来
越多,工人聚集在一个空间中进行同时生产,因此"管理、监督和调节"空间中
的劳动、改变空间中劳动的组织形式、对空间要素的组织管理变成了生产力的
要素,资本需要对人口、技术、厂房、土地、设备等空间元素进行位置匹配、协调
空间流程、进行技术的空间编配、改变空间的劳动组合形式等空间管理活动,
这些空间管理活动产生了对同一生产空间内部生产组织的空间分区与布局,
形成了众多空间"小纹路"。

生产部门间的分工促成城市空间区域的空间布局。生产部门内部的分
工,带动了城市的交通运输、商业流通、生产布局等城市功能结构的复杂化,带
来了空间整合的需要,这就直接催生了城市政府对城市空间进行布局的动力,
形成城市的各个功能性空间的布局图和连接线。当前生产部门进一步分化,
出现了许多新兴的生产部门,如金融业、房地产业、信息技术产业、高新技术产
业、休闲娱乐业、服务业等,这当然要涉及对新产业部门的空间规划和布局,涉
及对各类生产空间、流通空间、消费空间的沟通、连接和整合。因此城市政府、
规划设计专家、建筑设计师根据资本的生产需要来选址、定位、规划、布局以及
调整城市的中央商务区、高新技术产业园区、金融机构区、大航空港、大型国际
航运码头、休闲娱乐城、高速公路系统等新的经济空间点、流通空间和消费空
间,并综合考虑各单元空间的区位、各单元空间的分隔布局、空间之间的交通
连接设施和信息高速通道,形成一副交错纵横、整合以形成更有效率的整体空
间地形图。

生产部门内部的分工协作提出了对空间要素的组织和管理的要求,涉及
城市生产者和管理者对城市生产空间内部的规划、布局;同时生产部门也在不
断分化,出现了许多新兴的产业部门,以高科技为基础的电子、宇航和生物医
学等;以工艺为基础并且劳动和构思高度密集型的工业,从服装、家具和珠宝

---

① 《马克思恩格斯全集》第47卷,人民出版社1979年版,第291页。

生产到导弹和电影生产①,当代生产部门的分工具有不断细化、专门化的趋势,这必然引起城市空间内部的地理区隔以及各个空间部位的复杂化的整合连接,呈现一幅繁杂的空间地形图。

三、城市间的分工拉扯城市空间结构变形

在马克思看来,随着工业生产部门的内部细致化分工,需要更细致化、更专业化的交换,封建社会的商人阶级在新兴的城市里顺势而生,"这样就产生了同临近地区之外的地区建立贸易联系的可能性"②。商人促成同城市近郊以外的地区通商的扩大,各个城市之间的联系加强,城市之间逐渐形成自己的专门特色的产品分工,每一个城市都形成了一个占优势的工业部门,城市之间的分工产生了。城市间的世界性分工标识不同城市在世界经济体系中的位置,这一位置的世界关联性会引起城市空间结构变形。

马克思恩格斯指出,"手工工场产生在为出口、为国外市场而大批生产的地方,因为是产生在大宗海陆贸易的基地,贸易中心地,例如意大利的城市、君士坦丁堡、弗兰德和荷兰的城市、西班牙的某些城市如巴塞罗那等等。"③"工场手工业,最初是自发地形成的。一旦它得到一定的巩固和扩展,它就成为资本主义生产方式的有意识的、有计划的和系统的形式。"④在工场手工业越来越细致的分工中,工场手工业中的小资产阶级逐渐积累了越来越多的资本,在越来越多的资本积累中演变为大资产阶级,大资产阶级利用城市中的人口、分工和先进的科学技术发展出机器大工业,大机器工业以更细致化的分工协作、各部门之间的普遍交往合作、各城市之间的优势化分工为特征,城市之间的贸易流、信息流、资金流不断流动,城市、各生产领域之间的分工跨越城市、国家界限而联合,城市的分化效应和聚合效应同时并存,城市成为先进生产力的代表,具备最完善的分工形式、人口生产高度集中、交换普遍化、国际化,形成了

---

① Edward W Soja:《后大都市——城市和区域的批判性研究》,李钧等译,上海教育出版社2006年版,第214页。

② 《马克思恩格斯选集》第1卷,人民出版社1995年版,第107页。

③ 《马克思恩格斯全集》第46卷(上),人民出版社1979年版,第515页。

④ 《马克思恩格斯全集》第23卷,人民出版社1972年版,第402页。

现代意义上的资本主义城市形态。

在当代,在资本的跨国生产网络中跨国资本对全球生产空间进行专业化选择、布局和协调,许多城市依据空间优势、历史传统、地理条件形成了不同城市在全球生产网络中的"弹性专业化"分工,在全球经济网络中占据差异化、专业化的地位,成为在全球经济网络结构中的"节点"或"枢纽",如伦敦、纽约和东京的金融业、房地产业,洛杉矶的电影产业、航天科技业等,城市空间结构也直接受到全球生产网络的辐射状控制而被"牵扯"着进行区位形塑、形成"多中心"的城市空间结构。

第二节 科学技术是城市产生和空间发展的"助推剂"

分工提供了城市产生和发展的前提,而科学技术在城市发展和变迁中则起着"助推剂"的作用。技术的进步提供了人口聚集的生产和生活条件,人口集聚、劳动力和消费人口数量增大,生产资料、流通设施增加,实现了生产要素的地理集聚,同时经济集聚又刺激人口聚集,空间中生产设施、流通设施更精细化,这就进一步提出了对这些更复杂的空间生产要素的聚集、组合、连接以提高空间生产效率的问题,客观上提出了城市空间延展的地理必需。在马克思恩格斯看来,人类最早期的农业科学技术形成了剩余产品和人口聚集,推动了"原始初城"的形成;以蒸汽机为核心的第一次科技革命使工厂成为城市重要组成部分,助推"工业城市"的出现,在当今以信息技术为中心的第三次科技革命,促成了城市之间的信息化世界网络的连接,催生了"世界城市"或者"全球城市"的出现。

一、原始农业技术"催生"出"原始初城"

按照马克思恩格斯的观点,是原始农业生产技术的发展推动了生产力的发展,生产力的发展促使了剩余产品出现,为经常性交换提供了条件,促使了商人的出现;剩余产品出现,导致财富集中在一些人手里,产生了阶级对立,要求产生一些新的机构来代替氏族制度进行社会管理,正是在这些条件之下,产生了防御、交换和行政管理的需要,原始"初城"应运而生了。马克思和恩格斯从宏观历史视角论述了城市形成的结构框架,而著名的城市学家芒德福在《城市发展史》一书中,更是从文化和技术的层面对原始新石器时代人群生活进行了具体探讨,更细微地展现了原始初城形成的历史条件、技术条件和人员条件,展示了一幅人类早期生动的活动史以及早期城市形成的时空史和具象图绘。

其一,农业驯养和保存技术滋生出"村庄"。芒德福认为,在10000年或12000年前,人类开始掌握采集并播种、驯化驯养动植物的技术,具备了建造房屋、水池、灌渠、运河,对水进行控制等改造自然的技术。他把这一新石器时代的原始农业技术归结为是由母系氏族的女人所推动的,指出这为城市的发展准备了条件。他指出,"没有农业和畜牧业的这种长期发展过程,就不可能有剩余粮食和剩余人力,而这两个因素正是城市生活的先决条件。"[①]有了稳定的农业和畜牧业,人类的食物来源扩大,人类的居住才可以固定化,才形成了稳定的村庄形式,形成一种"新型的聚落"。而村庄出现后一种新的石器技术也被女人掌握了,那就是"容器的形成"。芒德福认为,新石器时代突出表现为一个制造器皿的时代,他认为"这个时代出现了各种石制的和陶制的瓶、罐、瓮、桶、钵、箱、水池、谷囤、谷仓、住房,还有集团的大型容器,如灌溉沟渠和村庄"。[②]

其二,村庄技术已经"孕育"着城市的胚胎。城市的许多成分潜伏在村庄中孕育着,就像一个"卵"在新石器时代的农业村庄中潜藏着,"各种发明和有机分化都从这里开始,后来才逐渐发展成为城市的复杂结构"。[③]芒德福指出,新石器时代人类的"城市的建筑构造和象征形式"很多以原始形态存在于村庄中,比如城墙可能来自于防御野兽的栅栏,建造房屋、水池、灌渠、运河等对大地的改造技术也成为以后改造城市环境的技术。城市的物质设施的生产技术也是效法村庄的,粮库、银行、武器库、图书馆、商店都来源于村庄,各种灌

---

① 刘易斯·芒福德:《城市发展史:起源、演变和前景》,宋俊岭等译,中国建筑工业出版社2005年版,第12页。

② 刘易斯·芒福德:《城市发展史:起源、演变和前景》,宋俊岭等译,中国建筑工业出版社2005年版,第15页。

③ 刘易斯·芒福德:《城市发展史:起源、演变和前景》,宋俊岭等译,中国建筑工业出版社2005年版,第19页。

溉沟渠、运河、水仓、壕堑、渡槽、供水排水管道都是对村庄容器的改造和提高，"若没有这整套发明创造领先，古代城市便根本无从形成其最终形式"。① 城市的专门化的集市、公共场所直接来源与村庄中的"圣祠、蓄水池、公共道路、集会场地"。

其三，金属技术的使用寻致城镇最终的"娩出"。新石器时代的农庄已经具有许多小型城市的因素和特征，但是它在性质上仍然是村庄，"胚胎"要孕育出完整、充分发育的城市还需要很长的历史时期。因为新石器的各项发明和组织形式确立下来了，就不断进行巩固、模仿、重复，缺乏内在动力去发展以突破自身，这个过程最长经历了几千年，一种新的技术终于得以产生，得以产生出一种动力，终于突破了新石器文化的限度，发展出一种新文化产生的契机，这就是新的金属技术的产生——"犁耕的发明和金属工具"取代了研磨的石器。芒德福认为，城市的起源是新石器文化同更古老的男人主导的旧石器文化相互结合的产物，主导新石器时代农业的女人在以牛为牵引力的犁具的铁器时代地位衰落了，"在新形成的城市雏形环境中，男子成了领导人物，女人则退居到次要地位"②。犁耕技术的出现，使生产力水平进一步提高，"可以供养整个城市和地区"，人员的大规模集体行动可以发展大型水利工程、粮食生产、公共设施和交通运输，剩余产品出现、人口加速繁衍集中、初始的交通运输等条件促使了城市的形成。在这些发展变化中，父权制及其象征文化出现，阶级开始分化，"斗争、统治、管辖"成为这一时期的新主题，人类组织更为复杂，政治权力开始行使组织、管理、军事职能，开始在城市中建立起行政组织和阶级统治结构，城市终于在父权制、阶级对立的伴随中出现了，有着"蓬勃活力"的新兴城市文明终于战胜了古老的村庄文化。城市这种新型的综合体一旦出现，又"能有效地动员人力，组织了长途运输"，"还在大规模发展市政工程的同时促进了发明创造，此外还促进了农业生产力的进一步提高"③。

---

① 刘易斯·芒福德:《城市发展史:起源、演变和前景》,宋俊岭等译,中国建筑工业出版社2005年版,第16页。

② 刘易斯·芒福德:《城市发展史:起源、演变和前景》,宋俊岭等译,中国建筑工业出版社2005年版,第28页。

③ 刘易斯·芒福德:《城市发展史:起源、演变和前景》,宋俊岭等译,中国建筑工业出版社2005年版,第32页。

当然,城市的形成不是一蹴而就的,村庄转变为城市、最初的城市向完全成熟的城市过渡,可能经历了几百年、甚至几千年的时间,在这期间,原始城市的各种要素不断发展、分化,形成更复杂完备的城市结构。芒德福指出,根据现有的文献记载,谷物的栽培、犁的发明使用、制陶、转轮、帆船、纺织机、炼铜术、抽象数学、天文观测、历法、文字记载等技术和文化大概都是在公元前3000年前后几个世纪产生的,充分显示城市的孕育、形成是在长期的技术和文化发展中不断推动、完善和成熟的。

二、蒸汽机技术是"大工业城市"产生的"助产剂"

在马克思恩格斯所处的时代,正是大工业城市兴起的时期,是资本主义生产方式滋生了大工业城市,同时大工业城市的迅速出现又为推动资本主义生产方式最终战胜封建生产关系确立了条件。但在大工业城市的兴起中,以蒸汽机为核心的科学技术是大工业城市产生的助产剂,正是科学技术加速、推动了资本主义生产方式的确立和改进,才从根本上确立了城市优越于乡村的地位,最终形成了大工业城市的城市物质面貌、空间格局和阶级关系形态,科学技术在城市的空间发展中也发生着关键的作用。

一方面,蒸汽机成为动力使生产可以聚集在城市中。一旦蒸汽机成为了机器的动力,机器就摆脱了水、风等动力在农村的限制,使资本主义大生产可以利用城市中的人口、资本的空间聚集条件进行生产,"它可以使生产集中在城市,不像水车那样使生产分散在农村,它在工艺上的应用是普遍的,在地址选择上不太受地点条件的限制"。① "直到蒸汽力代替水流以后,工厂才汇集在城市和能充分供应生产蒸汽所必需的煤和水的地方。蒸汽机是工业城市之父。"②以蒸汽机为动力的资本主义大机器生产发展到一定程度,"就必定推翻了这个最初是现成地遇到的、后来又在其旧形式中进一步发展了的基础,建立起与它自身的生产方式相适应的新基础"③,这就包括彻底推翻了旧有的封建生产方式的残余,也包括根据新的资本主义生产方式来建设起物质基础,这个

---

① 《马克思恩格斯全集》第23卷,人民出版社1972年版,第415页。
② 《马克思恩格斯全集》第23卷,人民出版社1972年版,第414页。
③ 《马克思恩格斯全集》第23卷,人民出版社1972年版,第419页。

物质基础包括城市中用于生产的物质设施基础,如厂房、仓库、交通运输工具等,正如马克思指出,"工场手工业时期遗留下来的交通运输工具,很快又成为具有狂热的生产速度和巨大生产规模、经常把大量资本和工人由一个生产领域投入另一个生产领域并具有新建立的世界市场联系的大工业所不能忍受的桎梏。"①

同时,以蒸汽机为核心的科学技术促进了空间元素的增长。生产原材料的加工、储存和运输、生产设施和流通设施的加速发展、劳动力远距离的居住以及流动、土地等劳动对象的深层次立体开发,形成了厂房、仓库、铁路、商店等城市生产性和流通性物理景观在地理上的空间延展,如马克思指出:"生产的扩大超过这种界限,也就要求扩大土地面积。"②这极大地对原有的封建手工业城市的空间进行了拓展和重塑,最终形成了现代化大工业城市的空间的规模、形态和结构,如曼彻斯特、利物浦、伦敦等早期大工业城市的加速膨胀,正如马克思所说,大机器工业"建立了现代化大工业城市——它们的出现如雨后春笋——来代替自然形成的城市"。③

三、信息网络技术"编织""全球城市"

第三次科技革命是以电子计算机这个重大发明为标志、以微电子技术为核心的信息技术的发明和应用为表现,这些技术条件也推动了城市空间的发展和变迁,卡斯特尔斯指出,"先进的电子通信设备(如互联网)以及快速、电脑化的传输系统使得空间集聚与分散可以同时进行。导致一个由网络和都市节点组成的新地理学的诞生。这个新地理学遍布世界遍布国家,位于都市区之间,也处于都市区内部。"④

在当今,以微电子技术为核心的信息技术的应用,使"空间的集聚与分散同时进行",生产过程的跨国分散促进了城市跨国性空间景观出现,如连接到全球经济体系的大航空港、跨国公司总部和分公司、跨国金融机构、跨国贸易

---

① 《马克思恩格斯全集》第 23 卷,人民出版社 1972 年版,第 421 页。
② 《马克思恩格斯全集》第 25 卷,人民出版社 1974 年版,第 880 页。
③ 《马克思恩格斯文集》第 1 卷,人民出版社 2009 年版,第 566 页。
④ 曼纽文·卡斯特:《21 世纪的都市社会学》,《国外城市规划》2006 年第 5 期。

公司等,同时跨国资本通过信息技术网络对分散在全球各个城市的生产要素进行全球集中管理,通过信息技术网络来操纵各城市中生产要素的空间安置、流转、连接和组合,城市空间虽然在地理空间范围上并没有实际"扩展",但是通过信息技术与全球经济网络的连接将自身的空间边界"发散式辐射"到全球范围。

同时,凭借计算机网络技术,世界上顶级的大城市能够与全球经济网络进行连接,成为全球经济网络中的各个城市"纽结",上升为全球经济网络中的"全球城市"。按照萨森的理解,"全球城市"在世界经济网络中具有重要服务、管理和融资等方面的战略位置,是"世界经济组织高度集中的控制点、金融机构和专业服务公司的主要集聚地,高新技术产业的生产和研发基地、作为一个产品及其创新活动的市场。[①] "全球城市"在全球经济分工中具有自己的专业化差异优势,在全球经济网络中占据自己独特的"节点"位置,与全球经济体系发生着紧密的"接合",在与全球经济网络的"连接"和"互动"中发挥其最大的经济影响力和控制力,正如卡斯特尔斯所指出的,"信息集中的地方,也就是最大的都市地区。电子通信和计算机控制的交通系统使世界范围的大都市之间联系起来,增加了它们的战略重要性。"因此,"从结构的观点来看城市在全球经济中的角色取决于它们在交通运输与通信网络中的连通性(cormectivity)"。[②]

当然,除去这些城市大的范式转变过程中具有标志意义的科学技术对城市范式转变的助推作用之外,一些具体技术比如城市的建筑技术、给水排水技术、规划绘图技术、环保技术、广告技术、道路修建技术、公共交通技术……也在局部地、不断引起城市具体物质景观的变迁。所以,卡斯特尔斯指出,"技术进步经常被认为是大都市的基础","在城市范式的转变过程中,技术扮演的角色是不可否认的"[③]。

---

① [美]丝奇雅·沙森:《全球城市——纽约、伦敦、东京》,周振华译,上海社会科学院出版社 2005 年版,第 1—2 页。

② 曼纽文·卡斯特:《21 世纪的都市社会学》,《国外城市规划》2006 年第 5 期。

③ Mannel Castells. *City*, *class and power*, translation supervised by Elizabeth Lebas, The macmilan Press Ltd, 1978, p. 25.

第三节　所有制形式的更替是城市空间发展的根本动力

马克思恩格斯认为,"分工与私有制是同义语","分工发展的各个不同阶段,同时也就是所有制的各种不同形式。"①分工和私有制是一个硬币的两个方面,分工代表一个社会生产力发展水平的外显状况,私有制形式则代表了阶级社会生产关系的内在状况。分工为城市的形成准备了前提,技术助推城市的发展,但是在技术和分工构成的生产力状况之基础上,是各个时期私有制形式下的统治力量不断来组织、管理城市,才不断推动城市空间结构、空间景观和城市阶级关系的变化和发展。在不同私有制形式下掌握生产资料的阶级力量根据自己的利益来进行活动,围绕着阶级政治统治来组织城市空间疆域、生产一套城市的物理景观、建构一套象征政治权力的城市符号系统。随着所有制的变化,城市的空间形态、物理景观和符号系统也在发生变化,从而在西方社会形成了一条从"原始初城"—"城邦城市"—"封建政治城市"—"资本主义大工业城市"—"垄断城市"——"后大都市"的粗略的城市空间发展脉络。

一、原始社会末期的"原始初城"

在"部落所有制"时代分工很不发达,"仅限于家庭中现有的自然产生的分工的进一步扩大"②,但是随着分工的发达,私有制产生了,伴随着私有制出现的是原始社会末期的"初级城市",这些城市是"是以农业生产过剩为基础而出现的",剩余产品出现了,产生了抢夺以及战争,需要进行防御;剩余产品出现,导致了交换的出现,同时剩余产品出现也导致了一部分人占有剩余产品来支配和控制另一部分人,促进了阶级分化。这些变化导致了社会空间形态也发生了变化,生成了历史上第一批城市。

卡斯特尔斯指出,第一批城市是"宗教、行政和政治中心","是社会关系

---

① 《马克思恩格斯全集》第3卷,人民出版社1956年版,第25页。
② 《马克思恩格斯全集》第3卷,人民出版社1956年版,第25页。

复杂性的空间表现"。也就是说,除了"城"的对外的保护功能、"市"的交换功能外,城市还从内部空间上滋生出对城市人口、空间、财产、资源的权力管理和控制功能。卡斯特尔斯引述了 v.Gordon Childe 对欧洲第一批城市特征的归纳:"非生产性的全职的专业人士(僧侣、官员、服务业人员)的存在,足够规模和密度的人口;独特的艺术;使用文字和数字计算;科学工作、集中剩余产品的税收系统、国家机构、公共建筑;对外贸易、社会阶级的存在。"①

爱德华·苏贾则讲到了西南亚 7000 年前至 4000、5000 年前的代表性苏美尔城市乌尔"城市—国家"的形式,城市中的社会生产与社会组织程度加深,从简单的耕作社会扩展到以王权、武力、官僚体制、财富、奴隶、父权制和帝国为基础的控制和规划社会空间疆域划定的新形式。这一时期,更加制度化的宗教、市场和政府形成了"伴随着掌握符号形式的集中和用来通告、典礼、行政、文化移入、规训和控制的市政中心出现了"。"使新的社会制度、经济生产和政治发展更直接地扩展和重构了的城市空间物质、符号和政府的权力联系起来。"②

在中国,新石器晚期后段,母系氏族没落,阶级社会开始出现,防御的"环濠已经跃进式地发展为夯土城墙","一些大型聚落在性质和结构上发生了质变,成为'初城'。这种新型聚落成为统治精英的城堡,其内有依附于他们的工匠和佣工阶层,亦有新形式的专业人士,如巫师、士兵和奴隶。"③围绕着防御性夯土围墙的要求,中国最初的城市形成了它的最初的组织形式和空间格局。目前考古发现的中国最早的城市,是距今已有 5500 多年的安徽含山凌家滩遗址。这处城市遗址沿河而建,方圆达 160 万平方米,以三个台阶为界线划分成三处功能不同的区域,既有大型宫殿、神庙等标志性建筑以及布局整齐的房屋、墓地,又有护城壕沟、手工作坊和集市。

综上可见,无论是从欧洲、西南亚、中国来看,虽然在时间节点上并不完全

---

① Mannel Castells. *The Urban Question*: *A Marxist Approach*, Translated by Alan Sheridan, Edwaed Arnold Ltd, 1977, p. 12.

② Edward W.Soja:《后大都市——城市和区域的批判性研究》,李钧等译,上海教育出版社 2006 年版,第 69 页。

③ 薛凤旋:《中国城市及其文明的演变》,世界图书出版公司 2010 年版,第 22 页。

相同,但是这一类型的"初级城市"、"城市—国家"形式具有相同的城市特征:
(1)是一个政治中心。阶级在"亲属关系产生的声望和权力分层"上形成,城市因而围绕着阶级统治的体制制度、组织机构、人员等级形成了。"随着城市的出现也就需要有行政机关、警察、赋税等等,一句话,就是需要有公共的政治机构,也就是说需要一般政治。在这里居民第一次划分为两大阶级,这种划分直接以分工和生产工具为基础。"①(2)对城市的空间疆域的控制形式初步形成。城市更为集中和中心化、男性主导化,对城市空间的控制和行政管理的职能形成。正如恩格斯所说:"在这时,国家已经不知不觉地发展起来了。最初在城市和乡村间,然后在各种城市劳动部门间实行的分工所造成的新的集团,创立了新的机关以保护自己的利益,各种官职都设置起来了。"②而最初的行政管理部门和公共政治结构如军队、警察等设置于城市中,使城市成为一个政治中心,经济功能并不突出。(3)城市的符号系统生成。这是一个城市的象征系统,新的从事精神生产的专业人士掌握了阐释政治合法性和意义的城市符号,通过宗教、艺术、典礼、巫术等文化生产的权力来进行符号化的关于政治权力的象征性阐释。

二、古典公社所有制和国家所有制下的"古典城邦城市"

在欧洲,古典城市形态是城邦,如希腊和罗马是为典型。城邦是一个以城市为核心的小型主权实体,"这种所有制是由于几个部落通过契约或征服联合为一个城市而产生的",以城为一个邦,在城邦内以公民民主制形成一个自治城市单位,奴隶制是整个城邦生产的基础,公民之间实行公社所有制,这是一种公民的共同私有制,在政治上公民联合起来形成共同的人民权力以保持对奴隶的统治。

在欧洲的城邦主要是一和政治性城市和军事中心,"日耳曼的公社并不集中在城市中;但是由于这种集中(即集中在作为乡村生活的中心、作为农民的居住地、同样也作为军事指挥中心的城市中)"。③ 在这些城市中,代表不同

---

① 《马克思恩格斯选集》第 1 卷,人民出版社 1995 年版,第 104 页。
② 《马克思恩格斯全集》第 21 卷,人民出版社 1965 年版,第 130 页。
③ 《马克思恩格斯全集》第 46 卷(上),人民出版社 1979 年版,第 480 页。

利益集团的市议会和国家政权的统治阶级在行使对城市的管理权,设置了各种政治机构、制定了各种规章制度,逐渐蜕变成国家的政治实体。这时期公民执政的城邦形态表现为:城邦孤立、人口较少、城邦内自给自足,在城邦后期分工已经比较发达,但这时的分工只是几大基本生产部门的分工,因此出现了"城乡的对立,后来,一些代表城市利益的国家同一些代表乡村利益的国家之间的对立出现了"。城邦内工业和商业的对立也出现了,"在城市内部存在着工业和海外贸易之间的对立。"[1]卡斯特尔斯将"城邦城市"归纳为:经过了技术和社会发展、劳动力扩大再生产后,产品出现了分异,各种分配和交换达到顶点,城市成为政治—行政管理的上层建筑的地理的中心,同时还意味着以下的存在:(1)社会阶级体系;(2)允许社会整合和阶级统治的政治系统;(3)一种投资的制度体系,特别是关于文化和技术方面;(4)与外部的交换系统。[2]

　　索亚则讲到了西南亚苏美尔地区在 3500 年前的乌尔城市的形态,呈现一种从属和附庸的城市围绕着帝国中心城市的棋盘性分布的、由区域等级联系起来的"拼图式联邦"的城市形态(也叫"父亲城市"),在这种城市形态的空间中,政治权力被细分为一系列有着象征意义的建筑,"宫殿和庙塔结合拆分成一系列政治、军事、宗教、商业、司法和官僚精英的首府:城堡、宫殿、堡垒、教堂、市场、公共广场、市政大厅和法院。"[3]

　　在中国奴隶社会初期的龙山城邦国,也是军事、行政与宗教权力的中心,是中国历史上产生最早的王权。城邦经过发展,在奴隶社会的夏朝的二里头文化遗址中,也显现出国都成为主要的城市聚落,在城市中王权通过军事力量进行统治、对手工业进行控制、对外长途贸易出现、围绕着社会阶层分布形成城市的建筑布局和空间结构。虽然中国这一时期的城邦和国都显示出了自己的特色,但是仍然与欧洲城邦存在着共同之处:如阶级统治、内部的生产技术发展、与外部的经济交换。当然由于政治统治形式的不同,欧洲实行的是城邦

---

　　①　索亚:《后现代都市化:洛杉矶的六次重构》,载包亚明主编:《后大都市与文化研究》,上海教育出版社 2005 年版,第 83 页。

　　②　Mannel Castells. *The Urban Question: A Marxist Approach*, Translated by Alan Sheridan, Edwaed Arnold Ltd,1977,p. 12.

　　③　索亚:《后现代都市化:洛杉矶的六次重构》,载包亚明主编:《后大都市与文化研究》,上海教育出版社 2005 年版,第 83 页。

民主制,而中国实行的是王权集中制,因此城市空间布局、建筑形式也更加充分体现了王权的象征意义,这是中国城市建筑、空间布局的一个突出的特点。

从以上世界不同地区的"城邦"代表类型,我们可以看到,这一类"城邦城市"有着如下特征:(1)城邦的空间边界不断向外扩展,表现为移动的、扩张的空间疆域。(2)城邦内依靠复杂的阶级等级、父权制等级、地域等级网络通过军事力量来进行统治秩序的维系,城市空间组织成为一个"多层网络的节点",保持着对外延伸的扩张态势。(3)城市空间变得更有条理,阶级统治力量着力于规划和管理城市空间,新的几何学被加入城市空间布局中,使城市建筑、日常生活也体现阶级统治的象征意义。

三、封建的或等级的所有制下的"封建政治城市"

马克思在比较西欧资本主义生产和封建所有制时指出,西欧中世纪是从乡村这个历史舞台出发的,"现代的历史是乡村城市化,而不是像古代那样,是城市乡村化。"①在欧洲,马克思以罗马为例,讲到了在中世纪的等级制度下,加上战争等破坏因素,城市的发展几乎处于停滞状态,比较广大的地区联合为封建王国,而大部分王国的地区是乡村。卡斯特尔也讲到,中世纪城市的复兴"是产生来自先前的堡垒和集市的结合,围绕堡垒组成了生活区和服务区,而市场则是由十字军开辟的新的商贸路线。在此基础上,城市有相当的政治管理机构建立起来,使给城市内部得以统一并获得了更大的自治权。正是城市的政治特征使其成为一个自足的系统,形成一个有边界的社会系统"。②

欧洲封建时代的所有制的主要形式是土地所有制和拥有"少量资本并支配着帮工劳动的自身劳动"的手工业所有制。"这两种所有制的结构都是由狭隘的生产关系——粗陋原始的土地耕作和手工业式的工业所决定的。"③在城市中,与土地占有的封建结构相适应的是城市里手工业形成的封建组织,即封建行会,行会中存在着师傅、帮工、学徒等级制的分工,城市内部各手工业之

---

① 《马克思恩格斯全集》第 46 卷(上),人民出版社 1979 年版,第 480 页。

② Mannel Castells. *The U-ban Question*: *A Marxist Approach*, Translated by Alan Sheridan, Edwaed Arnold Ltd,1977.p 13.

③ 《马克思恩格斯全集》第 3 卷,人民出版社 1956 年版,第 28 页。

间的分工是依靠封建行会来进行专制型的分工,行会之内的分工是依靠师傅来组织帮工、学徒进行生产的。这一时期城市中的生产资本是一种"由住房、手工劳动工具和自然形成的世代与占有者的劳动联系"在一起的死的、不会自我增殖的"自然资本"、"等级资本",在这一时期,城市的人口分散、分工局限在等级关系之中,城市与封建贵族的统治相适应,发展出反映"文化、教育、艺术、宗教"等建筑形态。

城市和乡村混合在一起,城市的经济功能也没有独立出来,农业和畜牧业、采矿业、渔业、狩猎等活动仍然是基本的生产部门,城市和城市之间的联系还未普遍建立起来。在中世纪的城市后期,在原始社会后期产生的商人这一特殊阶层很快在"新兴的城市中出现了",商人这一特殊阶层导致生产和交换分离,"促成了同城市近郊以外地区的通商的扩大,在生产和交往之间也立即发生了相互作用。"①同时商人阶层的发展打破了原有的垂直的等级分配方式,商人手中积累了大量财富,能够投资于制造业,将原本"死"的财富变为了"活"的、可以"增殖"的资本。正如卡斯特指出的,"尽管政治行政自治在中世纪早期的大多数城市中已经很普遍,城市的具体的社会和空间形式却紧紧依赖于新社会关系的整合,这种新的社会关系是作为产品分配体系转型的结果出现的。反对封建势力的商人阶级已经形成,打破了产品分配的垂直体系,以中间人(intermediary)的角色建立起水平联系,取代了生计的经济,积累足够多的自主权以能够投资于制造业(Pizzorno,1962)。"②商人和手工业者成为社会的新型阶层,掌握了城市的贸易和工业,也逐渐改变了社会关系和城市的空间形态。

在中国古代封建城市,城市发展的推动力主要来自政治和军事,大多是依靠行政区划建立的中央和地方行政机构的所在地,这一时期的城市围绕着统治阶级的政治权力而形成,在人口构成中,"皇族和政府官员在城市人口中占有相当的比重",③围绕着政治权力,吸引和供养一批从事行政管理、军队、僧侣、文化艺术从业人员等为政治权力从事文化、政治、宗教及生活服务的人群。同时,工

---

①　《马克思恩格斯选集》第1卷,人民出版社1995年版,第107页。

②　Mannel Castells. *The Urban Question: A Marxist Approach*, Translated by Alan Sheridan, Edwaed Arnold Ltd,1977.p. 13.

③　罗丽:《中国古代城市起源动力及类型》,《延边大学学报》2007年第2期。

商业和手工业活动也围绕着为行政权力提供服务而发展起来,工商业活动追随权势而发展,"围绕权势的消长而兴衰"。在建筑和城市布局上,围绕着皇宫、王府形成中轴对称、整齐划一的城市布局,"突出城内的主要建筑——宫城"①,对居民住宅实行严格分级分区管理,形成严格的城市空间等级。

这一时期的西欧的政治城市相比古典城邦的城市来说,也存在着以下内部关系和空间形态的发展:(1)城市通过封建国家的统治在更广的地域上联系起来,虽然这是一种政治上的联系,但也为资本主义时期经济上的普遍联系、人口的集中、市场的扩大准备了条件。(2)手工业发展起来,并且具备了粗鄙的行内的等级分工,为等级资本转化为可变资本、行业手工业者发展为小资产阶级准备了条件。(3)聚集在城市、缺乏农业生产资料和手工业生产资料的城市贫民,前身是中世纪逃往城市的农奴,随着工场手工业的发展,逐渐转化为无产阶级。城市中两大阶级的潜在对立,为城市的未来发展准备了动力。在"初级城市"和"城邦城市"中,城市的生产部门主要是基于农业生产建立起来的,城市首要的是商业和行政管理功能,但是进入封建城市,"城市不再是生产活动所在地,而是成为行政和统治的中心,与政治行政管理机器居于社会的首位"②。

四、封建所有制向资本主义所有制过渡下的"工场手工业城市"

工场手工业生产以分工为基础的协作生产为基础,是资本主义生产方式的初始阶段,这个时期在大约是从 16 世纪中叶到 18 世纪末叶,"市场的扩大、资本的积累、各阶级的社会地位的改变、被剥夺了收入来源的大批人口的出现,这就是工场手工业形成的历史条件"③。

商人积累的资本投资于制造业,资本开始零散地在个别地方出现了,资本主义的生产逐渐驱赶"城市彼此之间建立了联系,新的劳动工具从一个城市运往另一个城市,生产和交往之间的分工随即引起了各个城市间在生产上新

---

① 俞金尧:《权势创造城市——论农业时代的城市起源》,《杭州师范学院学报》2012 年第 5 期。

② Mannel Castells. *The Urban Question: A Marxist Approach*, Translated by Alan Sheridan, Edwaed Arnold Ltd,1977.p. 12.

③ 《马克思恩格斯选集》第 1 卷,人民出版社 1995 年版,第 164 页。

的分工",城市间不同分工的结果是"工场手工业出现"。工场手工业已经具备资本主义生产性质,逐渐打破了原有的封建行会制度,逐渐破坏了封建生产方式。工人和资本家之间的新型关系正在生成,新的生产形式也驱动着新城市的不断出现,比如织布业是最早的工场手工业,摆脱了旧有的生产形式,并"很快分化为无数部门的劳动","织布业多半在没有行会组织的乡村和小市镇经营,这些地方逐渐变为城市,而且很快就成为每个国家最繁荣的城市"①。在这一时期,所有制关系是商人和工场主私有制,还没有发展成大资产阶级的私有制,工场手工业还处于不成熟的波动期,容易受到市场、商业的影响而收缩或破坏而处于次要于商业的地位。

在中国封建社会末期,由于城市人口的聚集,也出现了一些手工业和商业专业化的城镇,主要居民是商人和手工业者,有着活跃的商业活动和手工业部门,资本主义萌芽开始在一些城镇出现。在元明清以后,手工业及商业迅速发展,特别在江南地区,已开始出现私营的较大规模的手工作坊,商行、地方性行业性会馆建筑不断增多,票号、典当铺大量出现,形成了一些专业化的金融城镇与小工业城镇,如平遥、太谷为票号业中心城市,景德镇为手工业城市的集中代表。同时,城市布局也发生了变化,不再是以宫城为中心的中轴线的对称布局,而是不严整的规则,围绕不同的经济活动中心形成城区。②

工场手工业时期的城市相比封建等级城市形态来说,有着这样一些特征:
(1)人口和资本不断在城市聚集起来,滋生着资本主义生产关系。城市过剩人口的聚集为资本主义生产关系的产生提供了前提。马克思指出,工场手工业还以人口特别是乡村人口的不断集中和资本的不断积聚为前提","向城市的集中是资本主义生产的基本条件"。③ 城市聚集着"过剩人口","过剩的工人人口是积累或者资本主义基础上的财富发展的必然产物,但是这种过剩人口反过来成为资本主义积累的杠杆,甚至成为资本主义生产方式存在的一个条件"④。随着人口集中和生产方式的逐渐变化,在工场手工业中,封建宗法

---

① 《马克思恩格斯选集》第 1 卷,人民出版社 1995 年版,第 108 页。
② 罗丽:《中国古代城市起源动力及类型》,《延边大学学报》2007 年第 2 期。
③ 《马克思恩格斯选集》第 3 卷,人民出版社 1995 年版,第 646 页。
④ 《马克思恩格斯全集》第 23 卷,人民出版社 1972 年版,第 693 页。

关系的行会制度逐渐被打破,被工人和资本家之间的金钱关系代替了。(2)
城市内部生产部门和城市之间的分工专业化凸显,形成更广地域的城市联系
网络。城市手工业场内部的分工日益发展,出现为了完成一个产品而出现的
局部化分工的专业化,但是工场手工业的分工是依靠一个权威的资本来进行
安排和部署,"随着发明的增多和对新发明的机器的需求的增加,一方面机器
制造业日益分为多种多样的独立部门,另一方面制造机器的工场手工业内的
分工也日益发展"①。个人的劳动逐渐变成一个狭隘化的局部化专门化劳动;
同时也出现城市间的专业化分工,恩格斯分析了当时英国的郎卡郡形成了波
尔顿、普累斯顿、威根、柏立、罗契德尔等城市,指出"城市彼此发生了联
系……引起各城市之间在生产上新的分工,在每一个城市都有自己的特殊工
业部门占有优势"。②"不久每一个城市都设立了一个占优势的工业部门",
这已经显现出资本主义大工业下的资本主义宏观空间结构的城市分工体系的
雏形。(3)城市之间存在着密切的交换关系,连接到世界市场的交换网络中。
"工场手工业最初只限于国内市场",后来扩展到国际市场。随着美洲和通往
东印度的航线的发现,交往扩大了,世界市场出现了,世界市场的出现又进一
步促进了工场手工业和整个生产运动的发展,改变了阶级关系,加速了封建社
会的解体。但这时,代表工场手工业主的是小资产阶级,代表资本力量的大资
产阶级还在"商业和工场手工业"中生长,所有这些为一个新的历史阶段的到
来准备了条件,但是只有到大工业时期,大机器生产下实行最广泛的分工,资
本主义私有制即"私有制的现代形式"才能最终在全社会确立起来,城市的内
在性质才会随之发生根本性的变化。

　　在中国明末清初工场手工业诸如纺织业、采矿业、制瓷业等行业内部有着
专业化分工,雇佣制初步形成,由此促进了资本主义萌芽的形成。出现一批手
工工场、专业化商业市场、对外贸易高度发达的城市,如南京、北京、苏州、扬
州、杭州、宁波、广州等大城市、还出现了"景德镇和佛山镇"等发达的手工业
中心。③ 但是这一进程因为遭受到新兴资本主义国家殖民活动的侵扰,中断

---

① 《马克思恩格斯全集》第 23 卷,人民出版社 1972 年版,第 419 页。
② 《马克思恩格斯全集》第 2 卷,人民出版社 1957 年版,第 322 页。
③ 傅崇兰等:《中国城市发展史》,社会科学文献出版社 2009 年版,第 138—150 页。

了中国自主朝向资本主义道路的进程,而被迫被拉入资本主义的"世界体系"中,长期充当世界扩大化的"城市/农村"两极中的"乡村"一级,这是中国遭遇与西方迥乎不同的历史境遇。

五、资本主义私有制下的"大工业城市"

在《德意志意识形态》中,马克思指出工场手工业转向制造业、再从制造业转向巨大工厂,这是大工业城市形成的开端。工场手工业是大工业的"童年期",积累了大机器工业"最初的科学要素和技术要素",但是工场手工业"本身的狭隘的技术基础发展到一定程度,就和它自身创造出来的生产需要发生矛盾"。① 到资产阶级运用蒸汽机为代表的科学技术,才极大地推动了工业城市的形成,马克思指出,"工厂才汇集在城市和能充分供应生产蒸汽所必需的煤和水的地方。蒸汽机是工业城市之父。"②恩格斯也指出,"蒸汽机和新的工具机把工场手工业变成了现代的大工业",产生了两个新阶级:大资本家阶级和无产阶级。大工业一旦诞生,就具有巨大的破坏力和革命力,它创造了交通工具和现代化的世界市场,通过商品交换将资本主义生产方式的影响辐射到全世界,使所有的"死"资产、自然资本、等级资本都变成能够增殖的"活"的工业资本,使流通加速、资本集中起来。相比工场手工业城市来说,穴居在城市中的资本用更灵活、更强大的力量来组织人口、利用资源、规划城市空间,生产出城市的空间结构、空间景观等。

这一时期最典型的大工业城市是英国的曼彻斯特城市,索亚讲道:"它是第一个几乎完全通过工业资本主义社会性空间性实践制造出来的主要城市和城市空间。""1770—1850 年间,曼彻斯特转型成了第一个充分的工业资本主义大都市和制造厂,'世界的烟囱'。它是具有 40 万人口的区域性结合都市。"③在写于 1844—1845 年的《英国工人阶级状况》一书中,恩格斯指出,"曼彻斯特是现代工业城市的典型",并根据自己的实地考察以"地理图绘"的方

---

① 《马克思恩格斯全集》第 23 卷,人民出版社 1972 年版,第 407 页。
② 《马克思恩格斯全集》第 47 卷,人民出版社 1979 年版,第 510 页。
③ Edward W.Soja:《后大都市——城市和区域的批判性研究》,李钧等译,上海教育出版社 2006 年版,第 97 页。

式具体描述了曼彻斯特这一典型工业城市的城市景观、同心圈的城市空间结构以及都市中的阶级关系在地理上的呈现,清楚地揭示了资本主义机器大工业兴起对城市的空间分域、社会关系和物理景观进行的改写和重构。

索亚还分析了 19 世纪下半叶的美国城市芝加哥,如曼彻斯特一样,也是一个以军事堡垒起步的城市,是"研究工业资本主义城市形成及其效应空间的都市实验室"①。芝加哥也在资本主义城市工业化进程中伴随着河运、铁路线的飞速发展,出现人口激增、城市功能复杂化等相同特征。在这一城市化过程中,由于资本主义生产关系的作用,芝加哥也存在空间结构的变形、新的都市工业秩序的构建,存在与曼彻斯特相同的同心圈阶级居住的空间分异,这些一致性充分显示了工业资本主义大都市渗透进了工业资产阶级的生产逻辑和统治逻辑。

工业资本主义下的大工业城市发展出这样一些新特征:(1)城市初步形成"中心—郊区"型的空间结构。工厂系统大量迁入城市中,工业生产对都市结构的入侵剧烈重组了城市空间。② 1830 年,曼彻斯特有将近 100 家蒸汽动力的纺织厂和仓库布局在市中心,商人等中产阶级放弃市中心住所搬到郊区居住,中心和郊区由公共汽车联系起来,形成一种"中心—郊区"的城市空间结构。(2)城市的辐射和聚集功能更强,城市区域出现。大规模人口的城市空间聚集群不断出现了,围绕着一个个核心城市形成城市区域。城市是开放性的,与周围的城市通过资金流、技术流、劳动力的流动、商品的贸易流动联结在一起组成一个流动的城市地区。马克思恩格斯在《德意志意识形态》和《英国工人阶级状况》中,多次使用"城市地区"这一概念,从而把近代城市的开放性、流动性与历史上封闭的城市区别开来。马克思指出,"在一个国家内,货币市场集中在一个主要地方、而其余的市场大多按照分工分散在各地。"③恩格斯在《英国工人阶级状况》中指出,"郎卡郡,特别是曼彻斯特,是英国工业

① Edward W.Soja:《后大都市——城市和区域的批判性研究》,李钧等译,上海教育出版社 2006 年版,第 105 页。

② Edward W.Soja:《后大都市——城市和区域的批判性研究》,李钧等译,上海教育出版社 2006 年版,第 97 页。

③ 《马克思恩格斯全集》第 23 卷,人民出版社 1972 年版,第 552 页。

的发源地,也是英国工业的中心。曼彻斯特的交易所是英国工业生活中的一切波动的寒暑表。""曼彻斯特周围的城市是一些纯粹的工业城市,它们的一切商业活动都是在曼彻斯特或通过曼彻斯特进行的;它们在各方面都依赖曼彻斯特。"①(3)分工细化,城市内部新的生产部门不断涌现出来。这时的分工是资本驱动下无政府状态的分工,是依靠市场需要形成的自发分工,"机器生产用相对少量的工人所提供的原料、半成品、工具等等的数量日益增加了,与此相适应,对这些原料和半成品的加工就越分越细,因为社会生产部门也就越来越多样化。机器生产同工场手工业相比使社会分工获得无比广阔的发展,因为它使它所占领的行业的生产力得到无比巨大的增加。"②(4)城市之间形成世界范围内的交通运输体系网络。马克思指出,商业和工场手工业的发展,需要大规模的生产、广阔的市场销路和货币财富,这种需求"正是引起了中世纪以来私有制发展的第三个时期的动力,它产生了大工业——把自然力用于工业目的,采用机器生产以及实行最广泛的分工"③,大工业不断开拓世界市场,它消灭了"以往自然形成的各国的孤立状态",将世界上各个城市之间建立起普遍联系,于是,城市的"交通运输业是逐渐地靠内河轮船、铁路、远洋轮船和电报的体系而适应了大工业的生产方式"。④

中国近代城市的发展,是与近来外来帝国主义资本的入侵和民族资本主义的缓慢发展相关联的。19 世纪 60—90 年代,在中国又产生了官僚资本主义,在军火制造、造船、采矿、冶炼、运输、房子等行业中出现了洋务企业,19 世纪 70 年代产生了民族资本主义,民族实业兴起,机器生产开始代替传统的手工业,"工业生产和商业贸易吸引人口向城市集中,劳动力和资源向城市集中,城市社会财富增加,土地商品化",出现一些沿海城市和工矿城市如唐山、焦作、上海等。⑤ 由于殖民主义侵略,城市主要反映外来资本的空间构造意图,在建筑风貌、规划设计上都服务于殖民侵略和掠夺的目的,带有资本主义

① 《马克思恩格斯全集》第 2 卷,人民出版社 1957 年版,第 322 页。
② 《马克思恩格斯全集》第 23 卷,人民出版社 1972 年版,第 487 页。
③ 《马克思恩格斯选集》第 1 卷,人民出版社 1995 年版,第 113 页。
④ 《马克思恩格斯全集》第 23 卷,人民出版社 1972 年版,第 421 页。
⑤ 傅崇兰等:《中国城市发展史》,社会科学文献出版社 2009 年版,第 183 页。

生产性质的工业城市在中国终于出现,虽然由于战争、政治因素极具不稳定性、短暂性。

在马克思历史唯物主义视野的城市发展理论中,所有制形式的更替是城市发生、发展和变化的根本动因。所有制是生产关系的核心,生产关系体现着何种阶级掌握何种生产资料、以何种方式来组织社会生产。在原始的部落所有制下,分工狭窄,财产公有,城市还只是一些部落的自然聚集,突出的是"城"的物质形态和抵御外敌的功能;随着私有制的形成,城市中出现对立阶级,在掌握私有财产的阶级的统治实践活动中,城市作为政治、军事、行政管理中心的地位和功能也在发生变化,统治阶级不断利用城市的物质条件并在此基础上改造城市空间、管理城市功能、建立城市秩序,以实现自己的政治统治和阶级利益。在雅典、罗马等公社所有者和国家所有制中发展起来的不动产私有制下,公民阶级掌握了城邦政权,这一时期城邦林立,城邦凸显的是城邦政治统治的功能,经济功能并不明显,城邦内部的生产分工是通过政治统治和行政管理有计划的、安排的,是为了满足政治力量生存的需要;在封建私有制之下,土地被视为重要的不动产资本,封建贵族关注的是乡村,城市是依据自然条件、政治原因形成的,城市中小手工业、商业实行的是个人劳动为基础的私有制,封建贵族主要利用城市来实现政治、教育、文化、艺术等功能。随着私有制的程度加深和范围扩展,以"个人的劳动为基础的私有制……被以剥削他人的劳动、以雇佣劳动为基础的资本主义私有制所排挤"。① 在"一种私有制形式变为另一种私有制形式"的资本主义私有制条件下,先后出现的小资产阶级和大资产阶级将城市的人口聚集、交通便利作为资本主义生产的重要条件,以资本的流动性为前提、以雇佣劳动为基础、以科学技术为动力,城市被作为实现资本的最大增殖的生产空间和载体,城市的生产、流通、消费等经济功能在资本主义生产条件下得到了扩张和凸显,并且资本主义生产方式的维持和调节,"需要远超城市区域、大范围、大规模、分等级和集中式管理地扩展它的政治和经济控制"②。于是,城市纷纷被编结到资本主义生产和流通所需

---

① 《马克思恩格斯全集》第19卷,人民出版社1963年版,第430页。
② 索亚:《后现代都市化:洛杉矶的六次重构》,载包亚明主编:《后大都市与文化研究》,上海教育出版社2005年版,第96页。

的网络状联系中,成为资本主义生产网络上的各个小"节点"。

第四节　城市空间发展规律:显"线"和隐"线"

纵观上述城市发展的历史进程,马克思恩格斯从广义的历史唯物主义出发,把城市产生和发展的历史过程与生产方式的演变联系起来进行研究,认为生产力(包括了科学技术)是社会发展的推动力量,而生产力发展的水平,最明显地表现为社会分工的发展程度,而"分工发展的各个不同阶段,同时也就是所有制的各种不同形式"①,所有制形式的不同直接决定城市不同的空间景观、空间环境和社会关系状况,因此物质资料生产方式是城市空间形成和发展变化的根本影响因素。

一、城市起源的多"点"和多"线"道路

马克思恩格斯从唯物史观的视野考察了城市的起源点,认为城市是在农业的充分发展有了剩余产品,在 5000、6000 年前的原始社会末期从村庄中脱离出来的。而索亚则认为,从狩猎、采集转向农耕的过程中,大约在 10000 年前,最早的人类永久农业定居点就出现了,各个小村庄之间联合起来形成"村镇联合",他认为这就是最初的城市形态,小村庄之间"存在大量的贸易网络,使观念、食物、石制饰品和工具,以及其他资源的交换更为便利",②因此他认为农业也是从"城市"产生出来,"第一个城市和城市空间是伴随着动植物的驯化而由猎人、采集者和贸易商人所产生的。"这些最早的城市和都市聚集的激发,在加速驯化和有组织有目的种植的兴起及"真正"农业的发展——更精确地说,应是都市—农业社会中扮演着重要角色。③ 因此他认为农业也是从"城市"产生出来,但这与马克思恩格斯的城市起源说并不矛盾。一方面,索

---

① 《马克思恩格斯全集》第 3 卷,人民出版社 1956 年版,第 25 页。
② Edward W.Soja:《后大都市——城市和区域的批判性研究》,李钧等译,上海教育出版社 2006 年版,第 28 页。
③ Edward W.Soja:《后大都市——城市和区域的批判性研究》,李钧等译,上海教育出版社 2006 年版,第 35 页。

亚只是在马克思恩格斯的基础上,将城市空间化的起源历史追溯到一个更远的过程中,最初的城市在几千年的村庄联合、扩展的过程中逐渐孕育,一直到4000 年后才形成真正的都市。[①] 索亚的观点将马克思恩格斯的城市起源的"显"点拉伸成一个"隐存"的"生成过程"的时间段域,并且更加突出了城市孕育期的空间场域,使历史唯物史观的城市起源观更兼具时空维度。我们可以更清楚地看到城市形成的动态时空图:农耕技术的使用使稳定的村庄出现(虽然一些村庄显露出小型城市的特征,但在性质上还只是村庄),城市的"胚胎"在村庄中孕育了几千年之后,一直到金属技术的使用,生产力水平进一步提高,剩余产品出现,村庄中的各种因素分化、组合和提高,伴随着私有制和阶级的出现,村庄才最终孕育出城市。

另一方面,索亚讲到的西南亚的城市先于新石器的农业革命、国家而出现,认为城市产生可能是"另一种程序——至少在西南亚是如此",这也正是显示了城市形成的多线化道路。马克思恩格斯从唯物史观的视野考察了城市产生的原因,认为分工、科学技术和所有制关系三者组成了城市发展的主要因素,当然,马克思恩格斯也讲到一些如民族迁徙、战争、农奴逃跑、教会等多种因素引起城市变化的偶然性、具体性的因素,这些因素使得各个地区、各个国家的城市发展阶段、发展形态、发展过程不尽相同,表现出城市的多样形态和多向发展道路,显示一种"多线"的城市空间发展的历史观。如中国城市的起源和发展也是多种因素造成的,如安全保障、行政管理、交通枢纽、土地状况、农耕技术、手工业和商业的发展等皆为古代城市起源的动因。[②] 索亚的问题在于无论讲到具体的城市形式、城市形成与马克思有多么不同,只能说明城市真正形成的节点的"前移"以及城市空间发展的多样道路。

二、城市空间发展的历史"主线"和"显线"

在马克思恩格斯对西欧城市的描绘中,在城市形成的多样因素中,我们从

---

①　Edward W.Soja:《后大都市——城市和区域的批判性研究》,李钧等译,上海教育出版社2006 年版,第 30 页。

②　罗丽:《中国古代城市起源动力及类型》,《延边大学学报》2007 年第 2 期。

城市起源和发展的宏观时空角度来看,仍然能看到推动城市产生和空间发展的是唯物史观的基本规律——生产力和生产关系矛盾运动形成的一条历史"主线",是科学技术的发展推动了生产力的发展,生产力的发展引起了人的需要的多样化,带动了分工的广度化、深入化发展,分工的发展引起了生产关系上的变革,在不同生产关系中,掌握生产资料的城市阶级力量根据分工提出的空间要求、借用技术力量来进行对城市空间的空间聚集、区位安排、等级规定、空间优化等活动,以维护自己的经济利益和政治统治。因此,正是生产力和生产关系的矛盾统一体——物质生产方式的变迁,才是城市空间演进的根本动因,城市作为物质生产方式的运行的空间场域,其形态也适应物质生产方式的变化而不断发生变化。生产力是城市产生和发展的基本动力,决定着城市发展的内容和形式。当然,城市在不同的生产体系中所处的位置、地位和功能是不同的,在资本主义社会出现之前,城市数目的增长和城市空间的发展非常缓慢,只是一些少量的政治首都、港口城市和分散的农业小城镇。只有在资本主义生产方式下,资本主义大工业生产的性质选择了城市空间作为机器大生产的空间场域,寄居并膨胀在城市中间的资本主义以其极大的生产效率来组织劳动力、资源、资本在城市中的空间结合,最终导致城市空间形态发生根本性的变化。

从历史唯物主义的观点来看,城市空间的变迁根本上由生产方式的变迁引起的,这是一条"隐形"的历史"主线",另一条"显形"的主线则是人的城市空间生产实践。处于"显形"的历史主线是掌握生产资料的不同阶级对城市的利用和改造导致城市面貌的变化,显示的是人的主体性的城市空间生产实践活动。隐形的"主线"和显形的主线是城市发展规律的两个侧面,当生产力和生产关系发生矛盾时,总是代表先进生产力和生产关系的阶级力量取代落后的阶级建立了新的生产方式,推动生产力的继续发展,这显示了生产力和生产关系矛盾运动的规律总是通过人的实践活动表现出来的。按照列菲伏尔的观点,每一种历史上的生产方式都会形成自身特定的空间形式,代表先进生产方式的统治阶级总是根据自己的经济生产、政治统治的需要来改变城市空间,这就是"空间生产"的实践,"空间生产"直接表现为不同私有制形式下掌握生产资料的城市统治阶级不断组织和布局城市空间疆域、划分城市空间等级、规定和意义化一套象征政治权力的城市景观符号系统,从而创造了不同时期的城市空间面貌和城市景观特征。

三、马克思恩格斯城市空间分析的价值指向

在马克思恩格斯的视野中,资本主义社会之前生产力的发展缓慢,因此城市的空间变化也是缓慢的。只有当资产阶级"不到一百年的阶级统治中所创造的生产力,比过去一切时代创造的全部生产力还要多,还要大"①,资产阶级对科学技术的利用和改造以应用于机器大生产,对城市人口、空间、资本进行有效组织和管理,才彻底改变城市面貌和空间形态,这是资产阶级创造的生产关系在城市发展上的显示,同时在资本主义生产方式下城市也成为先进生产力的代表。因此,虽然马克思恩格斯零星地考察了古代城市、中世纪城市现象,也讲到印度等公社所有制下城市的生产等状况,但是他们主要的关注点是资本主义生产方式在城市中的形成,尤其是当时的英国资本主义生产方式在工业城市中的率先确立,"城市是资本主义生产方式赖以确立的最初场所",研究的是资本主义生产方式在最初发生学意义上的历史形成和在城市中的空间形成。

马克思和恩格斯主要是通过"工业城市"这个视点来揭示资本主义的生产方式,揭示了城市在资本主义生产方式中确立的地位以及城市在工人阶级联合中的有利因素,城市及城市问题不是他们关心的中心,只是在分析整个资本主义发展过程中必须提到的一个重要因素,以城市作为一面镜子来折射资本主义生产方式的进程。"马克思恩格斯在《共产党宣言》中将城市发展作为资本主义生产方式不断成熟的基本成果和独特标志",②同时还把城市作为最终推翻资本主义制度的一个有希望的阵地,"城市作为观视人类历史中一切社会关系和运动的最高观测点,并把城市生产方式所积淀下来的物质力量作为改变'现存历史'的出发点和基础"。③ 资本主义大工业城市不仅积累了否定资本主义制度自身的物质力量,而且在大城市催生了

---

① 《马克思恩格斯文集》第 2 卷,人民出版社 2009 年版,第 36 页。
② 高鉴国:《马克思恩格斯城市思想探讨》,《山东大学学报》2000 年第 3 期。
③ 孙江:《马克思的城市批判理论》,苏州大学硕士毕业论文,2004 年,第 13 页。

一个一无所有的工业无产阶级,"大工业创造了工人阶级"这一资产阶级的掘墓人,这是马克思恩格斯对资本主义机器大工业热情讴歌的原因所在—联合起来的城市无产阶级最终会捣毁资本主义制度,这是马克思恩格斯资本主义批评的价值指向。

第二章　马克思恩格斯论早期
"工业城市"空间形态

　　马克思恩格斯一生都在大城市度过,他们亲眼目睹了大工业城市是如何从乡村中脱胎出来并发生日新月异的变化,亲身感受了新生的资本不安分的灵魂穴居在城市空间中并以其强大的生命力魔幻般地改造着城市的空间结构、空间面貌和空间地形。马克思恩格斯欣喜而痛苦地注视着这一历史变化,将资本主义大工业城市看作实现共产主义社会的必经"通道"和有利条件,"断定资本主义大城市超越了封建和前现代城市。大城市标志着朝向新的自由进军路上的一步,提供了供自由联合的无产阶级的肥沃土壤。"①在马克思恩格斯的视野中,资本主义的萌生地和落脚点是城市,城市空间是资本主义经济基础和上层建筑的集合体的运作空间,资本主义正是选择、发展了城市空间,在城市空间创建和发展了自己的地理基础、空间基础和文化基础,城市因此成为"生产资本的地点"和无产阶级运动的发源地。

　　虽然马克思经常被批评为"用时间叙事遮蔽了空间",但马克思主义地理学家哈维在《马克思的空间转移理论——〈共产党宣言〉的地理学》中指出,马克思的历史唯物主义已经初步具有空间视角,马克思恩格斯经常在其著作中承认空间和地点的重要意义。"城市化、地理转型和'全球化'等问题在他们的观点中占有重要的地位",②在城市空间发展上,马克思恩格斯考察的是随着资本不断将原有的乡村之地"化"为更大范围的城市空间,大工业城市的空

---

　　①　Andrew Merrifield.*Metromarxism:A Marxist Tale of the city*,London:Routledge,2002,p. 47.

　　②　Harvery.D."The Geography of Capitalist Accumulation:A Reconstruction of the Marxian Theory",*Antipode*,1975,Vol,7(2).pp. 9-21.

间结构、空间景观和空间社会关系发生了变化。马克思和恩格斯主要从资本主义生产方式形成的角度来讨论资本城市化的过程,将"资本的固定过程和集中与19世纪城市的工业爆炸联系起来,使之成为一条现成的通道,强化对马克思主义的中心主题——资本积累——的分析。"①这种理论视角也受到诸多批评,批评者认为他们关心的是资本积累问题而"城市是在他们的视野之外",但是城市作为资本积累的中心场域,他们在论及资本积累时也不可避免地论及资本主义条件下的城市,描绘了资本主义生产方式形成时期城市与乡村的空间分离、城市在地域上的空间扩张、功能繁衍、面貌改变等资本主义的空间格局、空间景观和空间关系等问题。

第一节　资本主义城市化中城乡分隔的空间格局的加深

按照马克思的观点,一部城市发展史就是一部城乡分离、对立并最终走向融合的历史。在私有制社会,城乡分离是不可避免的,越到私有制的高级形态,城乡的空间分离越明显,马克思指出,"一切发达的、以商品交换为媒介的分工的基础,都是城乡的分离。可以说社会的全部经济史,都概括为这种对立的运动。"②城市和乡村的第一次分离是物质劳动和精神劳动的分工带来的,"城乡之间的对立是随着野蛮向文明的过渡、部落制度向国家的过渡、地方局限性向民族的过渡而开始的,它贯穿着全部文明的历史并一直延续到现在"③。城乡的分离经历了漫长的历史阶段,在不同的历史时期有着不同的程度和状态,资本主义生产方式带来了第二次更深刻的城乡分离,真正确立了城市相对于乡村的优势,城市超越了乡村成为占优势地位的空间区位。"向城市集中是资本主义生产的基本条件",资本主义生产方式下"工业把劳动集中

---

①　艾拉·卡茨纳尔逊:《马克思主义与城市》,王爱松译,江苏教育出版社2013年版,第29页。

②　《马克思恩格斯全集》第23卷,人民出版社1972年版,第391页。

③　《马克思恩格斯全集》第3卷,人民出版社1956年版,第57页。

在工厂和城市"①,利用城市中先进的生产力、科学技术、人口和资本的集中性来进行社会化大生产,城市成为资本主义的经济中心,农村最终从属于城市。资本主义生产方式将阶级社会以来的城乡分离推到了极端,并最终撕裂了城市和乡村的内在联系,制造了不可逾越的城乡鸿沟。

一、生产空间优势使资本主义选择了城市

城市首先是作为"生产的空间",是指资本利用城市中的空间优势进行空间组织来进行社会化大生产。城市具有人力、资本、市场和技术等空间集中的优势,在封建生产方式的瓦解和资本主义生产方式形成过程中,资本主义生产选择了城市来寄居。同时如蒸汽机等机器工业的动力系统的使用使工厂选择不太受地点条件的限制,可使生产集中在城市。为什么城市会具有这些空间集中优势呢? 因为城市空间是资本主义生产要素的聚合地,城市拥有集中的劳动力、金融体系、发达的劳动分工、完备的市场体系、交通运输、通信设施、先进的科学技术,这些要素聚合在一起,为工业资本的生产、流通、积累创造着有利的空间条件。如卡斯特尔斯指出,"城镇吸引工业,因为它存在着两种基本因素(人力和市场),而反过来,工业发展出各种各样的就业和产生服务的需要","相反的过程也很重要:那里存在着功能性要素,尤其是原材料和交通手段,工业就到处拓展并导致城市化。"②

其一,城市中聚集着"过剩人口",是资本主义组织生产的首要条件。这些过剩人口是由于大土地占有阶级和资产阶级的共谋而形成的,大土地占有阶级将农民从土地上赶出去,资本家就将其吸收进工业,使其成为出卖劳动力的工人流入城市,从而引起城市的扩张。"大租佃者的竞争把小租佃者和自耕农从市场上排挤出去,使他们穷困潦倒;于是他们就变成雇农和靠工资生活的织工,这些人大批流入城市,使城市以及其惊人的速度扩大起来。"③资本主义生产方式造成农业活动和工业活动的分离,新的工人阶级只能在城市中出

---

① 《马克思恩格斯选集》第 1 卷,人民出版社 1995 年版,第 37 页。

② Mannel Castells. *The Urban Question: A Marxist Approach*, Translated by Alan Sheridan, Edwaed Arnold Ltd, 1977. p. 14.

③ 《马克思恩格斯全集》第 1 卷,人民出版社 1960 年版,第 665 页。

卖自己的劳动力,而破产的雇农阶级随时可以流动到城市,成为资本主义生产的过剩人口,"过剩的工人人口是积累或者资本主义基础上的财富发展的必然产物,但是这种过剩人口反过来成为资本主义积累的杠杆,甚至成为资本主义生产方式存在的一个条件"①。而且随着资本主义经济周期性的波动,还会不断再生产出过剩人口,形成产业后备军,"现代工业的整个运动形式源于一部分工人人口不断地转化为失业的或半失业的人手"②。过剩人口后备军成为资本主义生产的"蓄水池",资本主义生产不仅产生了相对过剩人口的需要,也产生了相对过剩人口形成的机制,资本主义生产因而需要根据生产的周期性波动灵活地利用过剩人口。

其二,城市中商业流通网络和运输网络的聚集,是流通的现实物质基础。流通需要具备两个条件:一是商品的运输网络,二是销售网络,"城市工业本身一旦和农业分离,它的产品一开始就是商品,因而它的产品的出售就需要有商业作为媒介,这是理所当然的。因此,商业依赖于城市的发展,而城市的发展也要以商业为条件"。③ 马克思讲到资本主义利用城市中特别便利的交通以加速指资本周转,缩短剩余价值产生的周期。恩格斯极其深刻地揭示了城市里具有顾客云集的市场和交易所,这就决定了大工厂城市以惊人迅速地成长起来。正如哈维也指出,"工业化城市形式可以说是资本主义对于产业关联和社会分工条件下运输成本和时间最小化需要以及劳动力供给和最终消费市场获取需要的具体回应。"④

其三,城市中先进生产技术的聚集,可以组合在一起进行社会化生产。在大机器生产下,随着资本主义生产方式的确立和发展,工人的劳动分工越细致、卷入工人的劳动种类越多,在城市的技术聚集、人口集聚下资本可以依靠工人直接的技术协作,将"许多同时劳动的工人在同一空间(一个地方)的密集、聚集"⑤,资本将单个工人的同时劳动在同一空间中整合为一个整体性的

---

① 《马克思恩格斯全集》第23卷,人民出版社1972年版,第693页。
② 《资本论》第1卷,人民出版社2004年版,第730页。
③ 《马克思恩格斯全集》第25卷,人民出版社1974年版,第371页。
④ 大卫·哈维:《资本主义的地缘政治学》,载格利高里·厄里编:《社会关系与空间结构》,谢礼圣等译,北京师范大学出版社2011年版,第144页。
⑤ 《马克思恩格斯全集》第47卷,人民出版社1979年版,第291页。

劳动,空间中的劳动协同和聚合扩大了生产力在空间中的作用力,工人在同一时间下通过空间组合创造的总体劳动生产力越大。协作生产是以工人的共时性劳动分工为基础的,会产生劳动的空间叠加效应,扩大一定时间内劳动的空间范围,如马克思指出,"这里的问题不仅是通过协作提高了个人生产力,而且是创造了一种生产力,这种生产力本身必然是集体力。"①另一方面,协作生产是一种聚集性的劳动形式,会产生劳动的聚合效应,收缩劳动空间,节约生产所需的时间以及生产的费用。马克思指出,"协作可以与生产规模相比相对地在空间上缩小生产领域,在劳动的作用范围扩大的同时劳动的空间范围的这种缩小,会节约非生产费用,这种缩小是由劳动者的集结、不同劳动过程的靠拢和生产资料的积聚造成的。"②

　　资本主义生产的本质就是集中性,城市中人口、市场、技术等要素的空间组合优势一方面使资本主义选择寄居在城市中,另一方面也不断改变城市的空间形态以适应资本主义生产的发展。形成时期的资本主义生产方式正是利用了城市的人口聚集、厂房等空间聚集的条件,并运用资本来管理和组织这种集中,实现生产时间最小化,这种集中成为资本组织生产的最有效的形式,这是资本借助工业化城市战胜代表封建制度的乡村的有效组织形式和空间生产形式,在资本主义生产方式的确立中,城市起了至关重要的作用。因此可以说,资本主义选择了城市作为自己的寄居地,城市也"成就"了资本主义生产方式的建立和发展。

二、城市不断"转化"乡村为资本的生产空间

　　在大工业城市中确立起了资本主义生产方式的主导地位,但是资本主义生产方式的本质就是集中,要日甚一日地消灭生产资料、财产和人口的分散状态,也就意味着要最大可能消灭农村的分散状态,这就需要将乡村城市化。马克思指出,"现代的历史是乡村城市化,而不是像古代那样,是城市乡村化。"③资本主义城市化就是利用城市空间的优势不断去取代乡村空间、化乡村空间

---

①　《马克思恩格斯全集》第 23 卷,人民出版社 1972 年版,第 362 页。
②　《马克思恩格斯全集》第 23 卷,人民出版社 1972 年版,第 365 页。
③　《马克思恩格斯全集》第 46 卷(上),人民出版社 1979 年版,第 480 页。

为资本新的生产空间的过程。卡斯特尔斯也认为,一方面工业化需要城市提供适宜的生产要素的空间组织形式;另一方面工业化又会导致城市化,创造新的空间形式以适应工业生产,因此工业化总是伴随着城市化而来,"城市化与第一次工业革命紧密相连,伴随着资本主义生产方式的发展,是基于两套基本事实之上的空间组织的过程"①。

　　一是在空间范围上,城市不断将原有的乡村之地"化"为城市。在资本主义生产方式下,资本的自我增殖能力和逐利的本性使资本不断流动、创造新的生产要素集中的空间,因此在地域空间上城市随着资本的膨胀不断扩张和复制出来。资本的这种运动不断改变自然的空间面貌、把许多偏僻的地方变成了人口集中的城市,再通过城市的空间辐射效应,将更多的乡村之地转化为城市,创造了很多早期的如利物浦、曼彻斯特这样的大城市及附近的城市。首先是生产点的延展带来城市空间范围的扩展。马克思恩格斯认为,随着交通工具的发展,资本可以沿着其开创的交通路线延伸到更广的空间内去寻找廉价的土地、劳动力,从而扩展了城市的空间领域。马克思恩格斯在《德意志意识形态》中指出,大工业迅速扩张的直接结果是工业城市迅速发展,并聚集了与乡村相比的很多空间优势,"现代大工业城市——它们的出现如雨后春笋——来代替自然形成的城市。凡是它渗入的地方,它就破坏手工业和工业的一切旧阶段。它使城市最终战胜了乡村。"②第二是新的城市被不断产生出来,更多的乡村土地转变为城市的厂房、商业中心、道路、港口等生产、运输、流通场地。恩格斯指出,"虽然向城市集中是资本主义生产的基本条件,但是每个工业资本家又总是力图离开资本主义生产所必然造成的大城市,而迁移到农村地区去经营……在那些地方,资本主义大工业不断地从城市迁往农村,因此不断地造成新的大城市。"③"于是村镇就变成了小城市,而小城市又变成了大城市。""大工业城市惊人迅速地成长。……人口的集中在商业中也沿着同样的道路进行着。""在农村建立的每一个新工厂都含有工厂城市的萌芽。假

---

①　Mannel Castells. *The Urban Question: A Marxist Approach*, Translated by Alan Sheridan, Edwaed Arnold Ltd,1977.p. 14.

②　《马克思恩格斯文集》第 1 卷,人民出版社 2009 年版,第 566 页。

③　《马克思恩格斯选集》第 3 卷,人民出版社 1995 年版,第 255 页。

若工业中的这种疯狂竞争还能这样继续一百年,那么英国的每一个工业区都会变成一个巨大的工业城市。"①

二是,在价值观念上,运用城市资产阶级文化渗透乡村空间。资本不断将乡村空间在地理上进行吞噬,而且用资本主义的城市文化价值观进行渗透,将乡村改造为城市生产的商品的消费地。因此,资本主义的商品交换原则、自由竞争原则不断扩展,消灭了以往农村的习俗、传统和风尚,用金钱关系取代了乡村中原本朴素的相互帮扶的感情、传统的生活方式,目的是为商品的销售作文化和意识形态铺垫。恩格斯在《英国工人阶级状况》中指出美好的旧时代的习俗和关系已被消灭干净,在《共产党宣言》中马克思恩格斯指出,"资产阶级在它已经获得了统治的地方把一切封建的、宗法的和田园诗般的关系都破坏了","它使人与人之间除了赤裸裸的利害关系,除了冷酷无情的'现金交易',就再也没有任何别的联系了"②。

三、城乡之间空间隔离的等级秩序

城市和乡村之间的分离首先表现为状态上的分离。马克思指出,"城市本身表明了人口、生产工具、资本、享乐和需求的集中;而在乡村里所看到的确是完全相反的情况:孤立和分散。"城镇和乡村之间的分裂和对立是私有制生产方式下劳动分工的必然结果,是从事工业劳动和农业活动之间的分工对立,"这种对立鲜明地反映出个人屈从于分工、屈从于他被迫从事的某种活动,这种屈从现象把一部分人变为受局限的城市动物,把另一部分人变为受局限的乡村动物,并且每天都不断地产生他们利益之间的对立"③。更深层次上,城乡之间的分离是资本主义生产所需要并有意识维护和强化的,资本主义大工业的发展正是以城市对农村的剥削为基础的。一方面,资本的生产不断将原有的乡村之地"转化"为城市空间,以满足资本主义的生产、流通和消费需要;另一方面,资本主义生产需要制造城乡之间对立的空间隔离格局,使农村定位为资本主义城市生产的原料产地、剩余人口、销售市场的提供之地。资本主义

---

① 《马克思恩格斯全集》第 2 卷,人民出版社 1957 年版,第 301 页。
② 《马克思恩格斯文集》第 2 卷,人民出版社 2009 年版,第 34 页。
③ 《马克思恩格斯全集》第 3 卷,人民出版社 1956 年版,第 57 页。

生产方式使农村附属于城市,保持城市和乡村之间的既联系且分离的空间秩序,这是资本主义生产体系的内在要求。

第一,乡村为资本主义生产提供劳动后备军和蓄水池。资本主义生产方式扩张到农村地区,破坏了传统农业的生产方式,"农业和工场手工业的原始家庭纽带,也就是把二者的早期未发展的形式联结在一起的那种纽带,被资本主义生产方式撕裂了"①。农业和工业彻底分裂开来,造成了城市中的无产阶级和农村中的"过剩人口",这正好成为资本主义经济的周期性波动中需要的劳动力后备军。马克思认为,工业的生命按照"中常活跃、繁荣、生产过剩、危机、停滞"这几个时期的顺序而不断地转换,资本主义经济繁荣时乡村中的过剩劳动力流动到城市成为城市无产阶级,当经济衰退和停滞时资本主义生产无法容纳众多的劳动力时,过剩人口又流动回农村,所以农村起着资本主义劳动力"蓄水池"的作用,减缓着资本主义经济的周期性波动带来的震荡,资本主义生产需要有意识地制造与城市相对立的农村的衰退和落后。

第二,压低乡村农产品价格使农村成为资本主义生产的原料提供地。资本主义工业体系下掌握政权的资产阶级自然会抬高工业品价格、压低农产品价格,以将农产品作为廉价的工业加工的原料或者在农村加工成半成品,以降低工业生产的原料成本。所以资本主义生产需要保持工业/农业产品这种二分化体系,这种体系的扩大化便是从事工业生产的资本主义国家对从事农业的封建国家的统治和剥削,正如马克思指出,"正像它使农村从属于城市一样,它使未开化和半开化的国家从属于文明的国家,使农民的民族从属于资产阶级的民族,使东方从属于西方。"②

第三,农村还是资本主义生产迁移的准备地。大工业城市意味着较高的土地成本、厂房成本以及污染的水、空气,而农村中具备廉价的土地、丰富的资源和良好的自然环境,恩格斯讲到,大工业需要蒸汽机,但蒸汽机的运行需要"比较纯净的水",但是工业城市中都是污水;未开发的农村中还意味着土地、厂房、住宅的低成本化,"虽然向城市集中是资本主义生产的基本条件,每个

---

① 《马克思恩格斯全集》第23卷,人民出版社1972年版,第552页。
② 《马克思恩格斯选集》第1卷,人民出版社1995年版,第277页。

工业资本家又总是力图离开资本主义生产所必然造成的大城市,而迁移到农村去经营"①。这样又将农村工厂变成了新的工业城市,于是资本一步步消灭农村的分散,用集中的方式将其"化"为新城市,但是资本主义的生产体系又需要城市/农村的二元分离,这就造成了一对不可逾越的空间矛盾。

在马克思恩格斯的视野中,资本主义缓解城乡空间矛盾的方式是将农业和工业的分工逻辑扩大到国际范围,通过对东方国家的殖民掠夺,将这部分农业国家变成原料产地和生产场地,于是"古老的民族工业被消灭了,并且每天都还在被消灭。它们被新的工业排挤掉了;这些工业所加工的,已经不是本地的原料,而是来自极其遥远的地区的原料"。② 因此农村从属于城市的状况也扩展到农业国的民族从属于工业国的发达资本主义国家,形成了"殖民地—工业国"的二元联结又对立的资本主义的世界体系。在马克思所处的时代,资本主义将其农村和城市的空间矛盾嫁祸到不发达的农业国家,从而使"未开化和半开化的国家从属于文明的国家"、"农民的民族从属于资产阶级的民族"、"东方从属于西方"。随着殖民体系的土崩瓦解,当代发达资本主义国家又采用了不平等的国际劳动分工、不合理的国际工农业产品价格来维持、加固、发展这一空间格局,制造农业国家和工业国家的差距,这就是全球范围的"工业的劳动力分工",是现代资本主义制造的更大范围的劳动分工之上的"城乡分离"故事,也是哈维讲到的资本的积累需要保持这样一个"把不同的领土和社会结构非均衡地嵌入资本主义世界市场"③的空间生产逻辑。

第二节　资本主义生产方式"生产"出城市新空间景观

在马克思之后约 100 年,列斐伏尔针对垄断资本主义的特征提出了"空间生产"的概念,认为垄断阶段资本主义生产已由"空间中的生产(production

---

① 《马克思恩格斯选集》第 3 卷,人民出版社 1995 年版,第 646 页。
② 《马克思恩格斯选集》第 1 卷,人民出版社 1995 年版,第 276 页。
③ 戴维·哈维:《马克思的空间转移理论——〈共产党宣言〉的地理学》,《马克思主义与现实》2005 年第 4 期。

in space)，转变为空间的生产(production of space)"①。"空间的生产"有两层含义：一是，"组织空间布局"，他认为每一种特定的生产方式都会组织、规划、设计出自身独特的空间布局；二是，"生产空间产品"，将空间作为生产的对象生产出空间产品来进行交换和消费。马克思恩格斯在讲述欧洲城市的发展史时，也提到了古代城市、中世纪城市、工场手工业城市和大工业城市，认为是不同的生产方式生成了不同的城市类型和城市空间面貌。当然马克思恩格斯的主要关注点是大工业城市，因为大工业城市是工业资本的落脚点，其空间元素的聚集和辐射为工业资本主义早期发展提供了空间基础，因此马克思恩格斯关注到了工业资本也依照其生产的逻辑制造、塑形着城市空间的现象，虽然他们并没有明确提出"空间生产"等概念，但在马克思恩格斯的视野中，已经看到工业资产阶级对城市空间形态进行改造、重组和整合以适应工业资本的生产、流通、消费的需要，正如索亚指出的，"工业资本主义的发展，一开始就企图构建一种具有社会转换能力和包容能力而又具备独特性的空间性。"②

按照马克思的观点，"空间是一切生产和一切人类活动所需要的要素。"③在资本主义生产中空间起着更为重要的作用，资本主义生产方式正是依赖城市空间并在城市空间确立并发展起来的，城市空间是资本主义生产逻辑展开和运行的场域空间，资本将整个城市空间打上资本烙印，控制城市空间成为资本主义组织生产的一种新向度和新途径。虽然马克思的历史唯物主义被批评为最终将"时间和历史凌驾在空间和地理之上的修辞模式"，④但在《资本论》中，我们可以看到时间的逻辑是与空间密切关联的，时间的叙述逻辑在一定程度上是可以转化为空间叙述逻辑的，延长相对剩余价值时间、减少流通时间都是通过对空间的组织和管理来实现的，这样一种对城市空间的组织、管理和控制必然生产出新的城市空间景观，包括生产空间景观、消费空间景观和等级化的空间商品。

---

① Henri Lefebvre.*Production of space*,Translated by Donald Nicholson-Smith,Maiden：Blackwell Publishing,1991.p. 47.

② 爱德华·W.苏贾：《后现代地理学——重申批判社会理论中的空间》，王文斌译，商务印书馆 2007 年版，第 195 页。

③ 《马克思恩格斯全集》第 25 卷，人民出版社 1974 年版，第 872 页。

④ 戴维·哈维：《马克思的空间转移理论》，《马克思主义与现实》2005 年第 4 期。

一、对城市生产空间景观的组织和"生产"

机器大生产是一种协作化生产,协作化生产是一种共时性劳动,这种共时性劳动的时间逻辑是可以转化为空间组织逻辑的:在资本主义生产中,资本要将工人组织起来进行协作化的生产,必须要将工人组织在同一个生产空间,单一劳动时间因此扩展为在空间上并存的生产时间,实现了剩余价值的最大化生产。同时,机器大工业生产有一个对动力、原材料、交通运输、市场、城市建筑与服务系统的依赖,这些系统在城市空间中分化、组合、联系,必然引起城市空间景观、空间结构等形态方面的变化。城市空间形态变化的逻辑是空间的资本化,资本在每一城市空间中打上资本的烙印,有意识地改造、规划、重组城市空间,导致早期大工业城市空间形态的扩展、变形和重组。

首先,机器大生产所需要"生产"出更多的城市设施。马克思认为协作生产就是在同一空间中工人同一时间下的劳动组合,"为了从空间上夺回在时间上失去的东西,……要使生产资料在更大程度上集中起来,并与此相适应,使工人在更大程度上集结起来'①。机器化协作生产,资本可以依靠"许多同时劳动的工人在同一空间(一个地方)的密集、聚集",这就涉及城市生产空间景观元素的大量增多。在资本主义大工业生产下,生产空间包括厂房、仓库、机械设备等,为生产和"保存生产储备必需的建筑物、装置"②,如工业建筑物、货栈等这些物理景观大量出现;同时还有工人的居住空间和公共设施等空间景观元素的增加,因为城市涌入了"仿佛用法术从地下呼唤出来的大量人口",人口的增加,居住空间的需求越来越多,表现为建筑环境及其周边环境、基本的公共设施等景观要素出现,如住宅、公共灯光设施、公共道路、车站、医院等。这些机器大生产所需的各种工厂、仓库、建筑、交通设施、流通设施极大地改变了城市的空间景观面貌,生产出一个比封建城市更为复杂的空间结构和繁杂的空间景观。

同时,资本还需要对城市空间要素进行组织和管理。在城市内部空间上,城市就像一块巨大的磁铁把工人裹挟进来、越裹越多,城市人口的增加,又会

① 《马克思恩格斯全集》第23卷,人民出版社1972年版,第521页。
② 《马克思恩格斯全集》第24卷,人民出版社1972年版,第139页。

导致其他城市元素的增加,城市功能更为复杂,住房、交通、商业区等功能区需要重新确定和划分,从而形成更复杂的城市空间结构,"资本主义条件下城市空间的建构同时也是一个资本主义关系的建立和强化的过程,资本积累直接决定着城市空间的区域和功能划分"。① 当资本主义进一步发展,原有的城市空间结构会成为资本进一步积累的阻碍因素,因此掌握政权的资产阶级需要对城市空间要素进行不断规划、设计、组织和管理,导致城市的空间形态不断扩展、变形和重组。

二、资本对城市流通空间景观的生产和布局

马克思指出,"距离也归结为时间,例如重要的不是市场在空间上的远近,而是商品到达市场的速度,即时间量。"②距离消除空间流通障碍、实现最快捷的流通以缩短流通时间量,才能实现资本主义再生产的目的。因此,资本主义的流通时间逻辑也是可以转化为空间的组织逻辑的——即力求"用时间去消灭空间",最终目的是实现商品最快地流通。资本在城市中"用时间消灭空间"的逻辑表现为流通空间的扩展和压缩并存的策略,资本按照这一策略改造、重组了城市流通空间景观,包括交通运输设施和商业景观。

一是,以城市交通运输设施的发展来消灭空间障碍、缩短流通时间,这展示的是资本的流通空间扩展逻辑。"资本按其本性来说,力求超越一切空间界限。因此,创造交换的物质条件——交通运输工具——对资本来说是极其必要的,用时间消灭空间。"③资本一方面利用城市中交通便利的设施由此而加速资本周转,另一方面不断将交通运输业作为新的生产部门,同时采用最先进的交通工具减少空间流通的障碍,将商品到达消费市场的时间缩到最低限度。同时,资本又需要不断扩大流通空间,马克思指出,"资本越发展,从而资本借以流通的市场,构成资本流通空间道路的市场越扩大,资本同时也就越是力求在空间上更加扩大市场,力求用时间更多地消灭空间。"④流通空间的扩

---

① 李春敏:《马克思的社会空间理论研究》,上海人民出版社 2012 年版,第 134 页。
② 《马克思恩格斯全集》第 46 卷(下),人民出版社 1980 年版,第 31 页。
③ 《马克思恩格斯全集》第 46 卷(下),人民出版社 1980 年版,第 16 页。
④ 《马克思恩格斯全集》第 46 卷(下),人民出版社 1980 年版,第 33 页。

大又驱使资本家采用更先进的运输工具去"更多地消灭空间",于是城市中交通道路、工具、设施如铁路、船埠等物理景观大量出现,交通运输业如铁路、河运、航空业以及电报、信息业等与之相随不断伴生出来,以"更快"、"更多"地"消灭空间"。"除了产业点的聚集与延展外,交通设施和人、财、物的流转,便成为重塑空间景观和重组空间结构的基本力量。"①

二是,以城市消费空间的布局来加速流通、缩短流通空间,这呈现的是城市流通空间的压缩逻辑。马克思指出,城市工业的"产品一开始就是商品,因而它的产品的出售就需要有商业作为媒介,这是理所当然的。因此,商业依赖于城市的发展,而城市的发展也要以商业为条件"。② 为此,资本需要通过城市空间商业区域的压缩化逻辑来加速大众对商品的消费。压缩化逻辑就是资本设置和扩展"销售地点",并依据大众消费的需求程度来规划街道、市场、商业区、服务区,同时在百货公司、商店橱窗、商店广告中来凸显"庞大的商品"形象,将商业空间、商品形象高密度、高强度压缩在一起,以刺激人的消费欲求、加速商品的流通。在19世纪中叶的伦敦,"在伦敦最繁华的街道。商店一家接着一家,在无数的橱窗眼睛背后,陈列着世界上的各种财富:印度的披肩、美国的左轮手枪、中国的瓷器、巴黎的胸衣、俄罗斯的皮衣和热带地区的香料。这就是商品在流通过程中所表现出来的形象。"③

法国马克思主义者沃特·本雅明(Water Benjamin)也考察了自19世纪50年代以来巴黎的"拱廊计划",说明资本如何布局城市消费空间,在规划、设计街道、拱廊街等城市消费景观中深嵌着消费文化的逻辑,本雅明认为,自19世纪50年代以来,"拱廊就像岩洞一样辐射了整个巴黎"。④ 并且在各个欧洲城市"拱形走廊"纷纷出现,取代了原有的古代城市形态中的集市、广场、歌剧院等,拱形走廊被塑造成了城市空间中最突出的一个标记,成为一个新形式的城市公共消费空间,"这些拱廊是奢侈的工业的一个新近发明,它们盖着玻璃

---

① 胡潇:《空间的"生产性"解读》,《哲学动态》2012年第9期。
② 《马克思恩格斯全集》第25卷,人民出版社1974年版,第371页。
③ 让·鲍德里亚:《消费社会》,刘成富、全志钢译,南京大学出版社2000年版,第2页。
④ 瓦尔特·本雅明:《拱廊街》,载陈永国等主编:《本雅明文选》,中国社会科学出版社1999年版,第124页。

棚,大理石镶嵌的走廊延伸到整个建筑群,而这些建筑的主人们则联手从事这些企业。这些走廊从上面采光,两侧是最高雅的商店。"①拱廊是由街道和商店组合而成的,"混合着外面的公共街道和里面的私人的商店",这样就使作为外部空间的街道成为了室内,各色不断变化的商品在每个拱形走廊中无限聚集和展示,商品"集中的无限性"和"无窗口的隐蔽性",使走过的行人沿着拱廊两侧被动地浏览商品,深陷在对商品虚假"色彩"的视觉刺激中,在观看中勾起对商品占有的需要。商品拜物教已经娴熟地运用拱廊、橱窗、灯光等空间元素形成"商品诱惑",本雅明尖锐地指出,"拱形走廊"这是一种新形式的城市消费景观,拱形走廊的设计是为了"致力于维持商品,使人们拜倒在对商品的需要面前"。②

　　在马克思恩格斯所处的时代,工业资本已经初步显现出一定的空间组织能力,根据资本的生产和流通需求对街道、广场、住宅等城市生产区、住宅区、消费区、服务区等功能区进行了重新划分和安排,与大工业生产相适应的交通业、动力业、原料市场、产品销售市场等依照一定的空间联系在城市空间中相伴而生,使城市内部的空间景观元素更复杂,空间各系统密切关联,形成一定的空间结构。正如卡斯特尔斯指出的,"起统治作用的都是工业,它完全地组织了城市景观。这种统治不是技术上的事实,它是工业化基础上的资本主义逻辑的展现。"③哈维在《巴黎城记》中分析到,1848 年后,资本主义生产方式在巴黎建立起来后,"占有巴黎的却是奥斯曼、土地开发商、投机客、金融家以及商场力量,他们依照自己的特定利益和目的来重塑巴黎",④奥斯曼"城市更新计划"重新布局了道路、百货公司、剧院、公园和新的行政建筑,生产了巴黎新的城市空间,"资产阶级打碎了位于巴黎中心的马莱区的贵族空间,把它变成为物质生产服务和工厂安置、商店、公寓商厦林立的区域。空间因此变得难

---

①　瓦尔特·本雅明:《拱廊计划》,载汪民安主编:《城市文化读本》,北京大学出版社 2008 年版,第 124 页。

②　Andrew Merrifield. *Metromarxism:A Marxist Tale of the city*, London: Routledge, 2002, p. 59.

③　Mannel Castells. *The Urban Question:A Marxist Approach* Translated by Alan Sheridan, Edwaed Arnold Ltd, 1977. p. 14.

④　大卫·哈维:《巴黎城记》,黄煜文译,广西师范大学出版社 2010 年版,第 88 页。

看和活跃起来,变成了一个具有资产阶级典型特质的空间样式。"①巴黎变成一座有着"林荫道、纵横交错的给排水系统、广场、商场、公园、火车站、图书馆、学校、纪念物"的新城市,这是哈维提到的与马克思恩格斯同时代的一个城市空间生产的范本,显示了二业资本怎样来大规模改建城市、生产与自身需要一致的城市空间结构和空间景观,这也是当时资本主义生产方式确立时期欧洲普遍性的城市空间生产现象。

三、资本"生产"出等级化的城市空间商品

在列菲伏尔提到的"空间生产"的第二层含义上,马克思恩格斯已经看到资本利用空间中的自然资源、土地、空气等要素,将空间中的自然条件资本化并加工成空间商品,如住宅居住环境、建筑、生产设施等空间商品;同时,城市空间因为原初的自然条件形成空间上的地理差异,资本主义生产利用这种原初差异,进而生产出城市内部呈现等级差异的空间产品。这些论述正是列菲伏尔以后提出"空间生产"、象征性空间产品的思想先启。

第一,资本生产出等级化的地租类空间地段。马克思指出,"资本主义生产方式以人对自然的支配为前提"②,劳动生产率是同自然条件相联系的,马克思认为外界自然条件在经济上可以分为两大类:生活资料的自然富源,例如土壤的肥力,渔产丰富的水,等等;劳动资料的自然富源,如奔腾的瀑布、可以航行的河流、森林、金属、煤炭等。资本主要改造的是第二类自然富源,产业资本和土地所有权结合起来,产业资本剥削土地是为了再生产和采掘,剥削自然资源如瀑布、富饶的矿产、盛产鱼类的水域是为了制造空间地理位置上的差异,目的是为了获得地租类超额利润。马克思指出,"凡是有地租存在的地方,都有级差地租,而且这种级差地租都遵循着和农业级差地租相同的规律。凡是自然力能被垄断并保证使用它的产业家得到超额利润的地方,无论是瀑布,富饶的矿山,盛产鱼类的水域,还是位置有利的建筑地段,那些因对地球的一部分享有权利而成为这种自然物所有者的人,就会以地租的形式,从执行职

---

①　孙江:《空间生产——从马克思到当代》,人民出版社 2008 年版,第 57 页。

②　《马克思恩格斯全集》第 23 卷,人民出版社 1972 年版,第 561 页。

能的资本那里把这种超额利润要夺走。"①这些空间中原本的自然元素,成为了可以被资本改造的生产元素,因此这些元素的集中会形成空间中的位置差异和建筑地段的差异,赋予这些蕴含着自然元素的空间更大的价值,于是空间根据地租获得情况也被区分了等级,资本主义工业制度需要利用优质空间元素来制造土地的空间区分性价值以获得超额地租,这是资本制造空间分异价值的内在动力。

第二,生产在土地之上的固定资本设施类空间商品。通过利用自然元素制造空间中的地段差异,资本家会将一些固定资本设施投资在好的空间地段,一方面获取好的地理位置以获得好的生产条件,另一方面,建筑商优先投资于此为了获得地租,马克思指出,"在迅速发展的城市内,特别是在像伦敦那样按工厂方式经营建筑的地方",在城市的优势空间中投资工业建筑物,铁路、货栈、船坞等固定资产类的建筑物,是为了获得更高的地租。马克思指出,"建筑投机的真正的基本对象是地租,而不是房屋","固定资本的发展,如所有工业建筑物、铁路、货栈、工厂建筑物、船坞等,都必然会提高建筑地段上的地租。"②

第三,生产在地段差异上的住宅类等级化空间产品。自然条件如空气、水、资源被整合到空间中,在空间的地段差异之上被商品化、资本化,制造成有等级差异的空间商品供不同阶级的人消费。马克思指出,"对建筑地段的需求,会提高土地作为空间和地基的价值,而对土地的各种当作建筑材料用的要素的需求,同时也会因此增加。"③恩格斯《英国工人阶级状况》中提到了资本如何利用建筑地段、空气和水、资源等要素,生产出了具有等级差异的空间商品——住宅区。恩格斯描述曼彻斯特城市规划的独特之处在于,工人区和资产阶级所占区域是极严格分开的,各自居于不同的空间地段,有着迥然不同的自然环境条件。"曼彻斯特的中心是一长宽为半英里的商业区,主要是交易所、营业所,商业区外就是纯粹的工人区,这个区域是一条平均一英里半宽的带子,把商业区包围起来。在这个带形区域外面,则住着中产阶级,在更远的

---

① 《马克思恩格斯选集》第2卷,人民出版社1995年版,第572页。
② 《马克思恩格斯选集》第2卷,人民出版社1995年版,第573页。
③ 《马克思恩格斯选集》第2卷,人民出版社1995年版,第573页。

充满新鲜空气的乡村和高地,则住着高等资产阶级。富有的资产阶级可以通过整个工人区进入中心的商业区而看不到工人区的极其肮脏和贫困。"①

在马克思恩格斯所处的社会,组织空间已经成为资本主义空间生产的重要手段,早期的工业资本主义已经在按照自身的逻辑进行空间生产实践,生产出一个资本主义生产所需要的城市各功能区,也生产出一个等级化的城市空间分区。在马克思恩格斯时代,他们并没有能够提出列菲伏尔提到的"空间生产"、哈维提到的"空间修复"等概念,但是他们已经具备资本主义批判的空间视角,在实际上已经描绘了早期资本主义工业城市的较为初级形态的空间生产的实践样态,揭示了"资本主义生产方式开创了一种区别于人类既往空间生产的一种新的空间生产样态,"②"工业城市也就成为资本主义生产方式的一种空间化表达。"③

早期工业城市空间已经呈现出"一统化"与"断裂化"并存的样态。城市空间的"一统化"主要是指围绕着资本主义早期工业的生产需要来"生产"出统一化的城市空间,城市空间通过交通主要是铁路、水路、公路连接为一体,依靠工业生产来进行人口的组织和空间流动,按照工业生产需要来布局工业区、居住空间、商业空间、流通空间和服务空间,同时根据资本主义生产、消费、政治统治、文化象征意义的需要来规划和建设街道、广场、商场、市场、百货公司、交易所、公园、火车站、图书馆、学校、纪念物等城市空间设施,建立一个统一布局的交通系统、信息系统、居住系统、运输系统组成的空间结构,但同时又需要有意识建立一个在一统空间结构中不平衡的、等级的、有区分的空间秩序,包括城乡差异、城市内的差异化空间、全球不平衡的等级空间,这一空间秩序能够维持超额地租、资本的流动、人员的"储备"和流动,这就是资本主义空间生产的本质目标和原则。"资本与现代工业生产力的结合,具有粉碎、分割及区分空间的力量,具有吸收、改造甚至恶化古代文化的能力,以及制造空间差异

---

① 《马克思恩格斯全集》第2卷,人民出版社1957年版,第326—327页。

② 李春敏:《马克思恩格斯论资本主义空间生产的三重变革》,《南京社会科学》2011年第11期。

③ 李春敏:《城市与空间的生产——马克思恩格斯城市思想新探》,《中共福建省委党校学报》2009年第6期。

同时又架设空间桥梁、密切空间联系的能力。"①以后的垄断时期的资本主义和全球化时期的资本主义仍然遵循这一空间生产的原则,只不过随着资本主义的发展和变化,"统一"和"分裂"也衍生出更具体、多样的变化形态,资本主义的空间结构也显示出更繁杂的内部形态,后来者列菲伏尔、哈维、卡斯特尔斯、索亚等人对垄断时期和全球化时期资本主义空间结构形态的"一统"与多样化"分裂"状况进行了诸多论述,留待后文再述。

第三节　早期大工业城市中阶级关系的空间地理表达

哈维认为城市空间是一种"关系空间","一种社会关系在其中得到客观的建构"②。在马克思恩格斯看来,资本主义生产关系带来的无产阶级和资产阶级的阶级对立、冲突和矛盾必然在城市空间中反映出来,城市空间关系是阶级关系的空间表现。在《英国工人阶级状况》《德意志意识形态》《共产主义原理》以及《论住宅问题》等著作中,马克思恩格斯都论述了资本主义大工业城市早期的城市问题和阶级矛盾,对城市阶级关系的空间反映进行最深刻分析的是恩格斯写于 1845 年 3 月的《英国工人阶级状况》一书,他天才般地发现了英国曼彻斯特这一早期的资本主义工业城市中城市居住空间的阶级分异、揭露了工人阶级恶劣的空间生存环境,但同时马克思恩格斯又热情地讴歌了大城市这一空间场域内无产阶级的聚集会催生工人阶级的集体意识、激发工人阶级的社会主义运动,认为是大工业城市辩证地生成了推翻资本主义制度的"掘墓人"——工人阶级。麦瑞弗德指出,"在《英国工人阶级状况》一书中,24 岁的恩格斯试图将资本积累和阶级动力放到城市发展中来进行分析,将工业的法则和城市的法则联系起来,因而产生了生动的正在形成的城市马克思主义。"③

---

① 胡潇:《空间的"生产性"解读》,《哲学动态》2012 年第 9 期。

② 艾拉·卡茨纳尔逊:《马克思主义与城市》,王爱松译,江苏教育出版社 2013 年版,第 8 页。

③ Andrew Merrifield. *Metromarxism:A Marxist Tale of the city*,London:Routledge,2002.p. 33.

一、城市居住空间的阶级分异

麦瑞弗德指出，"恩格斯把工业化的法则和城市化第一次联系起来，产生出一种地理城市马克思主义。"①恩格斯的"地理城市马克思主义"已经呈现出一种地理学上的空间地图倾向，这一点被后来者——新马克思主义者地理学者哈维进行了发展，哈维指出，"社会关系都是某种绘制的地图，无论是象征的，比喻的，还是物质的。"②恩格斯描绘了城市中各阶级居住的空间分异的地形图，天才地用各阶级居住的空间地图具象化地绘制出早期工业城市曼彻斯特中的阶级关系。

（一）居住空间的同心圈结构

在恩格斯看来，城市的建筑体系、空间分布、住房设施反映的是居于不同社会地位的阶级在空间上的排序。恩格斯经过对曼彻斯特的观察，发现城市建筑和居住空间的"同心圈结构"，这是都市工业资本主义构建的空间上隔离的同心圆带状结构图，这也就是现代城市社会学指出的城市建筑、城市环境的空间分异。艾拉·卡茨纳尔逊指出，在对曼彻斯特的这种社会形态学的陈述中，恩格斯开辟了对城市空间结构的分析，其中包括城市的分区与辐射轴；住宅的地理和状况；公共交通与上班路线；郊区与中心商业区的开发；工作场所与住宅之间的关系；阶级内部与阶级之间社会互动的空间布局。③

恩格斯发现曼彻斯特城市规划的独特之处在于：工人区和资产阶级所占区域是极严格分开的，这个被有意识形成的城市的同心圈结构是这样呈现出来的一个圆圈：中心是一个长宽为半英里的商业区，主要是交易所、营业所，商业区外就是纯粹的工人区，这个区域是一条平均一英里半宽的带子，把商业区包围起来，这是工人和劳动储备军居住的人口最密集、最杂乱的圈状地带，在这个带形区域外面，则住着中产阶级，在更远的充满新鲜空气的乡村和高地，则住着高等资产阶级，富有的资产阶级可以通过整个工人区进入中心的商业区而看不到工人区的极其肮脏和贫困。恩格斯批判道："我知道得很清楚，这

---

① Andrew Merrifield.*Metromarxism:A Marxist Tale of the city*,London:Routledge,2002.p. 7.
② 大卫·哈维:《希望的空间》,胡大平译,南京大学出版社 2006 年版,第 95 页。
③ 艾拉·卡茨纳尔逊:《马克思主义与城市》,王爱松译,江苏教育出版社 2013 年版,第146 页。

种伪善的建筑体系是或多或少地为一切大城市所具有的……这样费尽心机地把可能刺激资产阶级的眼睛和神经的东西掩盖起来。……这种可耻的建筑体系……"①空间狭小、空气污染、环境肮脏的区域是工人住宅区,商业资产阶级居住在整洁的城市中心的街道上,"充满新鲜空气的乡村和高地"则属于高等资产阶级所有。

索亚也分析了 19 世纪下半叶的芝加哥城市,与曼彻斯特相同,存在都市同心圈的居住的阶级分异,中心是商业区,接着是转换地带(有城市新移民、贫民窟、种族飞地等),再外是工人居住区地带,接下来是中产阶级,再往外是"更高阶层"居住。② 西方社会学家伯吉斯(E. W. Burgess)在 1923 年创立了都市同心圈理论,伯吉斯对芝加哥城进行了数据分析和调查,认为都市空间分为5 个环状区域,第一环是中心商业区,集中着百货大楼、银行、剧院、俱乐部等;第二环是过渡区,贫民窟、仓库、工厂集中在这里,这一区的建筑经常被拆毁以让位给商业区;第三环是工人住宅区;第四环是中产阶级住宅区,白领工人、职员和小商人住在这里;第五环是郊区,社会的中上层阶层居民居住在这里。芝加哥城存在的空间分异,验证了不同的历史时空中在资本主义工业城市中确实存在着普遍化的同心圈结构,这是资本对城市土地进行加工、生产,分化出不同的土地价值。③

在对城市空间的争夺战中取得胜利的是土地所有权者、金融资本家、产业资本家、地产资本家,而广大工人阶级、农民则被进行了在空间领域的剥夺和剥削,被迫占有劣等空间,这正是早期工业资本主义城市中圈状的空间结构呈现出的明显的阶级分野和空间隔离,恩格斯指出,"每一个大城市都有一个或几个挤满工人阶级的贫民窟。的确,穷人常常是住在紧靠着富人府邸的狭窄的小胡同里。可是通常总给他们划定一块完全孤立的地区,他们必须在比较幸福的阶级所看不到的地方尽力挣扎着活下去。"④

---

① 《马克思恩格斯全集》第 2 卷,人民出版社 1957 年版,第 328 页。

② Edward W Soja:《后大都市——城市和区域的批判性研究》,李钧等译,上海教育出版社 2006 年版,第 108 页。

③ 向德平主编:《城市社会学》,高等教育出版社 2005 年版,第 78 页。

④ 《马克思恩格斯全集》第 2 卷,人民出版社 1957 年版,第 306 页。

(二)居住环境的阶级分异

与居住空间的阶级分异相关联的是建筑形式和居住环境的阶级差异,恩格斯具象化地描绘了工人区里的各种肮脏、杂乱的空间元素,这是早期工业城市中工人阶级居住的真实状况,是工业革命衍生出的贫民区毒瘤。

其一,工人阶级的建筑和街道缺乏规划和整修,破败不堪。恩格斯指出,与繁华、干净、整洁、充满了新鲜空气的富人区相对照,工人区里挤满了贫穷的工人,里面充满破败和肮脏,房子是东倒西歪的,被住户遗弃的房屋现在由工人来居住。在工人住宅的规划和建筑上,"工人住宅到处都规划得不好,建筑得不好,保养得不好,通风也不好,潮湿而对健康有害。住户住得拥挤不堪"①。在建筑形式上,是杂乱无章的,街道是没有铺砌的、肮脏的、坑坑洼洼的,没有排水沟、"迷阵似的街道"、"肮脏"、"潮湿""密密麻麻的建筑物集在一起","大杂院"、煤堆煤烟、积水混合在一起。

其二,工人阶级所用水资源的污染。随着工业的发展带来的工业废水和城市人口的剧增带来的生活污水,污染了很多河流,造成工人的居住环境和所用水资源的污染。恩格斯指出,在工人区里没有干净的水源,有的是臭气熏天的死水洼,他们被迫把所有的废弃物和垃圾、把所有的脏水甚至还常常把最令人作呕的脏东西倒在街上,因为他们没有其他任何办法扔掉所有这些东西。流经的河流充满着工业生产带来空气污染和废物污染,工人区近旁的"河水也是漆黑的,停滞的,而且发出臭味",河里充满着淤泥和垃圾、废弃物和臭气泡。

其三,是空气的污染。恩格斯指出,曼彻斯特周围一些工业城市,"到处都弥漫着煤烟,……给人一种特别阴暗的印象"。其中像位于曼彻斯特西北11英里的波尔顿,"即使在天气最好的时候,这个城市也是一个阴森森的讨厌的大窟窿"。而斯托克波尔特"在全区是以最阴暗和被煤烟熏得最厉害的地方之一出名的",恩格斯还这样描述:"伦敦的空气永远不会像乡间那样清新而充满氧气……呼吸和燃烧所产生的碳酸气,由于本身比重大,都滞留在房屋之间,而大气的主流只从屋顶掠过。住在这些房子里面的人得不到足够的氧

---

① 《马克思恩格斯全集》第 2 卷,人民出版社 1957 年版,第 357 页。

气,结果身体和精神都萎靡不振,生活力减弱。因此,大城市的居民患急病的,特别是患各种炎症的,虽然比生活在清新空气里的农村居民少得多,但是患慢性病的却多得多。"①

芒德福在《城市文化》中的第三章"冷酷无情的工业城镇"中,也讲到在早期的工业城市中工人阶级居住环境的恶劣程度,印证了恩格斯对曼彻斯特工人居住状况的论述。芒德福指出,"工厂和贫民窟"就是新兴的工业城镇中的两个主要构成成分,描述了工厂造成的垃圾山和废料堆,以及倾排污水造成的河水污染;烟囱、鼓风炼铁炉、燃料工程排放的废弃造成的空气污染;"工人的住宅就索性建筑在以灰堆、垃圾、碎玻璃堆集、填埋而成的所谓地面上这是连草都不肯长的地方","垃圾堆散发的恶臭,烟囱喷出的黑烟,铁锤的击打声,或者机器的轰鸣,夜以继日地陪伴着工人居家环境里的饮食起居"②。工厂住宅区缺乏市政服务设施,缺乏公园、游乐设施、缺乏水管布置和下水道设施,甚至饮用水供应都缺乏,而中产阶级家里已经普及了水龙头、排水管道、污水排泄水管网络、煤气炉、坐式浴盆、抽水马桶等。

(三)资本主义制度是居住空间不平等的根源

恩格斯通过对早期工业城市中居住的阶级分异进行了地理学意义的空间地形描绘,表达了对工人深切的同情和关怀,但是他的价值目标是通过对空间阶级分异现象的揭露来批判造成这些现象的资本主义制度,期望工人阶级在城市空间中联合起来进行革命运动以推翻资本主义制度本身。在恩格斯的视野中,"不是城市为城市无产阶级的贫穷和肮脏负责,而是资本主义生产方式为之负责"③。

第一,是资本主义制度造成的居住的阶级分异。恩格斯指出,"真正令人发指的,是现代社会对待大批穷人的方法……"这种"方法"就是资本主义制度将大批工人赶到城市中来成为被剥削的贫穷的"劳动力",造成空间短缺、空间劣等现象,恩格斯指出,是资本主义的工业将大批的工人赶到旧曼彻斯特几百所早就被遗弃了住所中,"所有这些都是工业造成的,而如果没有这些工

---

① 《马克思恩格斯全集》第2卷,人民出版社1957年版,第342页。

② 刘易斯·芒福德:《城市文化》,宋俊岭等译,中国建筑工业出版社2009年版,第189页。

③ Andrew Merrifield.*Metromarxism:A Marxist Tale of the city*,London:Routledge,2002.p. 25.

人,没有工人的贫困和被奴役,二业是不可能存在的"①,因而住宅的缺乏和恶劣的居住环境"只是从现代资本主义生产方式中产生出来的无数比较小的、次要的祸害之一"。② 芒德福也尖锐地指出,新的工业城市"想方设法提供维持生命最低限度的要求",这最低要求就是维持生命体提供资本主义所需要的劳动力。

第二,住宅改良方案并不能根本改变居住问题。恩格斯认为,住宅缺乏也是资产阶级社会的必然产物,"在这种社会中,工人大批地拥塞在大城市里,而且拥挤的速度比当时条件下给他们修房的速度更快;这种现象连同它的一切影响健康等等后果,只有在产生这些后果的整个社会制度都已经根本改革的时候,才能消除"③。恩格斯在 1872 年 5 月至 1873 年 1 月间写下了《蒲鲁东怎样解决住宅问题》、《资产阶级怎样解决住宅问题》和《再论蒲鲁东和住宅问题》三篇论战性文章,批评了德国小资产阶级和资产阶级的代表主张解决住宅缺乏问题的"住宅改革方案",如"小宅子制",这一改良方案提出厂主建造集体住宅归工人居住,工人向厂主缴纳房租,或通过分期付款方式使工人成为自己的住宅和宅旁小块土地的所有者。恩格斯认为这些都是无政府主义的空想,"没有一项城市改革能够帮助穷人,没有一项住房和社会整个能够给穷人一小块利益,它只会将问题从一个地方移到另一个地方"。④

芒德福也讲到 19 世纪一系列工人阶级住宅改良方案的失败,印证了恩格斯的观点。到 19 世纪中叶,工人阶级的住宅问题引起了关注,一些慈善家和政治家尝试了一些改善工人阶级住宅的慈善项目和实验性项目,如依靠协会组织新建工人卫生住宅项目,1842 年甚至在英国建立了一个"改进工人贫苦阶层住宅的都市协会"的专门组织机构,但是都遭到了接二连三的失败,或缺乏资金、或无法维持标准、或违背了为工人建造的初衷……这些改良主义者的头"碰上了一个严酷无情的事实:这种事实就是,如果想在无规范的私人资本

① 《马克思恩格斯全集》第 2 卷,人民出版社 1957 年版,第 335 页。

② 《马克思恩格斯全集》第 18 卷,人民出版社 1964 年版,第 238 页。

③ 《马克思恩格斯全集》第 18 卷,人民出版社 1964 年版,第 263—264 页。

④ Andrew Merrifield. *Metromarxism: A Marxist Tale of the city*, London: Routledge, 2002. p. 47.

主义框架里建造起足够用的住宅,那是完全不可能的!"①

第三,推翻资本主义制度才能根本解决居住空间正义问题。恩格斯把包括解决住宅问题的空间正义要求同无产阶级革命和消灭私有制联系在一起,指出了只有推翻资本主义制度才能解决工人阶级住宅和居住空间环境不正义问题。恩格斯指出,"住宅问题,只有当社会已经得到充分改造……才能获得解决。资本主义社会不能消灭这种对立,相反,它必然使这种对立日益尖锐化。"②只有推翻整个资本主义制度,在社会主义制度下将工业生产收归国有、把农业和工业结合起来,将"大工业在全国平衡地分布",才能从根本上解决工人居住空间的肮脏和不足,"这种现象连同它的一切影响健康等后果,只有在产生这些后果的整个社会制度都已经根本改革的时候,才能消除。"③到了共产主义社会,"城市和乡村之间的对立也将消失",通过城乡的融合,使社会全体成员都能公平、自由地享有充足的居住空间和公共空间设施。

二、城市问题的本质是阶级问题

恩格斯通过对城市空间阶级分异的揭露,已经触及了早期工业城市里的人群(主要是工人阶级和资产阶级)之间的互动关系,以及由此滋生的社会心理和城市问题等。在艾拉·卡茨纳尔逊看来,恩格斯正是表明了"城市空间组织方面的变化如何影响到阶级内部和阶级之间的关系,并且将这种社会地理学与新无产阶级的痛苦和意识的出现紧密结合在了一起"。④

(一)早期工业城市中的各种城市问题

"城市病"也就是城市中的各种社会问题,如失业、贫困、社会动荡、拥挤、无根漂泊等。在早期工业城市中,城市问题主要包括住宅奇缺、污染严重、卫生状况恶化以及引起的人身体和道德上、心理上的问题。工人阶级的无知和道德堕落是强制性的异化劳动和贫困生活带来的,消除各类城市问题的根源

---

① 刘易斯·芒福德:《城市文化》,宋俊岭等译,中国建筑出版社 2009 年版,第 178 页。
② 《马克思恩格斯文集》第 3 卷,人民出版社 2009 年版,第 283 页。
③ 《马克思恩格斯全集》第 18 卷,人民出版社 1964 年版,第 263—264 页。
④ 艾拉·卡茨纳尔逊:《马克思主义与城市》,王爱松译,江苏教育出版社 2013 年版,第 139 页。

在于消灭资本主义生产方式。

第一，是工人阶级的健康问题。恩格斯以曼彻斯特为例来说明，工人的劳动环境很差引起身体和健康问题，"工厂里的空气通常都是又潮湿，又暖和，而且多半是过分地暖和；只要通风的情形不很好，空气就很恶劣，令人窒息，没有足够的氧气，充满尘埃和机器油蒸发的臭气；而机器油几乎总是弄得满地都是，并且还渗到地里。"①机器生产经常发生工人致残致死事件，在纺纱工厂的工人和纺麻工厂的工人一般都有咯血、呼吸困难、胸部疼痛、咳嗽、失眠等症状；同时缺乏医疗设施，工人遭受各种疾病的威胁和折磨，恩格斯愤怒地控诉资产主义社会对人的剥削造成人的身体素质下降，"资产阶级这种令人厌恶的贪婪造成了这样一大串疾病！妇女不能生育，孩子畸形发育，男人虚弱无力，四肢残缺不全，整代整代的人都毁灭了，他们疲惫而且衰弱，——而所有这些都不过是为了要填满资产阶级的钱袋！"②

第二，工人阶级的道德问题。恩格斯指出，造成道德沦丧的根源是"劳动的强制性"，强制性的没有任何乐趣的异化劳动毁坏着工人的道德，"如果说自愿的生产活动是我们所知道的最高的享受，那么强制劳动就是一种最残酷最带侮辱性的痛苦"。"在大多数的劳动部门里，工人的活动都被局限在琐碎的纯机械性的操作上，一分钟又一分钟固定不变地重复着，年年都是如此。"这种琐碎的、重复的看不到希望的劳动"对他们的道德所起的破坏作用比贫穷还要厉害得多"。工人缺乏良好的教育，酗酒、道德堕落、犯罪率高，在"潮湿的房屋"、"坏的空气""破烂的衣服"、"掺假的食物"这些条件下，"除了纵欲和酗酒，他们的一切享乐都被剥夺了"③

第三，工人阶级心理上的孤独感和精神上的压抑。资产阶级奉行的自由竞争原则"把人的尊严变成了交换价值，用一种没有良心的贸易自由代替了无数特许的和自立挣得的自由"，连家庭关系也"变成了纯粹的金钱关系"。在商品和金钱关系的主宰下，工人被排除在社会的边缘地位，他们找不到乡村社会的那种朴素、相互帮扶的感情和传统的生活方式，"人与人之间除了赤裸

①　《马克思恩格斯全集》第 2 卷，人民出版社 1957 年版，第 442 页。
②　《马克思恩格斯全集》第 2 卷，人民出版社 1957 年版，第 453 页。
③　《马克思恩格斯全集》第 2 卷，人民出版社 1957 年版，第 404 页。

裸的利害关系,除了冷酷无情的'现金交易',就再也没有任何别的联系了"。① 工人处在这样的社会关系和家庭关系中,感受不到一点自由和价值,感受的只是孤独失望、茫然失措而又无可奈何,因此死气沉沉、得过且过,或者麻木不仁、随波逐流。芒德福指出,在工业城镇这个环境中,能看得到的邪恶"残忍、野蛮、剥削、压榨、污秽、堕落"都是真实的,这一道德退化的环境消耗着社会原本的美好和快活。②

(二)城市问题的根源是阶级问题

恩格斯指出,城市问题的根源是阶级问题,是资本主义制度下残酷的劳动制度造成了环境的污染、工人的失业、工伤事故、疾病、高死亡率,辛苦的异化劳动和贫困破坏了工人家庭的和谐,加上教育的缺乏造成了许多工人堕落、酗酒、纵欲、偷窃、打架、犯罪等城市问题。当城市问题尖锐时就会引发城市冲突,城市冲突纠合了冲突人群、冲突的社会心理、社会组织等多种因素。在恩格斯视野中,当时的城市冲突就是阶级矛盾导致的冲突,而且是引起工人阶级社会运动的冲突。恩格斯指出,"工人阶级的状况是当代一切社会运动的真正基础和出发点,因为它是我们目前社会一切灾难的最尖锐最露骨的表现。"③

正是在这种阶级差异的城市区分中,资产阶级对无产阶级的压迫、剥削、冷漠和极端的两极分化产生了工人阶级的"仇恨"心理,正是基于这些"仇恨"心理形成了工人阶级初步的阶级意识,"工人比起资产阶级来,说的是另一种习惯语,有另一套思想和观念,另一套习俗和道德原则,另一种宗教和政治"④,这种自发的阶级意识导致了工人采取捣毁机器的自发斗争行为,恩格斯指出,既然正是资产阶级将他们置于只适合牲口生存的状况里并且对此漠不关心,"那么他们除了起来反抗或者真的沦为牲口,是没有其他道路可走的"。恩格斯认为,随着工人在城市中的共同劳动,工人阶级的意识会得到了强化,联合起来的工人阶级在城市中组建社会组织——工会来进行集会、罢

---

① 《马克思恩格斯全集》第 2 卷,人民出版社 1957 年版,第 34 页。
② 刘易斯·芒福德:《城市文化》,宋俊岭等译,中国建筑工业出版社 2009 年版,第 202 页。
③ 《马克思恩格斯全集》第 2 卷,人民出版社 1957 年版,第 278 页。
④ 《马克思恩格斯全集》第 2 卷,人民出版社 1957 年版,第 278 页。

工、与资本家进行谈判、组织起义等自觉斗争形式,起来反对资本家的压迫、剥削,为生存处境的改善而战斗。

　　恩格斯对城市问题进行的资本主义生产方式的政治批判视角,使他逻辑地将看到早期工业城市间人群的矛盾和冲突都从属于阶级矛盾,正如艾拉·卡茨纳尔逊指出,"恩格斯知道的城市首先是一个阶级斗争的景象",①并由此将整个城市问题的解决逻辑地落脚在资本主义制度的消灭上。同时在恩格斯的革命逻辑中,城市是推翻资本主义制度的希望所在,恩格斯通过对城市空间及其城市问题的分析,"寻找到更深层次的结构性解释和社会行动"②的希望,这一结构性的解释就是资本主义生产方式,资本主义生产方式必然带来的城市问题如剥削、等级、后备军、两极分化等,这些问题都归属于阶级问题,工人阶级只有在城市中团结起来,在城市的共同劳动中培养出共同的阶级意识,通过在城市空间中组织起来进行自觉的阶级运动,最终推翻整个资本主义制度。

三、工人在城市的空间聚集与联合革命

　　马克思恩格斯虽然在伦理上谴责资本主义大工业城市给工人带来深重灾难——污染、疾病、贫穷,但他们同时认为城市又将无产阶级聚集起来,成为生长无产阶级运动的场所,生成反对资本主义制度的阶级力量,在大工业城市中孕育着否定资本主义社会形态的辩证力量,而经由"资本主义这个通道,光明就在前方"。③ 这个"光明的前方"就是马克思恩格斯经由城市进行资本主义批判确立的价值目标——借由资本主义创造的条件来打碎资本主义制度、建立起社会主义社会和共产主义社会。在马克思恩格斯视野中大工业城市被看作推翻资本主义制度的"通道"——在于它聚集、锤炼了资本主义制度的掘墓人:新兴的"无产阶级",因此,这是一个聚集力量、通往"自由联合的"、"人的全面发展"的共产主义社会的"通道",只有沿着这个通道,才能走到社会主义、共产主义社会,只有到那时,城市问题才能真正得以解决。马克思认为,

---

　　①　Andrew Merrifield.*Metromarxism：A Marxist Tale of the city*,London：Routledge,2002.p. 48.
　　②　Edward W Soja：《后大都市——城市和区域的批判性研究》,李钧等译,上海教育出版社2006 年版,第 104 页。
　　③　Andrew Merrifield.*Metromarxism：A Marxist Tale of the city*,London：Routledge,2002,p. 22.

"工业城镇,变成了现代大都市——不仅是工业革命的先驱同时也积累着这种无产阶级革命的关键要素"①,这些关键因素包括:工人阶级的意识、工人阶级的发展以及工人的空间组织方式。

其一,大工业城市促进了工人阶级意识的觉醒。大工业城市摧毁了封建宗法关系,消灭了旧社会的堡垒——"农民",他们失去了仅有的资产,被迫变成出卖自己劳动力为生的雇佣工人,相当数量的工人集中在城市中,在共同劳动、共同遭受资本的剥削、共同处在恶劣的生活处境中,逐渐认识到与资产阶级的地位和利益的根本不同的,意识到自己是一个整体、是一个阶级。恩格斯指出,"也只有在这时,工人才开始认清自己的地位和利益,开始独立地发展起来,只有在这个时候,他才不再在思想上、感情上和要求上像奴隶一样地跟着资产阶级走。而在这方面起主要作用的就是大工业和大城市","如果没有大城市,没有它们推动社会意识的发展,工人绝不会像现在进步得这样快。"②

其二,大工业城市促进了工人运动的空间联合。在城市中的生产,也使工人阶级能够在集中的协作性的生产中提升技能、增长新的观念、在互助中团结起来;交通工具的发展,能够使各地工人联合起来,使各地分散的斗争汇合成全国性的斗争。马克思指出,"生产者也改变着,练出新的品质,通过生产而发展和改变自身,造成新的力量和新的观念,造成新的交往方式,新的需要和新的语言。"③工人能够在城市空间共同生产中认识到作为一个阶级的力量,逐渐在联合的斗争实践中成立自己的阶级组织形式——工会、政党,有组织地进行无产革命运动,并在斗争实践中逐渐明确了自己的斗争目标——推翻资本主义制度、实行社会主义制度。恩格斯指出,"大城市是工人运动的发源地;在这里,工人第一次开始考虑自己的状况并为改变这种状况而斗争;在这里,第一次出现了无产阶级和资产阶级利益的对立;在这里,产生了工会、宪章主义和社会主义。"④

其三,社会主义和共产主义社会才能真正解决城市问题。工人运动的最终目标是打碎资本主义私有制,实现社会主义和共产主义社会,只有到那时,

①　Andrew Merrifield.*Metromarxism*:*A Marxist Tale of the city*,London:Routledge,2002.p. 47.

②　《马克思恩格斯全集》第 2 卷,人民出版社 1957 年版,第 408—409 页。

③　《马克思恩格斯全集》第 46 卷(上),人民出版社 1979 年版,第 494 页。

④　《马克思恩格斯全集》第 2 卷,人民出版社 1957 年版,第 408 页。

城市问题才能得到根本上的解决。在马克思恩格斯的设想中,社会主义社会的整体计划性会彻底解决住宅问题,"在国有土地上建筑大厦,作为公民公社的公共住宅"、"拆毁一切不合卫生条件的、建筑得很坏的住宅和市区","公民公社将从事工业生产和农业生产,将把城市和农村生活方式的优点结合起来,避免二者的片面性和缺点"①。在社会主义社会,会消除不平等的劳动分工,将工业在全国范围均衡地进行分布,消除城乡对立。最终,大工业带来的潜力会形成巨大的社会财富,成为人自由全面发展的物质条件,"摆脱了私有制压迫的大工业的发展规模将十分宏伟","只有按照统一的总计划协调地安排自己的生产力的那种社会,才能允许工业按照最合适于它自己的发展和其他生产要素的保持或发展的原则分布于全国。"②"大工业及其所引起的生产无限扩大的可能性,使人们能够建立这样一种社会制度,在这种社会制度下,一切生活必需品都将生产得更多,使每一个社会成员都能够完全自由地发展和发挥他的全部力量和才能"。③

第四节　马克思恩格斯城市空间批判思想的当代价值

马克思恩格斯从'城市空间'视角对资本主义生产方式进行了批判,批判资本主义生产方式的扩张造成城乡分离的空间格局、造成城市中阶级的空间分异以及工人阶级的悲惨境遇,并充满希冀地将资本主义大工业城市作为推翻资本主义制度、实现社会主义共产主义的"希望之地",这种批判方法也受到了后来者诸多批评,批评主要集中在三类:第一类批评是认为马克思恩格斯仅仅将城市作为资本主义批判中的一个附属物来对待,借由城市这个中介来批判资本主义制度,并不真正关心城市本身。桑德尔指出,马克思恩格斯"将城市作为一个缩影来讨论时,他们关心的不是城市本身,而是资本主义过程,在城市环境下,资本主义过程得到了最清晰的揭示"。④ 认为马克思恩格斯重

---

① 《马克思恩格斯选集》第 1 卷,人民出版社 1995 年版,第 240 页。
② 《马克思恩格斯全集》第 20 卷,人民出版社 1973 年版,第 320 页。
③ 《马克思恩格斯选集》第 1 卷,人民出版社 1995 年版,第 237 页。
④ Peter Saunders.*Social theory and the urban question*,London:Hutchinson Eduction Ltd,1986.p. 25.

视城市仅在于城市能够提供推翻资本主义制度的工人阶级的力量,但是艾拉·卡茨纳尔逊批评到:工人阶级的悲惨和隔离到形成一个具有革命潜力的阶级之间不是一个自然的、必然的过程。① 第二类批评是认为,马克思恩格斯将城市问题附属于阶级问题,"城市的问题被代替为革命的问题",批评马克思恩格斯认为城市问题要在且只有在革命成功后自然得到解决、将希望寄托在未来、而对现实的城市问题无所作为。批评马克思恩格斯很少关注同一时期的城市"怎么办"的问题②,只是将目标放在社会主义共产主义社会成功之后、而不涉及这一时期城市工人阶级的具体问题如何缓解的措施。第三类,批评马克思恩格斯将城市化附属于工业化来进行分析,如麦瑞弗德指出,"马克思没有真正将工业化和城市化牢牢联系在一起。他在 19 世纪 40 年代后期关注了城市问题一段,到 60 年代就再没有将城市整合到工业化中进行研究。"③因此马克思恩格斯并没有在工业化的进程中来关注城市的变化,而主要关注在资本主义形成时期的城市及其城市问题。

马克思恩格斯作为无产阶级领袖的历史使命使其将关注重心放在资本主义制度的批判上,他们的确是在将城市作为资本主义批判的空间场域上才论及城市的,城市并不是他们的主要关注点,但这无损他们的光辉,历史的境遇不可能要求他们面面俱到。正是马克思恩格斯揭露的早期工业城市的空间形态的变化、城市化、空间的阶级分异等理论资源,成为后来的新马克思主义者列菲伏尔提出"空间生产"、哈维提出"资本的空间地理学"、卡斯特尔斯提出"集体消费"、索亚提出"后大都市"思想的理论基础。尽管马克思和恩格斯被批评为将城市问题附属于资本主义生产方式和阶级问题,并没有撰写过任何一部真正的城市著作,但他们从资本主义生产方式的视角对早期工业城市进行的分析,代表了整个 19 世纪城市研究的最高水平,是城市研究领域的先驱,同时也深刻地影响了一百多年后的新马克思主义者城市学者。马克思恩格斯的资本主义城市批判思想从三个方面奠定了新马克思主义城市学者的理论基础。

---

① 艾拉·卡茨纳尔逊:《马克思主义与城市》,王爱松译,江苏教育出版社 2013 年版,第 147 页。

② Andrew Merrifield.*Metromarxism:A Marxist Tale of the city*,London:Routledge,2002.p. 47.

③ Andrew Merrifield.*Metromarxism:A Marxist Tale of the city*,London:Routledge,2002.P. 29.

第一,在资本主义结构中来论及城市空间结构。马克思恩格斯采取了从资本主义生产方式的社会结构来进行城市分析,在这一结构性分析下,城市也呈现出结构性的、总体的空间结构和关系状态。"这种城市的结构和密度是后来的城市马克思主义者试图更加关注的,尝试着使城市研究更有血有肉、更精细,甚至更辩证。"①列菲伏尔从资本主义的结构来论及城市空间生产、哈维从资本积累来论及城市空间结构的变化、卡斯特尔斯从劳动力再生产、集体消费来论及城市的"集体消费品"的空间布局,索亚和萨森从全球资本主义空间结构来论证"后大都市"、"全球城市"的空间特征,都沿袭了马克思恩格斯开创的将城市空间放在资本主义生产方式中来理解的分析视角。

第二,空间关系是重要的社会关系和阶级关系。马克思恩格斯认为,资本主义的空间等级化、空间分割、居住空间的阶级分异都是资本主义生产关系、社会关系的反映。索亚认为,在马克思恩格斯看来,社会关系和空间关系都来源于生产方式,"在马克思和恩格斯的著述中已有所说明:在探讨城镇与乡村之间的对立、劳动的区域分工、产业资本主义制度下城市居住空间的划分、资本主义积累的地理不平衡性、土地租借和土地私人所有制的作用、剩余价值的部分转移等,都提到了社会关系和空间关系的联系"。② 正如艾拉·卡茨纳尔逊所说,恩格斯不仅把握了早期工业城市空间开发的主要路线,而且把握了一百多年空间开发的主要路线,对曼彻斯特的城市空间分异,预见到了"20世纪城市地理学和社会学的大部分三要主题"。③ 列菲伏尔论及了垄断城市空间的"中心—边缘"的空间关系及其阶级关系;卡斯特尔斯论及了垄断城市空间公共消费品的布局不均导致的城市冲突,在卡斯特尔斯看来,"20世纪60年代出现的新城市社会运动是城市空间与一个干预主义国家之间新联系的一种反映。"④哈维论及了后现代城市空间"摧毁—重建"中的阶级矛盾和城市冲

---

① Andrew Merrifield.*Metromarxism:A Marxist Tale of the city*,London:Routledge,2002.p.48.

② 爱德华·W.苏贾:《后现代地理学——重申批判社会理论中的空间》,李钧等译,商务印书馆2007年版,第119页。

③ 艾拉·卡茨纳尔逊:《马克思主义与城市》,王爱松译,江苏教育出版社2013年版,第145页。

④ 艾拉·卡茨纳尔逊:《马克思主义与城市》,李爱松译,江苏教育出版社2013年版,第110页。

突,索亚论及了后大都市城市空间中的"马赛克"空间拼图中的种族、阶级的边界和分野,这些都是马克思恩格斯奠定的城市空间关系的分析基础。

第三,空间正义成为重要的理论关注点。马克思恩格斯将城市问题,如工人阶级住宅短缺、空间阶级分异、工人阶级空间污染、肮脏、城乡空间分隔等问题的解决放在整个无产阶级革命运动中来分析,认为要在实现社会主义、共产主义社会之后才能彻底解决这些问题,这也导致了诸多批评,认为他们不着眼于现实而只是将希望寄托在未来的根本解决,是一种理想上的"乌托邦"。但是他们论及的城市空间的诸多不正义现象,成为后来新马克思主义城市学者关注的问题,他们从资本主义当下的现实出发构建了在资本主义现存制度之下寻求城市权利、追求城市空间正义的目标和当下路径,如列菲伏尔提出的"差异空间"理想、卡斯特尔斯的"都市社会运动"目标、哈维希冀的"希望的空间"、索亚提出的"第三空间"、萨森的"城市大同主义"的理想。

正是在这些闪光点上,马克思恩格斯的"城市理论可以丰富我们对当今所居住的城市的批判性理解"①。正如安东尼·奥罗姆指出的,"虽然马克思本人实际上没有撰写过任何关于城市的著作。但他却极大地影响了 20 世纪60 年代以来的城市研究。"②麦瑞弗德也指出,恩格斯"是第一个城市马克思主义者,他创立了基础,指出了城市化在资本主义生产方式转换中的意义"。③"恩格斯的《工人阶级状况》和《住宅问题》被普遍认为是城市马克思主义的起源,这是 20 世纪和 21 世纪的城市马克思主义的谱系来源。"④

---

① Andrew Merrifield.*Metromarxism*:*A Marxist Tale of the city*,London:Routledge,2002.p. 1.

② 安东尼·奥罗姆、陈向明:《城市的世界——地点的比较分析和历史分析》,上海人民出版社 2005 年版,第 38 页。

③ Andrew Merrifield.*Metromarxism*:*A Marxist Tale of the city*,London:Routledge,2002.p. 48.

④ Andrew Merrifield.*Metromarxism*:*A Marxist Tale of the city*,London:Routledge,2002.p. 29.

第三章　垄断资本主义时期"垄断城市"的空间重塑

马克思恩格斯以早期大工业城市为微观"样本",观察了资本主义生产方式的确立、运行以及潜藏的危机。到了 20 世纪 50 年代,资本主义生产方式经过长期完善和变化,进入国家垄断资本控制的新时期,即国家垄断资本主义阶段。麦瑞弗德指出,"在 20 世纪 50 年代,垄断资本主义开始孕育,到 60 年代加强、到 70 年代已经占据了很大的比例。一段时间后,资本主义已经成长、高飞,不间断地加速发展。在 1973 年石油危机之后,它显示出衰退的迹象,大量的剩余价值被堆积起来,但是相对利润率下降。"①在 20 世纪 50 年代到 70 年代初期,就是国家垄断资本主义这个"新野兽"在横行。在国家垄断资本主义时期国家和垄断资本合谋起来,国家干预加强、大公司高度垄断、金融寡头形成,资本过剩、竞争加剧。资本主义生产方式发生了变化,垄断资本主义时期新生产方式按照自身的逻辑,重塑了城市空间,形成新的城市空间景观、空间面貌和空间结构,工业城市逐渐发展成为垄断城市。麦瑞弗德指出,"在法国,在 1963 年和 1973 年间,中央政府政策帮助了一大批新城市的增长,从垄断公司那里得到了更大的利润","垄断政府和垄断资本相结合,孕育出了'垄断城市'。"②

正是从资本主义生产方式的变化引起城市空间的重塑中,新马克思主义者城市学者从"城市空间"视角展开了对资本主义的新批判。新马克思主义

---

①　Andrew Merrifield.*Metromarxism : A Marxist Tale of the city*,London:Routledge,2002.p. 120.

②　Andrew Merrifield.*Metromarxism : A Marxist Tale of the city*,London:Routledge,2002.p. 121.

城市学者试图回答两个问题：一是，城市作为焦点，是如何在空间上"显现、承载、适应"了从马克思时代的自由竞争资本主义工业形式过渡到由国家管理并且是"寡头卖主垄断的"垄断工业资本主义这一经济变化的？二是，在垄断资本主义时期，城市在国家政权的政治和意识形态控制下呈现为何种空间景观、社会关系形态以及居民的生活形态？

本雅明、德波、列菲伏尔借用了马克思的商品拜物教、异化理论来考察了城市空间景观，在他们的视界中，城市耸立着霓虹灯闪的百货公司、五光十色的商品景观，突出了城市空间的消费景观特征；同时，列菲伏尔发展了马克思资本主义批判的空间视角，揭露了国家垄断资本不断追逐高额利润而有意识地进行空间生产和空间规划，突出了城市空间的规划以及等级化的空间结构；卡斯特尔斯借用马克思劳动力再生产、恩格斯的住宅正义、城市阶级斗争的思想来考察城市中的社会关系形态，认为城市空间是国家干预劳动力再生产而有意布局的集体消费的空间单元，集体消费的不均会导致城市斗争，突出了城市空间的政治干预与政治斗争部分。综合这三方面，我们可以看到垄断资本主义生产方式的逻辑从文化、政治和经济生产三方面嵌入城市空间中，城市一方面成为垄断资本的"运动场"；另一方面又在垄断资本的运动中成为垄断资本的"新产儿"，不断被垄断资本进行着空间景观、空间结构和空间社会关系的重塑，这就是垄断资本和城市空间双向运动的辩证法。

第一节　城市消费景观重塑：日常生活的全面异化

麦瑞弗德评论马克思恩格斯重视城市中的经济和阶级关系分析时说，"没有真正对城市中的日常文化感兴趣，也没有很深了解日常文化的含义。"[①]这一不足由本雅明、德波和列菲伏尔的消费文化批判视角进行了弥补，马克思主义者沃特·本雅明（Water Benjamin）（德国人，1892—1940 年）、德波（法国人）和列菲伏尔（法国人），继承的是早期马克思的人道主义立场和"异化"批

---

① Andrew Merrifield. *Metromarxism: A Marxist Tale of the city*, London: Routledge, 2002. perface p. 7.

判的理论资源①,他们基于马克思的商品拜物教理论,阐释了垄断城市的街道、百货公司等空间消费景观对人的日常生活的控制,更深入洞悉了资本营造城市消费景观对个人造成的隐形化控制和心理压迫,揭露了城市消费文化盛行造成的人的精神异化。

一、城市消费景观:"百货公司"代替"拱廊"

本雅明(Walter Benjamin,1892—1940),哲学家,出生于柏林,1912 年进入德国弗莱堡大学学习,获得慕尼黑大学博士学位,后结识了法兰克福学派的重要人物阿多诺和霍克海默。在 1932 年开始流亡至 1940 年自杀的 8 年间,本亚明写出许多光彩夺目的论文,如《作为生产者的作者》、《机械复制时代的艺术作品》、《单行街》等作品,完成了《巴黎拱廊街》写作计划中的三篇论文:《巴黎,19 世纪的首都》、《波德莱尔时代的第二帝国的巴黎》、《波德莱尔的几个母题》。② 在这些作品中,涉及了对文学、艺术、城市空间的哲学理论。《巴黎拱廊街研究》计划最能表现本雅明学术研究中的马克思主义倾向(虽然最终他只完成了部分内容),本雅明读过《资本论》中有关商品拜物教的章节,因此在《巴黎拱廊街研究》中对商品拜物教进行了严厉的批判,正如沙朗·佐京指出,"作为一位马克思主义者,本雅明将自己的研究界定为解开商品崇拜的面纱的方式。"③

本雅明对马克思商品拜物教思想进行了发展,他考察了自 19 世纪 50 年代以来早期大工业城市中的消费景观——拱廊街,认为它是资本主义早期大工业生产的产物,在拱廊的玻璃橱窗中隐藏着资本主义商品销售的秘密,自由竞争资本主义的一切繁荣的景象都浓缩在拱廊之中。拱廊街是商品拜物教在资本主义早期的集中体现,在 19 世纪中叶以来的巴黎,资本已经通过拱廊等消费景观主宰了人们的私人领域,诱惑人们去消费,商品深入到日常生活的每

---

①　Andrew Merrifield.Metromarxism:A Marxist Tale of the city,London:Routledge,2002.p. 28.

②　瓦尔特·本雅明:《本雅明文选》,陈永国等编,中国社会科学出版社 1999 年版,序言第 2—3 页。

③　莎朗·佐京:《购买点——购物如何改变美国文化》,梁文敏译,上海书店出版社 2011 年版,第 314 页。

一个细微的场所。正如沙朗·佐京在 1995 年所出版的《购物点：购物如何改变美国文化》一书中指出，"写过 19 世纪巴黎的拱廊商业街——我们购物中心的鼻祖——的文化理论家瓦尔特·本雅明强调的购物的特有元素今天仍然十分令人震撼。他将拱廊商业街描述为一个社会空间，一个代表的空间，一个人群混在的集市，同时也是一个——通过商品的催眠力量进行——社会控制的工具。"①

但是本雅明在《拱廊街》开篇提到了"歌剧院拱廊街"的拆毁以及拱廊街的衰落，那么在 20 世纪 30 年代拱廊为什么会衰落呢？这种衰落又显示着什么更深层的意义呢？是什么消费景观在兴起以代替拱廊街？回答了这些问题，我们才能更清楚地洞悉城市的消费景观是如何顺应了资本主义生产的变化逻辑，窥视到商品拜物教在城市空间景观中的表现、运作以及发展的伎俩。本雅明看到：到 20 世纪 30 年代，城市更新计划正在实施，巴黎整个地区"豪斯曼化"（houseman），最古老的一座拱廊正在被新建的豪斯曼大道所淹没，各色拱廊被废弃了，里面的商店如书店、小纪念品店、牙店、帽徽店等已经关门，一派衰败景象，拱廊已经变得黑暗和恐怖。② 城市道路四处扩建，各种新的商业大道和百货公司正在被规划、建设，公共集会的广场被新的交通线路和宽阔大道所取代，奥斯曼大街上老佛爷、巴黎春天等大型百货公司崛起，取代了拱廊中众多的私人商店位置。

拱廊在破败，那么代之而兴起的是更为宽阔的商业大街、大型的百货公司和商场，聚集在其中的是更为光鲜、昂贵的商品，在霓虹灯的照耀下生成了城市新的消费景观。资本主义的脚步走过了一百年，它即将进入一个新的时期——国家垄断资本主义时期，大资本吞并了若干的小资本，各大资本之间的竞争更为激烈，而商品销售场成为最刀光剑影的竞技场，于是大型百货公司取代了自由竞争资本主义时期的拱廊商业街，正如沙朗·佐京所认为的，19 世纪的巴黎拱廊商业街——购物中心的鼻祖通过商品的催眠力量来进行社会控制，但是百货商店取代了拱廊，20 世纪 20—60 年代是百货商店的黄金时期，

① 莎朗·佐京：《购买点——购物如何改变美国文化》，梁文敏译，上海书店出版社 2011 年版，第 314 页。

② 汪民安主编：《城市文化读本》，北京大学出版社 2008 年版，第 122—123 页。

"百货商店也吸收了越来越多的'设计师'和'代理人'——陈列展示设计师、市场营销主管,甚至协调员、心理学家和广告文案人员——的作品,这些人创造了各种方式将商店的物质嵌入在数百万人的日常生活中。"①

　　本雅明对商品拜物教和消费主义文化的批判使其可以归到法兰克福学派中去,法兰克福学派是在 20 世纪 30、40 年代兴起、以马克思早期的异化理论为资源来批判垄断资本主义社会的理论,本雅明的"拱廊计划"写作计划是应法兰克福学派的代表人物阿多诺的要求而进行对巴黎的考察。本雅明着重批判的是 19 世纪 50 年代以来巴黎的拱廊,拱廊的"实物商品诱惑"手段使人们陷入商品的包围中,这是自由竞争时期商品拜物教的伎俩,如果说在本雅明的视野中 19 世纪 50 年代后的巴黎,实物的商品还在拱廊的橱窗中"打滚",20世纪 30 年代商品开始大型百货公司中发出令人"沉醉"的光芒,商品拜物教已经像"幽灵"开始在新的百货公司和商业大道中"穿梭"。

二、城市消费空间:"街道"的组织与象征

　　20 世纪 40、50 年代,随着国家垄断资本主义的初步形成,资本主义的内在矛盾和生产过剩的危机加剧,消费成为关键问题关涉到资本主义再生产的循环,因此,控制消费成为垄断资本主义的焦点任务,正如列菲伏尔指出,垄断资本主义社会就是一个"消费被控制的官僚社会"。对消费的控制首先表现为对消费空间的控制,列菲伏尔批判了垄断资本主义通过城市规划来组织人们的生活空间、围绕着消费来组织和设计城市空间景观,从而刺激人们的消费欲望、组织、引导和培育了人们的生活方式。

　　列菲伏尔(Henri Lefebvre,1901—1991),法国哲学家,著名的马克思主义者,列菲伏尔是西方学界公认的"日常生活批判理论之父",也是城市社会学理论的重要奠基人,列菲伏尔在 1936 年首先提出了日常生活概念,其研究涉及异化、日常生活、城市、空间等主题,在 20 世纪 50—60 年代主要批判"消费被控制的官僚社会",1968 年出版了《城市的权利》,1970 年出版了《城市革

---

　　①　莎朗·佐京:《购买点——购物如何改变美国文化》,梁文敏译,上海书店出版社 2011 年版,第 11 页。

命》,1972 年出版了《马克思主义思想与城市》、1974 年出版了《空间生产》一书。"20 世纪 60 年代亨利·列菲伏尔运用马克思主义进行城市研究,关注意识的城市化、围绕城市权利的斗争以及资本主义发展中的'都市问题'等问题。"①麦瑞弗德指出,"他坚持将马克思主义集中在城市生活而不是工业制度,是街道而不是工厂,认为日常生活通过商品和对商品的需要被淹没了。"②

在马克思所处的时代,日常生活还处在被资本主义忽视的边缘地带,相对自由,但到了列菲伏尔所处的垄断时代,日常生活成为了"一个被商品不断殖民的领域,因此覆盖着各种各样的神秘、盲目崇拜和异化"。③ 大众的日常生活已经被有意识地进行组织、设计和控制,城市空间景观也顺应了垄断资本主义的生产和消费,表现出明显地被组织化、被象征化、消费化特征。在列菲伏尔看来,随着垄断资本主义对日常生活统治的加强,统治阶级越来越注重空间控制,城市空间景观因此也渗透着垄断资本主义的统治关系,列菲伏尔认为,"统治阶级的兴趣在于殖民化和商品化空间,使用和滥用环境和空间,大力建造意识形态化的纪念物,征服了整个地区和城市基础设施。"④

在列菲伏尔看来,城市空间是用信号、代码和标识系统来组成的,是被统治秩序规定的、是压抑的,代表的是统治者专横的信息传递。同时,城市空间景观承载着"消费"意象,"空间成为了工具,把消费主义关系(如个人主义、商品化)的形式投射到全部的日常生活中"⑤。街道是列菲伏尔探讨的城市空间景观的中心,在他看来街道这样一种空间成为一种制造压抑形式的"焦点",曾经作为公共聚会的空间场所的街道消失了,街道"变成了一个陈设,一个布满各种商店的走廊",成为一个使人"虚弱、异化"的新空间形态。

① 高鉴国:《新马克思主义城市理论》,商务印书馆 2007 年版,第 20—21 页

② Andrew Merrifield.*Metromarxism:A Marxist Tale of the city*,London:Routledge,2002.preface. p. 8.

③ Andrew Merrifield.*Metromarxism:A Marxist Tale of the city*,London:Routledge,2002.p. 79.

④ Andrew Merrifield.*Metromarxism:A Marxist Tale of the city*,London:Routledge,2002.preface, p. 8.

⑤ Henri Lefebvre.*Production of space*,Translated by Donald Nicholson-Smith,Maiden:Blackwell Publishing,1991,p. 86.

首先,街道被商品逻辑组织起来。在消费空间的毛细血管——街道上,本雅明视野中的拱廊已经变成大大小小的有秩序的商业街道群,街道被设计、被布展为一个审美化的视觉空间和消费空间,"在老的街道的现代化过程中,商品运用多彩的颜色和多样的样式使它们更具有吸引力"。[①] 它们通过在街道上橱窗中商品的陈列、展览唯美地展示着自身,已经变成"挑逗的、有吸引的景观",攫取着人们凝视它们的目光。凝视就是一种被控制,这就是城市消费空间产生的殖民——"象征的殖民",列菲伏尔认为这就是"城市空间的'殖民'",它发生在街道上,通过想象、宣传,通过物体的景观——一个物品体系变成了象征和景观",这就是街道的"一系列陈设"、"展览的物品"、艺术化组成的视觉性的消费景观空间,它蕴含着一套商品的逻辑,在"凝视和读取"的过程,这套陈列和"象征"已经转变"新资本主义社会"的一种意识形态,渗透到人的心灵深处。

同时,在街道上还组织了各种消费活动。在街道上各种各样的活动,共同营造一个消费空间景观。在列菲伏尔看来,权力机构赋权一些休闲娱乐活动如化装舞会、棒球和民间活动、虚假节日活动来占据着商业中心、街道,营造活跃的、艺术的消费空间气氛,在商业中心"伴随着装饰与非功能性的唯美主义,伴随着一些节日的仿真模特和游戏性的模仿"。[②] 而艺术、节日虚假气氛、虚假活动的营造,都是将城市空间符号化(signifying),空间因而成为权力关系和意识形态构想的空间,加入"高雅"、"艺术"、"身份"等象征意义,公开地宣扬一种现代主义的审美价值观和"消费崇拜",作为营造"新资本主义"社会充满生机意义的一种手段。

三、城市视觉影像:商品景观的凸显和弥散

列菲伏尔早期的"日常生活批判"、"异化"、"街道反抗"、"消费被控制的社会"等思想曾深刻地影响过居伊·德波,"列菲伏尔在 20 世纪 40 年代就提出的要关注生产领域之外的由消费建构起来的日常生活领域,这种观点正是

---

① Henri Lefebvre. *The Urban Revolution*, Translated by Robert Bononno, London: University of Minnestita press, 2003. p. 21.

② 亨利·勒菲弗:《空间与政治》,李春译,上海人民出版社 2008 年版,第 34 页。

情境主义者德波思考的逻辑起点"①。德波在 1967 年写成的《景观社会》一书,延续了本雅明开创的"视觉化"的审视道路,从各种视觉化的商品景观来审视资本主义社会,认为 20 世纪 60 年代末的"官僚资本主义"阶段——即国家垄断资本主义阶段,资本主义社会已经是一个"景观社会"。

"景观社会"是德波对垄断资本主义社会的一个总体描绘,也就是这是一个过度装扮、展示、表演的图景式的社会,这种"景观消费资本主义正忙着吞噬德波心目中的巴黎"②,德波"痛惜着巴黎的堕落",试图以游戏和艺术的形式反对各种景观化的存在,使他心目中的巴黎"得到恢复",保持"它在记忆中的形象"。德波沿着本雅明开创的视觉化审视资本主义城市空间的道路,以列菲伏尔的"消费被控制的官僚社会"为理论支撑,更深入地揭示了官僚垄断资本主义时代商品拜物教通过商品的视觉景观刺激人消费欲望的新机制和新伎俩,将对城市的视觉文化考察和日常生活异化分析推向了新的高度,正如麦瑞弗德指出,"德波大量混合了早期和成熟期的马克思的思想,警示了商品如何堕落到了一个新的深度,商品正在侵占日常生活,同时他将马克思主义的分析发展到另一个更新的高度。"③

德波借用了马克思早期的"异化"概念,将其转化为"分离"一词,德波认为"分离是景观的全部"。"分离"是德波进行景观批判的逻辑起点,而"分离"的场域是在城市化过程中展开的,"虽然资本主义的全部技术力量都对各种各样的分离形式有贡献,但是城市化对这一力量提供了物质基础,并为他们的部署准备了场地。城市化是真正分离的技术"④。因此,德波是在城市化中来考察分离的,城市化过程的新景观制造了人的新分离,形成了破碎化的人的都市生活空间。

第一,由汽车连接的"新城镇"景观制造了地理上的分离。随着私人汽车业的发展,私人汽车这一商品极大丰裕,资本主义生产不断运用广告中的汽车

---

① 张一兵:"德波和他的《景观社会》",载居伊·德波:《景观社会》,王昭风译,南京大学出版社 2007 年版,"代译序"第 35 页。

② Andrew Merrifield.*Metromarxism*:*A Marxist Tale of the city*,London:Routledge,2002.p. 102.

③ Andrew Merrifield.*Metromarxism*:*A Marxist Tale of the city*,London:Routledge,2002.p. 9.

④ 居伊·德波:《景观社会》,王昭风译,南京大学出版社 2007 年版,第 78 页。

景观持续劝说大众,汽车被标识为"发达资本主义力图扩展至整个社会的幸福观念的最引人瞩目的物质象征"。① 在这种虚假地被煽动起来的"伪欲望下",私人汽车的拥有量大大增加,高速公路网络建立起来,带动了城市空间结构的发展和新城市的空间规划,"巨大的购物中心建立在偏僻的地方并被停车场的大片田地所包围",目的是把"城市引向自我消费的程度"。② 郊区扩张了,并由于规划形成了由"市郊住宅区、高速公路、停车场"组成的"新城镇",德波认为这是一种既不同于原有的城镇,也不同于原有的"乡村",是一种介于"伪城镇"和"伪乡村"之间的"有组织的弄虚作假的景观","工厂、文化中心、观光胜地和住宅群"在新城镇开发出来,但在这种制造分离的新城镇中人们的闲暇生活被无所不在的"时装广告、便利和加工过的食品广告、电影明星和大量肥皂剧所统治"。③ 无所不在的商品景观制造出一群被隔离的、孤独的"人工的新农民"。

第二,以广告和明星为核心的媒介景观制造了人们心理上的分离。在德波看来,郊区购物中心的建立、新城镇的开发,是资本刺激消费的地理景观的重塑,同时资本开发还凸显商品视觉美感、刺激人消费欲望的媒介景观。德波指出在新闻、宣传、广告、娱乐表演中,景观成为主导性的生活模式,景观以广告为中心,以明星为代言人,"利用各种各样专门化的媒介"制造一种脱离现实生活的"伪生活情境",以唯美的、夸张的、表演的超真实来进行炫示化的凸显,以此来刺激人们的消费欲望、制造了时尚乃至整个日常生活方式。也正如张一兵教授所指出,"在今天的资本主义消费过程中,通过华丽的、令人炫目的凸状式展示,商品在高超的美学和心理学技巧的结构化广告中,在昭示着地位和成功品牌诱惑之下,生成了德波所讲的炫耀式的景观表象对人的深层心理筑模的下意识统治和支配"。④景观用虚假的影像来"改铸"真实的生活情境,日常生活因而成为了"景观和分离的王国",景观造成人们与真实世界的分离,景观代替了人对本真世界的感受和切身体验,隔断了人与外部世界的真

① 居伊·德波:《景观社会》,王昭凤译,南京大学出版社 2007 年版,第 117 页。
② 居伊·德波:《景观社会》,王昭凤译,南京大学出版社 2007 年版,第 79 页。
③ Andrew Merrifield.*Metromarxism:A Marxist Tale of the city*,London:Routledge,2002.p. 104.
④ 让·鲍德里亚:《消费社会》,刘成富等译,南京大学出版社 2008 年版,"序言"第 6 页。

实联系;景观还制造了人与人之间的分离,人们在单向与景观的联系中彼此加深了隔离,制造出个人的单子化和孤独感。德波指出,景观是"人与人之间关系分离和疏远的实质性表达",更深层次的分离还在于景观造成了人自身的分离,"使人们内在分离达到顶点"。

在德波看来,马克思时代的商品拜物教已经发展为景观拜物教,"商品拜物教的基本原则——社会以'可见而不可见之物'的统治,在景观中得到了绝对的贯彻,在景观中真实的世界被优于这一世界的影像的精选品所取代,然而,同时这些影像又成功地使自己被认为是卓越超群的现实之缩影"①。在马克思视野中,人与人的关系已经颠倒为物与物之间的关系,在德波的视野中这一物的关系再颠倒为虚幻的景观关系,也就是说,景观从商品身上撕下充满魅惑的外观表象,并用这一表象遮蔽、超越了商品本身,双重性地掩盖和支配了人与人之间的关系,这是对真实社会关系颠倒的再一次颠倒!

德波揭露了景观拜物教对人真实生活的侵占,倡导用游戏的方式来反抗官僚组织和市场化制造的"碎片化的"城市,重新回归他心目中巴黎那个"统一的城市"的记忆,呼吁将城市物理的分隔以及社会的分隔重新联合起来,着重强调那些被资本遗忘和包围"隐匿处和裂缝",在人行道、公园、广场等地点寻找日常生活中对城市分隔的反抗,寻求那些"神秘的角落、平静的广场、热闹的周边环境,不满流浪者的人行道,弯曲和老的计时器和戴着帽子坐在公园长凳上的人"②组成的"整体氛围"的城市统一体。在"整体的氛围"中,个人能真正参与到自己的生活、行为模式中去,实现"整体统一"的城市氛围,克服自身的分离、实现"自身的统一",这就是德波主张的主观革命的理想。

四、日常生活的异化与街道空间的反抗

本雅明分析了在巴黎 20 世纪 20、30 年代百货公司开始取代 19 世纪 50 年代以来流行的"拱廊桥",揭示了城市新消费空间景观的形成;列菲伏尔分析了在"消费控制的官僚社会"中,街道如何被组织起来渗透消费逻辑;而到

---

① 居伊·德波:《景观社会》,王昭凤译,南京大学出版社 2007 年版,第 10 页。

② Andrew Merrifield. *Metromarxism: A Marxist Tale of the city*, London: Routledge, 2002. p. 105.

20 世纪 60 年代末,德波更观察到了影像化的商品在城市中的视觉凸显以及对人日常生活的全面控制。本雅明、德波和列菲伏尔运用了马克思早期的"异化"思想、卢卡奇的"物化"和"工人阶级意识"等理论资源来批判商品拜物教,深刻剖析了商品拜物教在城市中的发挥机制、作用方式以及新的表现形式,将马克思对生产过程异化的批判扩展到对消费过程异化的批判,这是对马克思的继承和发展。

从本雅明所处的 20 世纪 30 年代,到德波和列菲伏尔关注的 60、70 年代初,正是垄断资本主义从孕育、发展和盛行的阶段,正如麦瑞弗德指出,"在 20 世纪 40 年代转向 50 年代期间,资本主义体系,因为它的内在矛盾和危机倾向实际增长了,于是扩展了它的生产能力,开始殖民那些还没有殖民化的部分的生活,扩展它的大网,将商品文化更深地嵌入社会结构和上层建筑之中。"①这一殖民扩展就是对日常生活领域的殖民,日常生活也屈从于商品拜物教的逻辑,一切日常生活都围绕着消费而展开,垄断资本主义为了在消费环节殖民化日常生活,通过控制城市日常生活空间,将消费异化渗透在城市的每一个角落,"在商品的影像和商品影像的景观中开始组织日常生活和城市空间"②,"空间被资本所俘虏,从属于资本的逻辑"③。

在资本主义城市中消费空间不断被营造、装饰和提升,背后最根本的原因是资本主义的内在矛盾——生产的社会化和生产资料私人占有的矛盾必然会带来生产过剩的危机。为了缓解这种危机,自 1929—1933 年的资本主义经济大危机以来,资本主义社会运用以凯恩斯为代表的国家干预主义,实施财政赤字和准通货膨胀的政策,组织公共建设,从而成功地走出经济大萧条泥潭,但是当这些手段的效应发挥殆尽之后,社会购买力下降,更大规模的生产过剩"扑面而来",因而在资本主义生产过程中消费成为突出的环节关系到资本主义生产的循环和持续,在城市中传播消费主义文化,开发和刺激消费者潜在的消费欲望,推动奢侈浪费性生活方式,成为垄断资产阶级关

---

① Andrew Merrifield.*Metromarxism:A Marxist Tale of the city*,London:Routledge,2002.p. 80.

② Andrew Merrifield.*Metromarxism:A Marxist Tale of the city*,London:Routledge,2002.p. 177.

③ Peter Saunders,*Social theory and the urban question*,London:Hutchinson Eduction Ltd,1986, p. 159.

注的焦点,因此城市购物空间"已经被政治改革家、变化的投资模式和社会阶层权力所塑造和重塑",①以形成一个能够刺激最大消费欲望的购物空间。

异化如此地渗透在城市空间中,本雅明、列菲伏尔和德波主张的反抗方式都是主张在街道上进行对消费殖民日常生活的反抗,街道在他们心目中是纠合了社会、政治和经济矛盾的一个坏的"晴雨表",因而也是一个孕育反抗的场所,是充满希望的斗争之地,街道是"挑战统治阶级权力的竞技场,是发动激进政治、提升激进城市主义的竞技场"。②

在列菲伏尔看来,日常生活的"平淡无奇"成为了工人阶级的中心问题,需要发展出反抗资本主义空间统治的新斗争形式③,城市街道作为一种典型的日常消费空间,呈现着一种街道的政治辩证法,一方面通过大众文化的景观视觉化美学、符号意象幻觉散播商品拜物教控制着大众的日常生活;另一方面也在街道空间中滋生出自发的阶级反抗的力量,街道是"控制—反控制"展开的场域,是工人反抗日常生活异化的新场所。城市街道提供了人群聚集的可能性,街道因此可以变成了一种斗争的舞台,工人阶级可以在街道上自发地表达自己、爆发抗议,爆发出一种展现盛况的创造力量,甚至可以改变日常生活。列菲伏尔指望通过唤起一种叫做"有生命的时刻"(就是节日)来改造日常生活,让"日常生活成为艺术品"。在他看来节日是一种喧闹的、快乐狂欢的生命体验,是自主在街道上手挽手进行的革命运动,是对资本主义控制日常生活的诗意的反抗。麦瑞弗德指出,列菲伏尔认为"街道担任了激进的剧场,释放着不符合传统的战斗性,这是列菲伏尔的马克思主义——他的节日马克思主义所要求的"④。1968 年五月革命运动正是列菲伏尔心目中的街道运动,但是这一尝试已然失败,这也表明列菲伏尔的乌托邦式的"节日马克思主义"主张在实践中的最终命运。

---

① 莎朗·佐京:《购买点——购物如何改变美国文化》,梁文敏译,上海书店出版社 2011 年版,第 11 页。

② Andrew Merrifield. *Metromarxism*: *A Marxist Tale of the city*, London: Routledge, 2002. p. 180.

③ Peter Saunders. *Social theory and the urban question*, London: Hutchinson Eduction Ltd, 1986. p. 153.

④ Andrew Merrifield. *Metromarxism*: *A Marxist Tale of the city*, London: Routledge, 2002. p. 83.

而国际情境主义组织的领袖德波的"马克思主义城市研究,像列斐伏尔一样,是一首真正的城市的超现实主义诗歌。他将对商品崇拜的批判推到了最深处。他将马克思主义的实践和浪漫诗歌带到了巴黎街道,有助于重新制定一种城市革命,一种诗意的城市革命,一种对日常生活的瞬时革命"。① 这既体现了德波直接受到马克思的工人阶级革命实践学说的影响,又显示了他思想中激进的乌托邦成分,这样一种游戏式的短暂的情境主义的反抗方式,脱离了工人阶级的整体运动,脱离了生产领域只着眼于消费领域和日常生活的反抗,只能是一种无产阶级运动的乌托邦,在实践中必然遭受到失败。

第二节 规划城市空间结构:垄断城市的"空间生产"

列斐伏尔对日常生活的批判使他成为 1968 年法国五月学生运动的精神领袖,但五月运动失败了,列斐伏尔因此思考五月革命失败的原因,他"开始认识到日常生活中都市环境的重要意义",发现城市的空间异化和城市空间的被控制是失败的主要原因,因此他沿着日常生活"被规划"的批判道路走到对资本主义的空间规划实践的批判,提出"空间生产"理论,"在历史唯物主义以及更广泛的批判理论框架中引入了空间",更深地揭示了垄断资本主义进行空间生产的过程和秘密,列斐伏尔也"成为西方马克思主义首屈一指的空间理论学家"②。列斐伏尔在 1970 年写成《城市革命》、1972 年写成《空间与政治》,1974 年写成《空间的生产》,提出了"空间生产"理论,开创了将社会历史过程和空间结构联系起来的分析视角,把对社会历史的考察空间化,这是列斐伏尔卓越的理论贡献,也是启发后来的新马克思主义学者哈维、索亚等人坚持"历史—地理唯物主义"立场的重要理论基础。

列斐伏尔指出,每一种历史上的生产模式都有一种特定的空间形式,"每

---

① Andrew Merrifield.*Metromarxism:A Marxist Tale of the city*.London:Routledge,2002.p. 110.

② 爱德华·W.苏贾:《后现代地理学——重申批判社会理论中的空间》,王文斌译,商务印书馆 2007 年版,第 73 页。

个社会都处于既定的生产模式架构里,内含于这个架构的特殊性质则形塑了空间。"①"所有的社会总是要在地面上生产出一个属于自己的空间",②在垄断资本主义时期,资本也需要"通过占有空间、通过生产空间",对空间进行组合、管理和形塑(包括利用、规划、设计和改造),"生产"出适合自身的空间。列菲伏尔认为正是垄断资本主义通过"重构空间"(包括全球地理空间和城市空间)从而消除"空间的限制"获得生存和发展的新机会,这就是资本的地理动力学,是处于危机中的资本主义寻找到的一个新的"灵感"(inspiration),这是列菲伏尔试图对马克思对资本主义最终危机的预测尚未实现而做出的探索性回答。

城市作为垄断资本的集中生存地,也"是一个在特定的历史时期内被社会行为塑造、塑形和投资形成的空间"③,也是被作为一种发明、生产、玩乐的新的生产——空间生产的类型。④"城市空间的生产"一方面指垄断国家权力围绕着生产、消费来组织和规划城市空间,生产出适合垄断资本主义生产的空间格局;另一方面,城市空间本身成为垄断资本生产出来的空间商品,银行家和建筑商投资房地产、休闲业、城市基础设施建设直接生产"投资"性空间商品,城市空间产品的生产过程本身也成为剩余价值生产的实现过程。

一、政府规划"中心—边缘"的城市空间格局

列菲伏尔认为不同于马克思恩格斯所处的时代是"空间中的生产(production in space),在资本主义的新时期——国家垄断时期,空间自身成为生产的对象、过程和产物,转变为空间的生产(production of space)"。空间中的生产并没有消失,但是它的能量之流、原料之流、劳动力之流与资本之流在更大的范围内流动,需要政权机构在一定空间架构内将各种"流"和生产网络联结起来,因此资本要凭借国家官僚政权力量对空间加以整合、划分、组织和规

---

① 包亚明主编:《现代性与空间生产》,上海教育出版社 2002 年版,第 48 页。

② 亨利·勒菲弗:《空间与政治》(第二版),上海人民出版社 2008 年版,第 122 页。

③ Henri Lefebvre. *Production of space*, Translated by Donald Nicholson-smith, Maiden: Blackwell Publishing, 1991, p. 73.

④ Andrew Merrifield. *Metromarxism: A Marxist Tale of the city*, London: Routledge, 2002, p. 95.

划,适应垄断资本主义生产关系再生产的要求对空间进行管理。

列菲伏尔认为,城市空间规划是一种资本主义统治的新工具,资本主义和国家运用都市规划来控制空间的生产,城市的空间被国家政权力量、城市规划专家、技术专家、建筑师共同分割,经过专门规划、设计创造、符号编码,围绕着垄断资本再生产循环的需要不断实行所谓的"城市提升计划",规划出"一个具有复杂内部秩序、等级层次和弹性结构的城市统一体",这是一个有着等级的、由交流沟通系统连接起来的有着弹性的"中心—边缘"的城市空间结构,以适合垄断资本主义的生产和再生产。

首先,规划和指派城市空间的等级层次。列菲伏尔指出,"今天的资本主义国家,两个主要的策略在起作用:新自由主义和新干预主义。新干预主义,着重在于城市地区的规划,提高了城市专家、技术专家、国家资本主义的干预,新干预主义侵占了'私人领域'。"①城市空间成为规划、指派的专门的领域和禁止的领域,它更细地分为工作空间、休闲空间和居住空间、白天空间和夜晚空间,根据城市的空间划分,白天是商品区域的空间,夜晚是娱乐空间,根据这些划分形成了城市的分区功能。② 城市中心地区被规划为商业区、被不断成长的娱乐场所、休闲业、文化产业所占据,新的商业、娱乐业、所谓的文化艺术业以及各种政府机构、信息中心、公司总部决策中心集中在城市中心并配之以一套等级化的符号体系,成为"中心化"的高等级区域。而原有的城市居民被驱赶到在空间等级价值上处于低等级的郊区居住,将城市中心打造成稀少、昂贵的"奢侈之物",制造出中心空间的稀缺性、昂贵性,保障垄断资产阶级独享的特权,进一步剥夺了工人阶级等无产者对空间的拥有,空间成为社会分裂的新鸿沟,正如麦瑞弗德指,"工人阶级被放逐到城市之外,或者被驱赶到新的巨大的超高层的建筑中,城市中心被资产阶级所征服,从此变成了他们的户外游乐场。"③

接着,操纵城市各空间部位的分离和联结。为了垄断资产阶级的再生产

---

① Henri Lefebvre.*The Urban Revolution*,London:University of Minnestita press,2003,p. 78.

② Henri Lefebvre.*Production of space*,Translated by Donald Nicholson-smith,Maiden:Blackwell Publishing,1991,p. 319.

③ Andrew Merrifield.*Metromarxism:A Marxist Tale of the city*,London:Routledge,2002,p. 84.

需要,垄断国家和政府操纵居住空间、工作空间和消费空间的分离和联结,并通过交通运输工具形成联结网络。列菲伏尔指出,第二次世界大战后欧洲国家开发了"大型集居"、"卫星城市"等,工人阶级被安排在独栋住宅、"大型集居区"、新城和卫星城之间居住,中心城区的商业、娱乐、休闲场所和郊区的住宅区形成的"中心—边缘"格局是"新资本主义"的新空间布局。工人远离城市中心被排挤在边缘空间,但是这些边缘空间对资本主义消费是重要的,因为这些边缘空间虽然"远离了生产,然而在组织化的消费中,在被控制着的消费中,这些场所被整合进了不同的劳动部门"①。于是资本主义国家和政府通过大力发展高速公路、航空、通信网络等公共交通网络和信息网络,工人居住在城市郊区,但被安排到城市中心进行休闲、娱乐、购物等消费活动。

最终,形成"中心—边缘"的城市弹性空间结构。列菲伏尔指出:"资本主义根据其要求(经济的、政治的、文化的等)在一定城市上分裂出郊区、周边地区、城外地区之后,城市同时变成了决策的中心和利益的源地。"②这样一个"中心—边缘"的空间格局,一方面,可以用中心来控制和剥削边缘。"除了政治决策中心和资本的经济中心外,都被当作是半殖民地来进行剥削,这包括城市的郊区、乡村,边缘生产区域和所有偏远的被雇员、技术人员和体力劳动者居住的地区。"③另一方面,这个等级化的空间结构可以通过中心对边缘的控制,控制更大的空间地域,实现"三位一体"——资本、劳动力和土地在空间中的充分有利的结合。资本充分利用边缘地域的劳动力、土地来进行空间生产,同时利用城市中的决策中心、信息中心来进行对边缘的控制,通过高速公路、航空和公共交通网络延伸了消费空间区域,使资本主义生产的控制能力更强、控制网络更广。

二、资本形塑"分割—碎片"的城市空间地貌

"组织空间布局"和"生产空间产品"是城市"空间生产"的两个方面,共同体现着垄断资本和政治权力合谋在城市空间中再生产出资本主义生产关

① Andrew Merrifield.*Metromarxism:A Marxist Tale of the city*,London:Routledge,2002.p. 35.
② Andrew Merrifield.*Metromarxism:A Marxist Tale of the city*,London:Routledge,2002.p. 153.
③ Henri Lefebrve.*Everyday Life in the modern World*,London:Penguin,1971.p. 58.

系,国家政权的城市规划理性和垄断资本的分散逐利冲动共同塑造了城市空间结构和空间面貌。一方面,国家官僚机构从宏观方面布局了空间结构;另一方面,资本追逐剩余价值的空间商品生产从具体细微处塑造了空间的具体地貌,这就是资本主义的城市地理学。

在列菲伏尔看来,正是垄断资本在空间生产上的逐利冲动,垄断资本弃传统制造业而进军建筑业、休闲业和娱乐业等新兴空间产业,这些新兴产业成为资本主义生产体系新的增长点,导致将原有工业领域的投资转向城市物质景观和空间环境建造上,因此"空间作为一个整体,完全进入了现代资本主义的生产模式:被利用来生产剩余价值"。① 这些领域的新兴产业将空间进行分割,各种空间元素如空间位置、空间资源如"太阳光、海水、沙滩、空气、位置"等空间元素被操纵为充斥符号意义的"表象的空间",空间因而成为渗透着"威信"、"地位"等符号象征意义的所谓"同质化的"、"可计量"的商品,可以在市场上被标以不同价格出售。正是在垄断资本对空间的分割、包装的生产中,城市空间呈现出一种"同质化—碎片化—等级化"的地貌特征。

第一,生产"空间动产":空间碎片化。列菲伏尔指出,空间生产不仅仅包括"不动产"的建设,还包括空间的动产化。"城市及其各种设施(邮局、火车站、货栈、交通体系和各种服务设施)是固定资本"②,也就是空间的不动产,但是固定资本投资周期长、回报慢、生产过剩,所以垄断资本转向生产空间动产产品的建筑业。这样"资本投资在房地产部门中找到一个避难所,一个支持性、补充性的剥削领域"。③ 在垄断资本主义时期,资本将"城市结构和它复杂的交流和交换的网络"也作为生产对象的一部分,将与土地附着在一起的泥土、地下资源、地面上的空气甚至光线等都纳入生产空间产品的原料范围,被加工到空间产品如房屋、楼房、公寓、停车场、游泳池、商铺等空间动产物之中,空间因此成为一种"同质的"、"可交换和可计量的"商品被生产出来,"自然,

① Henri Lefebvre.*Production of space*,Translated by Donald Nicholson-smith,Maiden:Blackwell Publishing,1991.p. 347.

② Henri Lefebvre.*Production of space*,Translated by Donald Nicholson-smith,Maiden:Blackwell Publishing,1991.p. 347.

③ 包亚明主编:《现代性与空间生产》,上海教育出版社 2002 年版,第 70 页。

作为空间,和空间一道,被分成了碎片,被分割了,同时以碎片的形式被买卖,并被整体地占据,按照新资本主义社会的要求,它就这样被破坏、被改变了"①。因此,空间产品依据不同的位置、不同资源、不同要素而生产出来,被一部分一部分地撕碎加以出售,这就在总体性的资本主义空间结构中显示出空间的碎片化、零散化。

第二,开发休闲空间产品:空间特质化。空间不仅被分割用以出卖,同时又异化为根据空间位置、独特性来衡量其价值的"抽象化的空间",这与资本主义新的生产部门的形成有着密切关系。列菲伏尔指出,资本主义在扩张中建立起了一些新的部门,这些新的支柱性产业部门,如休闲业和建筑业已经扩展到原有不被占领的地区,"在欧洲和那些先进的大工业国,娱乐已经变成了一个最为重要的产业。为了娱乐,人们已经征服了大海、高山和沙漠。娱乐业与建筑业联系在一起,以便让边缘地区和山区的城市和都市化进程,能够得到延续。"②桑德尔也指出,"休闲娱乐业和建筑扩展到那些还没有被农业和传统的工业生产占据的空间"③,大海、高山、沙漠在"娱乐"的名义经过空间建筑、设施的包装,成为新型的、可交换的空间产品。这些休闲空间产品"要求空间具有某些品质",于是空间元素的独特性被修饰、凸显、放大,附加了可视化的美感设计,制造为具有虚假特质化的空间产品——如有着海边、沙滩、阳光、沙漠、高山、清新空气的休闲空间产品。

第三,附加空间象征符号:空间符号化。建筑业、休闲业的空间产品为了突出特质以获得更高的交换价值,营造出一种列菲伏尔所称谓的"表象的空间","表象的空间"是被工程师、建筑师、城市专家、地理学家们构想出来的空间,是"通过想象和象征而被直接作为使用的空间,是想象力追求改变和占有的空间","是用象征和符号来表现的空间",与"威信"、"地位"、"身份"等象征意义有关,形成了一种隐形的空间权力,将"空间变成了象征性的使用"。在建筑业人们购买住房不仅仅是为了获得使用价值,而是为了获得引人注目

---

①　薛毅主编:《西方都市文化研究读本》第3卷,广西师范大学出版社2008年版,第44页。

②　亨利·勒菲弗:《空间与政治》,李春译,上海人民出版社2008年版,第137页。

③　Peter Saunders.*Social theory and the urban question*,London:Hutchinson Eduction Ltd,1986,p. 158.

的符号价值,人们"并仅仅是要购买一间(某种程度上)可以居住的、可以改变用途的、可以和他人交换的住宅……而是在符号学意义上引人注目的住宅"。这些符号关涉"威信"、"地位",通过广告话语的传播,营造出一种住宅的"高贵",使人心甘情愿地多花钱以购买符号价值。在休闲娱乐业中,阳光、海洋等被赋予"有钱有闲"等与"地位"相关的符号,这是一些标识等级区分的符号,"它是通过等级化的术语来表述的:优势、权力的占有和与权力的关系、具有一定的权威性的中心和场所。"①空间的"使用价值终结了",符号象征价值炫耀性地凸显其上,空间被符号化了。

在垄断国家权力重组的一统空间结构中,空间被等级化、碎片化、特质化、符号化,生成了一个分离的、不连续的空间,这是一个"断离的、碎片化的,是受到限制的空间,也是处于隔离状态的空间"②;但是空间同时又是"普遍抽象的",空间的抽象性是指普遍化的交换价值贯穿的"愈形均质"的空间。具体的空间产品在不同的建筑、地方、活动和交流中是具体有形的,但是在银行、商业中心、信息网络和法律、秩序组成的统治秩序中空间成为由商品价值和货币逻辑主宰的"抽象空间",空间的各种元素遵循商品交换的原则在市场上被标以不同价格出售,空间自身成为抹平所有的基于历史、自然的空间性差异而成为"同质的"、"可计量"的商品和奢侈品。

三、空间异化与"反异化"的城市空间斗争

列菲伏尔认为,空间生产是一种垄断资本的经济策略,通过对城市空间进行组织和规划,以有利于资本生产和消费,同时空间生产还是政治和意识形态的策略,通过空间生产,"资本主义社会关系通过空间结构在日常生活中再生产出来"③。城市建筑象征着资本主义生产关系,休闲空间的商品化反映着资本主义生产关系,住处空间的等级化也是资本主义生产关系的产物。反过来,城市空间又通过管理、规范日常生活维护着资本主义社会关系,成为资本主义

---

① 亨利·勒菲弗:《空间与政治》,李春译,上海人民出版社 2008 年版,第 109—112 页。
② 亨利·勒菲弗:《空间与政治》,李春译,上海人民出版社 2008 年版,第 37 页。
③ Peter Saunders. *Social theory and the urban question*, London: Hutchinson Eduction Ltd, 1986, p. 150.

维护统治的工具形式之一,"资本主义中的社会关系,也就是剥削和统治的关系,是通过整个的空间并在整个的空间中,通过工具性的空间并在工具性的空间中得到维持的。"①

(一)被指派的空间格局与生活异化

在列菲伏尔看来,城市异化为国家权力进行指定分配的空间物品,因此城市成为了异化的主要实施场所,列菲伏尔指出,"城市异化包括了所有形式的异化。通过异化,疏离变得非常普遍:阶级疏离、邻里疏离、职业隔离、年龄、种族、性隔离。"②

被指派的空间格局制造异化,列菲伏尔认为,资本主义工业或国家理性主义切断了城市,制造了城市的分离,城市的空间分离又意味着人心理层面的深层疏离。列菲伏尔介绍了一种法国"新城镇"类型,就像欧洲(或美国)出现的其他新城镇一样,这种城镇"全部的计划有一定吸引力:街区线水平和垂直交替着,街区的公寓看起来有着良好的规划和修建,我们知道它们的价格不贵,提供给居住者浴室、烘干室、很好的便利条件,他们可以坐下来听收音机、看电视,从他们自己的家里舒适地来凝视这个世界。国家资本主义把这些事情做得相当好。我们的技术人员和专家在这些地方倾注了他们的心血。"③但是每当列菲伏尔看到这些"居住的机器",他就感到非常恐惧。他认为这种城市化的范例是笛卡尔哲学的,通过划分人类活动的不同范围空间,进行城市各功能空间的划分,"人们被分配、隔离在指定的空间中",同时被剥夺了日常生活,造成人们之间的分离。

(二)控制空间与维护阶级统治秩序

垄断资本主义和国家合谋规划、生产出来的空间格局,对工人阶级进行集中管理,倡导标准化的生活方式、泯灭工人阶级的反抗意识,空间不仅异化为商品,还进一步异化为统治的工具。列菲伏尔指出,空间是政治的,工人阶级在空间中遭受到多种精致化的隐蔽的支配和控制,"空间越来越有效力,越来

---

① 亨利·勒菲弗:《空间与政治》,李春译,上海人民出版社 2008 年版,第 136 页。

② Henri Lefebvre. *The Urban Revolution*, Translated by Robert Bononno, London: University of Minnestita press, 2003. p. 90.

③ Henri Lefebvre. *Introduction to modernity. London: Verso*, 1995. p. 118.

越有针对性,其设计越来越精心。空间变成了工具性的。"①这种工具性的空间配合了国家垄断资产阶级威严的、极权的、标准化的统治方式。

第一,空间布局的分散化压制了联合。"二战"后垄断资本主义国家开发了"大型集居"、"卫星城市"等,工人阶级被安置在这些独栋住宅、"大型集居区"、新城和卫星城之间,分散在郊区居住。这样一种分散化的策略使工人阶级面对"普遍化的隔离,这就是群体的、功能的和地点的隔离","尤其是工人阶级,在空间中被重新分布了;有人以一种至今仍然让人难以想象的方法操控着这个阶级。"②这样一种地点上分离的操纵,从地理空间上压制了工人阶级的联合。第二,分离化的空间传播着标准化的生活模式。分散的居住空间、工作空间和休闲空间通过交通、通信技术联系起来,并通过增加空闲时间,鼓励工人越过"空间分隔"去进行消费,强加一种标准化的"消费超越空间"的生活模式,并不断驯服工人阶级对消费的认同。"这种现实,仅仅是在住宅(独栋住宅、或者标准的,也就是被标准化的'大型集居区')中被接纳的、最终被强加的'生活模式'的一幅图景。"③第三,空间的符号化撒播空间拜物教。通过空间的符号化传播"消费意识形态",消解工人阶级的革命意识。列菲伏尔指出,一套关于"权威的、社会地位的、资产阶级社会内部差异的符号"附加在空间产品上,这种符号的空间象征价值超越了空间的使用价值,于是占有空间、用空间符号来标识自己的社会等级、身份和地位成为追求的目标,在对空间符号的追逐中生成了对空间的消费崇拜,这就是空间拜物教。空间拜物教是商品拜物教的新形式,它同样通过不懈的"消费追求"泯灭了工人阶级的阶级意识。

(三)反抗"抽象空间"、构建"差异空间"

在列菲伏尔的视野中,空间中也存在矛盾的动力学和辩证法,城市空间既表现为商品逻辑统治的"抽象空间",也是为了消费制造出的断裂空间,"均质"与"断裂"并存,因此空间孕育着大量的矛盾——即使用空间和空间商品化的矛盾,也就是人们追求空间的使用价值和资本家追逐空间交换价值的矛

---

① 亨利·勒菲弗:《空间与政治》,李春译,上海人民出版社 2008 年版,第 150 页。
② 亨利·勒菲弗:《空间与政治》,李春译,上海人民出版社 2008 年版,第 138 页。
③ 亨利·勒菲弗:《空间与政治》,李春译,上海人民出版社 2008 年版,第 109 页。

盾,这种矛盾和斗争引起的城市危机是"发达资本主义国家的中心和基本的危机",正如索亚指出这种社会斗争"都是空间社会生产的内部斗争,都是对资本主义特定地理学的工具性以及不平衡发展的一种潜在的革命性回应"①。因此,列菲伏尔在资本主义的城市危机中提出了一个革命性的政治斗争构想:构建与资本主义"抽象空间"对应的社会主义的"差异空间"。

　　列菲伏尔用马克思关于"抽象劳动"概念来说明"抽象空间"的含义。空间被当做交换的产品、用价值来进行衡量,抛弃了具体形式的"抽象性",这就是"抽象空间"。"抽象的空间"还可以蔓延,越来越大的空间范围变成了"量化和愈形均质"的抽象空间,列菲伏尔指出,"资本主义与新资本主义生产了一个抽象空间,在国家与国际的层面上反映了商业世界,以及货币的权力和国家的'政治'。这个抽象空间有赖于银行、商业和主要生产中心所构成的巨大网络。"②列菲伏尔认为,空间反抗的目标是打碎资本对城市空间的"抽象同质化"和"城市中心化"不平衡,追求人人拥有"都市生活的权利",建立一个"多中心"的拒绝资本逻辑的"差异性"的空间。"差异性"空间是列斐伏尔空间批判的理论归宿,他认为,"差异"(difference)和分离(seperation)是有区别的,"差异空间"反对"生产主义标准"的空间表现,"它不接受资本积累和增长的要求"③。"差异空间"是"歌颂特性"的,维护"身体、年龄、种族、性别"的差异,是尊重各种人群差异"特性"的日常生活经验和感受的空间,它肯定了各种人群的城市生活权利和差异的权利,并主张构建出一种工人自我管理的自主性的都市日常生活。

　　只有通过社会主义运动才能建立起"差异空间"。列菲伏尔认为新的阶级斗争也应聚焦于"空间不平等",新的阶级力量是所有遭受到空间剥削、统治和空间边缘化的人,包括没有土地的农民和无产阶级化了的小资产阶级、妇女、学生、少数民族以及工人阶级本身。只有这种更广泛主体的阶级斗争才能打破空间在经济上的抽象同质化、打破国家对空间的政治性支配逻辑,"阶级

---

　　①　爱德华・W.苏贾:《后现代地理学——重申批判社会理论中的空间》,王文斌译,商务印书馆 2007 年版,第 107 页。

　　②　包亚明主编:《现代性与空间生产》,上海教育出版社 2002 年版,第 49 页。

　　③　Andrew Merrifield.*Metromarxism*:*A Marxist Tale of the city*,London:Routledge,2002.p. 91.

斗争介入了空间的生产,只有阶级冲突能阻止抽象空间蔓延全球及抹除所有的空间性差异"①,只有进行社会主义革命斗争,才能打破资本主义的同质化的"抽象空间",在社会主义社会实现"差异性"空间。列菲伏尔推崇从绝对空间—抽象空间—差异空间的辩证法,"差异空间"的形成因此和社会主义制度、社会主义革命理论联系起来。正如麦瑞弗德指出,列菲伏尔的空间辩证法认为,"抽象空间中孕育着差异空间的种子。抽象空间将被差异空间所洗涤。整体性的抽象空间一旦被打破,它还可以恢复成一个空间整体,可以酝酿出差异空间,一个社会主义和社会主义者的城市生活。"②

四、列菲伏尔"空间生产"理论的局限和价值

列菲伏尔从资本主义生产逻辑的视野来揭示资本主义的空间生产,从空间视角发展马克思的资本主义经济批判和文化批判,将历史唯物主义加入空间视野,发展马克思的资本积累、商品拜物教、阶级革命等思想,开阔了马克思主义的资本主义批判视野,是新马克思主义的杰出代表人物。但是列菲伏尔的思想也受到诸多批评,对其批评主要集中在两点:一是对其人道主义方法论的批判,二是对其空间中心观念的批判。

一是对列菲伏尔人道主义方法论的批判。批评者批评列菲伏尔从马克思早期不成熟的"异化"思想资源出发,揭示资本主义城市空间造成的人的异化状态,落脚在于追寻一个"非异化"的"理想的都市社会"。这样的分析方法会导致两个问题:一是,对城市发展变化的描述简单化。仅仅描述了城市空间状况造成的日常生活异化情形,但是对城市空间中各种政治权力、资本如何在空间中进行运作以及大众与政治权力、资本之间的交互关系没有得到更深揭示。二是,对城市的发展趋势理想化。沿着"异化"—"非异化"的路径,列菲伏尔构想了一个理想的"都市社会","都市社会"是与社会主义社会联系在一起的,并认为这个都市社会正在形成的、正在超越工业社会的社会形态。他对工业化是持否定态度的,他认为工业化曾经造就了城市化,而现在城市化正在取

① 包亚明主编:《现代性与空间生产》,上海教育出版社 2002 年版,第 50 页。

② Andrew Merrifield Metromarxism:A Marxist Tale of the city,London:Routledge,2002.p. 91.

代工业化,他理想中的"都市社会"将完全消除工业化和工业资本主义,达到一个"完全的城市化",列菲伏尔认为这是一个"旅途的顶点",在他的视界中城市发展因而呈现为一种自足的有着内在发展轨迹的过程。卡斯特尔斯和哈维20世纪70年代在批评列菲伏尔时指出,"城市化像以往一样有力,作为资本积累的助推器绝不能代替工业化。"①

二是,对列菲伏尔空间中心论的批评。批评者批评他"将城市表现为扎根在基本的社会和经济力量、生产关系之上的一个超结构的附属物"②,卡斯特尔斯和哈维批评他将空间问题处于一个过分自主的位置,将城市突出在整个资本主义的总体地形之上,实际上淹没了所有的社会关系和政治关系③,是另一种形式的空间至上、空间崇拜。如果将空间看做一个与资本主义经济结构完全独立的超结构,就会导致以下问题:一是,将空间生产逻辑与资本生产逻辑等同,这样就把"空间生产和资本发展等同看待",将空间生产视为与资本发展等同的历史过程,于是必然得出这样的结论,"全面批判资本关系也就必然对当代城市化发展持拒斥态度。"④二是,将都市空间生产的变迁完全看作是在资本主义经济逻辑下的变迁史,忽视了在经济逻辑下城市的独特历史维度和文化维度,"忽视了每个地方城市独特变量对城市发展和变迁的影响"⑤。城市原本的历史传统、历史文化资源、特色建筑、风土人情、地理位置也会形成城市一定程度上的空间特色,而且这中间还存在着人主观意志的选择,这是资本逻辑不能完全涵盖的相对独立的文化空间。三是,用空间冲突代替阶级冲突的倾向。将空间冲突作为斗争的中心,用空间产生的冲突取代工作场所中的冲突,有用空间斗争取代传统阶级斗争的倾向。四是,过分强调空间的"自主性",忽视了都市空间变化中人的主体性行动,人的主体选择、各种

---

① Henri Lefebvre.*The Urban Revolution*,London:University of Minnestita press,2003,foreword, p. 18

② Henri Lefebvre.*The Urban Revolution*,London:University of Minnestita press,2003,foreword, p. 10.

③ Andrew Merrifield.*Metromarxism:A Marxist Tale of the city*,London:Routledge,2002.p. 117.

④ 庄友刚:《西方空间生产理论研究的逻辑、问题与趋势》,《马克思主义与现实》2011年第6期。

⑤ 张应祥:《资本主义与城市社会变迁》,《城市发展研究》2006年第1期。

社会力量的政治协商和较量在空间形成产生的作用,也是影响都市空间变化的因素之一。五是,对待城市规划的不当态度。列菲伏尔对城市规划持绝对否定态度,认为城市规划仅仅是资产阶级统治的政治工具,规划师仅仅为垄断资产阶级服务,正是规划师制造了异化的城市空间、破坏了人们生活的自主性。但是城市规划客观上能不能有利于有效、合理地利用空间,会不会在一定程度上更有利于人们的生活,这是应该深入加以辨析的问题。

虽然列菲伏尔遭受到了诸多批评,但是他敏锐地观察到了国家垄断资本主义这一新的生产方式下空间包括城市空间生产的新趋势,重新恢复了自马克思恩格斯之后,被西方学术界包括西方新马克思主义者抛弃了的空间视角,强调社会历史的空间化考察,开启了马克思主义地理学逐步形成的关口。正如索亚所说,"在 20 世纪的马克思主义所有伟大的人物中,勒菲弗也许是最不为人所了解,也是最被人误解的人物。他卓尔不群,是后现代批判人文地理学的滥觞,是攻击历史决定论和重申批判社会理论空间的主要源泉。即便在今天,他依然是富有原创性和最杰出的历史地理唯物主义者。"[1]

第三节　都市社会运动焦点:对"空间干预"的反抗

卡斯特尔斯(Manuel Castells,1942—　)曾经是列菲伏尔的助手,但 1968年五月革命运动失败实际宣布了列菲伏尔、德波街道政治主张的失败,卡斯特尔斯毅然终止了他自身对人道主义的偏爱,转向拥抱阿尔都塞的结构主义。卡斯特尔斯 1972 年出版了《城市问题:马克思主义方法》一书,运用了马克思主义的政治经济学方法来研究城市问题,开创了"结构主义的城市新马克思主义";同年德波创立的国际情境主义组织解散,"因此 1972 年标志着一支马克思主义城市主义的衰退和另一支流派的开端"[2]。1978 年他写成了《城市、阶级和权力》一书,1983 年写成了《城市与大众》一书。卡斯特尔斯的结构主义立场认为,城市结构只是属于资本主义社会结构的一个子系统,应将城市结

---

① 　爱德华·W.苏贾:《后现代地理学——重申批判社会理论中的空间》,王文斌译,商务印书馆 2007 年版,第 65 页。

② 　Andrew Merrifield.*Metromarxism:A Marxist Tale of the city*,London:Routledge,2002.p. 113.

构与资本主义的新社会结构联系在一起进行分析,垄断时期城市结构是垄断资本主义结构(占主导的是生产方式逻辑)在城市中的铺展和显现。

卡斯特尔斯指出垄断资本主义国家通过组织劳动力再生产的集体消费过程,利用城市空间要素的布局来进行集体消费品的提供,城市因此成为集体消费的空间单元、场所和空间组织,国家政权组织按照集体消费来组织城市空间布局、设定区域分化、进行城市规划和干预,由于集体消费品在城市空间中的分配不均,导致大众反抗消费不公的城市社会运动。卡斯特尔斯的城市辩证法围绕着这样的逻辑展开:为了再生产劳动力——垄断国家政权组织干预集体消费过程——形成城市空间布局和集体消费品空间分配的不平等——导致大众风起云涌的城市社会运动。

一、城市是组织集体消费的空间单元

在卡斯特尔斯看来,资本主义结构会体现在城市结构上,因此城市结构是由其内部的经济、政治、意识形态系统构成的,城市结构也是由生产、交换、消费、行政和符号这五种要素和它们的诸多要素以某种特殊方式连接而成的特殊矩阵[1]。卡斯特尔斯认为在垄断资本主义城市结构的特殊矩阵中,居支配地位的不是生产要素(这不同于列菲伏尔和哈维),也不是交换的特定体系(这不同于德波和本雅明),居支配地位的是消费,而且是"集体消费",城市系统的功能在于通过组织集体消费过程以实现劳动力的再生产。卡斯特尔斯指出,"因此我们能够根据劳动力的集体再生产来对城市这个术语隐喻的现实进行重新解释,将城市单元、城市过程和资本主义生产方式下集体的劳动力再生产单元联系起来进行分析。"[2]

在《城市、阶级与权力》这本书中卡斯特尔斯勾画出"集体消费—劳动力再生产—资本主义社会关系再生产"的批评脉络,这本书"通过集体消费运用了马克思的社会阶级分析和劳动力再生产的概念","勾勒出在社会阶级、权力和城市体系之间关键关系的一些线索"[3]。卡斯特尔斯认为垄断国家按照

---

① Mannel Castells. *The Urban Question : A Marxist Approach*, Edwaed Arnold Ltd, 1977. p. 114.

② Mannel Castells. *The Urban Question : A Marxist Approach*, Edwaed Arnold Ltd, 1977. P. 445.

③ Mannel Castells. *City, class and power*, The macmilan Press Ltd, 1978, perface, p. 8.

资本生产方式的逻辑来干预劳动力再生产过程,生产和分配公共服务产品、组织集体消费过程,并根据集体消费品的提供来组织、规划和管理城市空间,通过这种干预劳动力再生产过程再生产了城市空间,因此城市空间是劳动力生产过程的产物。

　　集体消费是国家在组织集体消费品,如住房、医院、学校、社会服务设施、公共交通以及其他公共性的消费类型(如体育活动,"艺术电影院"、"美术馆"等体育文化公共物品)。卡斯特尔斯认为,在垄断时期资本主义生产方式的内在矛盾——社会生产和消费的矛盾更加剧烈,为了缓和生产过剩的危机,资本主义开始组织集体消费过程。垄断资本主义组织集体消费过程的出现有以下原因:第一,资本为了持续反对低利润率,将大众消费(家庭消费)作为重点领域进行开拓以保证生产过程的顺畅,刺激消费需求的增加,挑起"空白的消费领域","(通过广告、风格等)强化特定产品的使用,将人们的生活方式作为一种资本投资在这样那样类型的产品中能够带来巨大利润的功能"。①第二,因为"阶级斗争、工人力量的增长和群众运动的普遍化"提高了消费需求,其力量的增长也迫使资本主义国家改善消费需求。第三,交通、通信方面技术的进步也促进了消费的空间设施和技术条件。但是消费领域的矛盾即"消费过程增长的集体性和相互依赖性与它被私人资本支配之间的基本矛盾"②存在着,有些公共产品领域利润少、投资周期长,私人资本不愿意介入,为了保护垄断资本的利益,国家承担能够缓和社会矛盾和再生产劳动力的公共产品的生产和服务,于是集体消费就从大众消费中脱离出来了,成为专门的国家组织和干预的消费领域。

　　卡斯特尔斯指出,组织集体消费以再生产劳动力,就需要提供住房、医院、社会服务、学校、休闲娱乐设施和文化设施等集体消费品。资本主义国家政权组织是集体消费的主要提供者,它发起和调整了公共住房、学校、地铁、公共汽车、火车、资助医院、处理城市废物,经过城市规划机构进行都市区域分化、空间规划、城市设施的空间布局等城市干预活动,城市空间因此表现出集体消费

---

① Mannel Castells.*City,class and power*,The macmilan Press Ltd,1978.p. 18.

② Mannel Castells.*City,class and power*,The macmilan Press Ltd,1978.p. 18.

的组织过程。比如,为了解决二战后的住房危机,法国实行"城市更新"政策,并在郊区建设大量的大型社会住宅区,形成一个更高水平的有利于城市体系再生产的空间结构。

国家进行公共产品的生产,并干预和组织集体消费过程,有助于缓和阶级矛盾,同时集体消费品的供给有利于劳动力的再生产,包括提供现有劳动力的体力和智力恢复的基本生活需要,也包括通过教育、培训来再生产新的劳动力以及现有劳动力的劳动能力的提高,因此组织集体消费维持了劳动力再生产必需品维持的最低水平,减少直接的工资成本,最终有助于垄断资产阶级的利益。对集体消费的干预也是一种"政治实践干预",国家干预的集体消费抵消了生产过剩和再生产的危机,减轻了资本主义系统的内在矛盾,但是又释放出新的矛盾,这就是新的城市问题产生了,于是"城市成为政治冲突新的竞技场"①。

二、集体消费品的空间分布不均

对城市的空间干预就是国家围绕着集体消费而进行的城市空间的生产实践,对城市的空间干预形成了集体消费品的空间分布样态,在城市空间布局和分配上,表现出明显的阶级差异和空间不平等问题,从而深刻地影响了城市的空间结构、空间面貌和空间关系。

第一是住房空间布局的阶级分异。垄断资本主义时期城市的空间结构中仍然存在着恩格斯所指出的住房上的阶级分异。垄断资本主义时期的城市空间结构是"中心—郊区"的空间结构,住宅区的规划是与这一结构联系在一起的。公有住房是典型的集体消费品,既使是公共住房也是由国家补贴私人资本来进行建设的,但是它们仍然要计算"投入—产出"的利润公式,公有住房的获得因此也设定了一套标准,如未登记的边缘人、没有"支付租金能力的家庭"被排除在公有住房获取之外。郊区的公共住房项目的选择地址是在"城市里最便宜的土地上进行建设,包括在条件较差的远郊区,或者那些基本生活

---

① Andrew Merrifield.*Metromarxism:A Marxist Tale of the city*,London:Routledge,2002.p.120.

服务设施还没有建设好居民便入住的环境较差的居住区"。① 这些地方土地成本低,前期投入少,这些住房建筑在最便宜的地方、以最快的速度建设起来,被下层阶级所挤满,没有任何质量和舒适上的要求。与此相对照的是,美国和欧洲的城市中心的"类乡村地区"是一种主流阶级和中产阶级占据的高档社区,环境优美、公共设施配套齐全。

第二是学校系统和文化设施的空间分异。学校系统和文化设施的空间分布也是不平等的,文化设施如艺术馆、美术馆、好学校布局在城市中心地区和较好的城市地区,主流阶级和中产阶级"居住在城市中心新的现代化的超豪华和自给自足的建筑(通常是城市更新项目)里,在大型企业总部工作,独占了城市中心区的休闲娱乐和文化设施"。② 而在郊区等城市边远地区,学校稀疏、文化设施比较少而且品位低,不同阶级的年轻人因为"学校系统和城市结构中处于不同地位",而导致了所享有的文化设施也是不平等的。

第三是空间联结网中交通条件的阶级差异。由于在社会阶级结构中处于不同的位置,对工人阶级来说,城市内部空间不断扩散(虽然依靠交通和信息联结起来)导致工薪阶级的生活不便,"趋势是活动的空间扩散不断加剧,不断走向分离,居住、就业、娱乐、购物等之间的分离越来越明显,从而使他们增加了对交通手段的依赖。这种依赖引发了新的社会分裂和新的矛盾。"③对公共交通的依赖成了"不方便、拥挤、压抑、时间紧迫"的同义词,于是产生了对汽车的需求和依赖,但是这又导致新的不平等,市区交通道路等的设置是以个人化交通为基础的,公共交通大量萎缩,于是排除在私人汽车之外的人(老人、青少年、丈夫开车上班后的家庭主妇、病人和大多数没有汽车的人)被"困在设施不完备的住所里",从事着单调的诸如看电视剧般单一活动,这就是"发达资本主义社会被压抑的日常生活形态以及社会差距"。

卡斯特尔斯认为,所谓的"城市问题"本质上是集体消费的矛盾带来的问题,从根本上代表垄断资本利益的国家在对城市中的集体消费进行干预的过

---

① Mannel Castells.*City,class and power*,The macmilan Press Ltd,1978.p. 24.

② 曼纽尔·卡斯特:《发达资本主义国家的集体消费和城市矛盾》,《国际城市规划》2009年增刊。

③ Mannel Castells.*City,class and power*,The macmilan Press Ltd,1978.p. 29.

程中,城市公共消费品在空间上的分配不均导致了新的社会分裂。第一,集体
消费品分配不公带来的新的社会分裂。公共产品分配不均,使得获得和使用
某些公共服务方面出现了新的社会分裂,包括从住房条件到工作时间,还包括
健康、教育、娱乐、文化设施的水平与类型的不平等。如公共住房分配中"建
立在收入、就业和教育基础上的不平等的来源,进一步被强化了"①,城市中未
结婚的年轻人、未被登记的失业人口、未被承认的病人、残疾人、外来移民工人
被限制在外;在交通条件上,老人、青少年、家庭主妇、病人、没有汽车的车被排
除在私人交通体系之外。这些不平等直接依赖于个人的"收入、教育及职位,
并确立了集体消费的水平和方式以及和城市系统的关系"。② 第二,集体消费
品分配不均引起工人阶级内部的分化。在集体消费品使用中,固然可以看到
上层阶级和工人阶级之间的社会分裂,但也可以看到工人阶级内部也因为集
体消费品的获得产生的新分化,在工人阶级内部分化出多样化的层级,"集体
消费使由阶级体系决定的社会阶层延长和专门化了",把阶级对立分成广泛
变化的不同类别和阶层,原有的工人阶级分化出来更多在集体消费中处于不
同地位的阶层,阶级不平等表现为与集体消费相联系的更复杂、更宽泛的等级
性矛盾,这些矛盾与生产关系导致的矛盾有着关联,但又不完全一致。

三、反对集体消费品空间不均的城市社会运动

卡斯特尔斯批判垄断国家对集体消费的空间组织是指向城市的政治学,
他的理论最终落脚点是都市社会运动,他认为集体消费的实行是国家为了缓
和因公共消费品不足引起的阶级矛盾和社会矛盾,但是集体消费过程又导致
公共产品及公共服务分配上新的社会不公平,由于集体消费品在空间上分配
不均的新形式导致了风起云涌的城市斗争,底层民众纷纷参与反对空间不正
义的"城市社会运动"中,卡斯特尔斯指出,"城市化过程中不断增加的矛盾,
日益增加的针对都市政策的社会冲突,以及 20 世纪 70 年代初期一些有力的
都市抗议的萌芽,使我们相信一个新的社会斗争形式已然升起"③,这就是城

---

① Mannel Castells.*City*,*class and power*,The macmilan Press Ltd,1978.p. 23.
② Mannel Castells.*City*,*class and power*,The macmilan Press Ltd,1978.p. 34.
③ Mannel Castells.*City*,*class and power*,The macmilan Press Ltd,1978.p. 36.

市社会运动。

"垄断城市"就是根据垄断资本需要来规划城市、实行"城市更新","安置、复兴、改善与保护"一个限制性的排外的上层阶级的居住、工作和休闲空间,而将大众的生产区、购物区、居住区等功能区安置在边缘,同时对大众的日常生活进行"最有力和最精细"的社会控制和意识形态控制。但是垄断资本主义阶段进行都市更新或区域重建,用都市重塑来展现自身需要的价值观、意识形态和生产需要的过程中,也会遭受到来自多种社会行动者反支配的矛盾和冲突,如在都市社会运动中社会行动者提出一套"与制度化的都市意义"的"替代计划",如旧居民对城市区域重组的抵制、捍卫棚户区的活动、地方社区对国家垄断的大众传媒的反抗、要求新的集体消费品的新城市运动。这种反抗分为三类:一是"集体消费工会主义"。这种运动联结消费需求,追求"以使用价值为核心"而不是以交换价值逻辑来组织的城市功能空间,达到集体消费的改善。二是"社区运动"。这种运动寻求社区文化,反对垄断城市的一统资产阶级文化控制,"寻求维护和创造种族或历史的地方自主文化"①,也就是争取社区自治,反对垄断资本主义国家对文化的垄断而造成的文化标准化,如中产阶级的邻里协会等运动。三是"市民运动"。寻求城市管理的政治自治,"增强地方政府的力量、邻里分散化和都市自我管理",对抗集权国家对城市的整齐划一的领土管理。

在1983年出版的《城市与大众》一书中,卡斯特尔斯认识到了现实中城市社会运动与工人阶级政治运动结合的趋势并不明显,因此转向着眼于观察城市社会运动中大众通过自身的主体力量、通过民主形式来参与国家权力机构的谈判和协商的政治事件,认为这形成了比阶级联盟更宽广的"反资产阶级的联盟",这些政治实践活动也会在一定程度上推进民主化,通过民主政治改变大众与垄断阶级的力量对比,可以唤起人们的民主意识和反抗意识,这些斗争虽然不能根本推翻资本主义结构,却可以使资本主义统治的结构化逻辑变形,可以在一些特定方面影响到国家机器功能的改变,孕育"明日社会运动

---

① 曼纽尔·卡斯特:《一个跨文化的都市社会变迁理论》,陈志悟译,《国外城市规划》2006年第5期。

的胚芽",这是城市社会运动的现实价值。正如麦瑞弗德评论道:城市社会运动推进了社会的民主管理和城市规划的力量,"城市社会运动是他们斗争以广泛地表达自身的行动,渗透入国家、反抗国家,发展出一个当地的基础,将它们的使命到处扩展,推动它们的议程沿着模糊的火光点燃民主的道路"①,可以增加大众参与城市空间管理,冲突斗争的矛盾性过程中可以改变城市的政治权力关系格局,建立新的城市政治关系,在斗争中塑造新的城市意义,规定城市新空间功能、表达新的城市象征,从而推动城市空间形态变迁。

四、卡斯特尔斯"城市政治学"思想的局限和价值

卡斯特尔斯从城市政治学的视角、以结构主义的方法,继承了马克思的"劳动力再生产"、恩格斯的"城市空间分异"、城市"阶级斗争"的思想,探讨了在垄断资本主义时期围绕着集体消费而产生的新形式的城市斗争,麦瑞弗德指出,"卡斯特尔斯的城市辩证法一方面是围绕着劳动力再生产展开,另一方围绕着集体消费的社会斗争。"②卡斯特尔斯的思想也受到诸多批评,对其批评主要集中在:一是批评他对集体消费的唯一关注而遮蔽了其他问题。二是批评他将组织集体消费形成的城市空间固定化。

一是,批评他将"城市狭窄为消费"。批评者认为他不仅将垄断资本主义社会的其他矛盾,如"私人消费问题、生产问题、交换问题、政治统治、意识形态霸权等问题等遮蔽了,也忽视了城市的零售业、制造业、运输业、娱乐业等其他过程"。③ 麦孔恩(McKeown)评论道,"卡斯特尔斯太多关注集体消费将其作为城市区域的明确的特征,而忽略了城市的其他过程(如生产,财产发展等)","每个城市区域都有三个基本的过程。第一过程是城市的物理体系的生产和再生产过程(建筑物和基础设施),这个过程包括集体消费的生产。第二个过程是这些物理体系运用于其他商品的生产过程。第三个过程是这种物

---

① Andrew Merrifield. *Metromarxism: A Marxist Tale of the city*, London: Routledge, 2002. pp. 127-128.

② Andrew Merrifield.*Metromarxism:A Marxist Tale of the city*,London:Routledge,2002.p. 131.

③ Peter Saunders.*Social theory and the urban question*,London:Hutchinson Eduction Ltd,1986. p. 252.

质结构用于最终消费的过程。这三个过程是同时发生的,组成了一个城市区域。集体消费只是这些过程中的一项而已。因此,城市问题应该比卡斯特所讲的集体消费的范围更广"①批评卡斯特尔斯脱离了生产去谈论集体消费,也没有揭明个人消费和集体消费的区别。

　　二是,批评他将城市空间的形成过程简约化。卡斯特尔斯眼中的城市是在垄断资本逻辑下模式化的先验的城市空间,而麦孔恩认为城市应该是一个形成中的过程,"应将城市当作一个形成的区域,城市包括了建筑物组成在空间集中的物理体系(例如房子、工厂、办公室、商店等)和基础设施(如道路、供水管道、电力系统,公园等)"②,应分析城市的这个空间要素怎样通过一定的过程而展开,这些问题由后来者哈维从资本循环的角度进行了探索,探索围绕着资本积累的需要如何从过程上形成了城市的物质景观和空间要素。

　　虽然卡斯特尔斯对垄断资本主义城市空间结构的分析有着简单化、固定化的倾向,但是他聚焦于集体消费产生的政治问题,并运用结构主义方法透视了集体消费背后的资本主义结构。卡斯特尔斯借鉴马克思恩格斯的"劳动力再生产"、"住房的空间差异"、"阶级斗争"等理论,发展了城市的政治学,这就是卡斯特尔斯集体消费理论和城市斗争理论的价值所在。一方面,城市成为了延伸的政治统治体系的"手臂"。卡斯特尔斯进一步将垄断城市认定为垄断资本进行政治统治的工具,通过城市干预和控制来实施政治统治和意识形态渗透。这可以让我们深刻把握垄断时期资本和国家经济和政治的"合谋"在城市中的表现,看到资本主义国家政治霸权的新伎俩以及政治控制的隐蔽化、城市斗争新的多样化形态。更清晰地把握资本主义的发展脉络和霸权逻辑的转换。另一方面,城市社会斗争的主体多样化和宽泛化。他探讨了多样化城市社会斗争的现实意义,力图寻找多主体的城市社会运动对资本主义结构的反抗力量,如新形式的妇女运动、生态运动、种族运动等都可以使传统工人运动的概念更宽泛,但同时强调了城市斗争要联结、上升为反对资本主义生产

---

① Kieran Mckeoen.*Marxist Political Economy and Marxist Urban Sociology*,the Macmillan Press LID,1987.p. 98.

② Kieran Mckeoen.*Marxist Political Economy and Marxist Urban Sociolog*,the Macmillan Press LID,1987.p. 98.

关系和政治体系的"新社会运动"的目标,使我们能看到新的"阶级运动"正在孕育、生成了充满希望的革命斗争形式。正如艾拉·卡茨纳尔逊指出的,"城市社会运动——与工人阶级的工会和政党合作——正像更老的以工厂为基础的劳动力与资本之间的冲突那样,必定具有影响社会发展轨迹和转向社会主义可能性的潜力。城市运动因此代表了反资本主义工人阶级斗争的一个强有力的、有前途的场所。"①

第四节　"垄断城市"空间重塑的现代主义文化逻辑

正如麦瑞弗德指出,垄断资本和垄断国家结合"生出来的一个孩子"②就是"垄断城市"(Monopoly City),新马克思主义城市学者利用马克思恩格斯的理论资源,如阶级斗争理论、剩余价值理论、商品拜物教理论、居住空间分异理论、资本循环等理论,本杰明和德波从城市消费景观、列菲伏尔从城市空间结构、卡斯特尔斯从对空间干预的反抗等对垄断城市空间分析切入对垄断资本和垄断国家的新批判,并提出城市空间正义的理想以及实现理想的斗争路径。一方面,作为新马克思主义者城市学者,他们的这些以"城市空间"为视角的分析丰富了经典马克思主义的资本主义批判,揭露了垄断资本主义时期资本生产和国家政治统治的新方式;另一方面,我们也可以从中分析国家垄断资本主义的经济生产、文化和政治统治如何作用、渗透、印照在城市空间的空间结构、空间景观以及空间关系上并引起"垄断城市"的空间重塑。因此"垄断城市"呈现出以福特主义为主导的工业化时代的城市空间特征,强调城市明确的功能分区、理性的功能联系、标准化的空间组织、空间需求的高消费形态等③,这是福特主义生产方式与讲究理性秩序的现代主义文化"联手"绘制的城市空间形态。

---

① 艾拉·卡茨纳尔逊:《马克思主义与城市》,王爱松译,江苏教育出版社 2013 年版,第110 页。

② Andrew Merrifield.*Metromarxism:A Marxist Tale of the city*,London:Routledge,2002.p. 121.

③ 张京祥、罗震东等:《体制转型与中国城市空间重构》,东南大学出版社 2007 年版,第14 页。

一、福特生产体制与"垄断城市"的空间结构

福特主义是20世纪20年代到70年代早期美国以福特公司为代表的新的工业生产模式,福特主义是以分工和专业化为基础,以一种以集中化的劳动组织和大规模生产消费性商品为特征的密集型、粗放型资本积累战略。20世纪中期以后,随着福特主义生产体制在发达资本主义国家的大规模扩散,发达资本主义呈现出福特主义的典型特征,也就是说,福特主义生产体制是适应国家垄断资本主义的一种工业生产模式。福特模式是"资本密集型、标准化生产和郊区化导向"的经济增长模式,是建立在大规模生产、大规模消费、大规模郊区化和一个广泛建立的"社会契约"之上,"这种契约把大的资本(以汽车工业为象征)、巨大的国家劳动联盟和经济中的大政府干预结合起来刺激增长,并且提供延伸的社会福利"①。福特主义意味着垄断国家在经济、消费和劳动力再生产领域和政治管理中干预力量的强化,来为垄断资本的最大利益扩张提供保障条件。

这就导致了垄断国家和政府"联手"按照福特主义的生产体制进一步改造城市,将城市"在劳动力、交换和消费形式方面作为资本主义社会再生产的控制点"②,因此改造城市空间结构、组织与刺激城市日常生活、干预集体消费品分配与控制劳动力,都显示了国家和政府垄断和控制力量的强化,也因此依照资本主义生产的福特方式重塑了城市的空间结构、空间形态和空间社会关系,从而显现出"垄断城市"的特征。

第一,形成扩散式的城市空间结构。在垄断时期由于通信技术和交通技术的发展,钢铁工厂、石油冶炼和造船厂等大型垄断企业的生产,对"城市空间位置要素(如自然资源和专门的市场)"的依赖减弱,资本的垄断集中形成的标准化管理模式,是"功能上相互关联的机构走向空间分散的根源"。③ 交通和通信技术的发展,为垄断生产环节各链条布局在更广阔的空间范围提供

---

① Edward W Soja:《后大都市——城市和区域的批判性研究》,李钧等译,上海教育出版社2006年版,第141页。

② 爱德华·W.苏贾:《后现代地理学——重申批判社会理论中的空间》,王文斌译,商务印书馆2007年版,第143页。

③ Mannel Castells.*City, class and power*,The Macmilan Press Ltd,1978.p.26.

了技术条件,不同的空间位置随着资本的工业生产、运输和流通的效率而从事专门化生产。城市空间结构不断分散,各功能区之间空间距离拉大,促使城市结构向着相互依赖的区域系统分化方向发展,同时各个区域功能区之间是相互依赖的,通过电气技术和通信网络连接起来,形成一个不可分解的城市扩散结构。"生产工具、管理单位、劳动力、市场和消费工具集中在一个新的巨大而复杂的空间单元楼形式中,即大都市区(metropolitan)。"①

第二,形成了中心—边缘的空间秩序。这一时期出现了大规模的郊区化、依靠密集的交通和运输网络连接郊区和城市中心,形成"中心—边缘"的等级化空间结构和空间秩序,"中心—边缘"的城市空间结构是国家垄断资本主义的福特方式所需要的空间形态,正如索亚指出,"福特方式强调了集中化,同时又促进非集中化。金融和政府部门以及公司总部设在中心城区或者周边地区是集中;它把正在发展中的中产阶级、制造业以及维持郊区生活模式的大众消费的基础结构置于郊区。"②索亚也列举 1950—1975 年福特主义工业城市洛杉矶的郊区化扩展,这成为福特主义工业扩张下国家管理的工业大都市的缩影,将"城市生活推进到过分依赖汽车并由国家慷慨资助的"边远地区的建设③。城市学家戴维·鲁克斯指出,"在 20 世纪 50 年代以后,美国的大部分城市转到了郊区,低廉的房屋抵押贷款、私人廉价汽车、联邦政府对高速公路的资助、郊区商业购物设施的建造,使美国的特征从城市变成了郊区。"④

第三,依靠信息技术连接成一统的城市空间。城市空间中建造起银行、商务中心、信息大楼、决策大厦、企业等生产性设施,布局了铁路、公路甚至航空线路和电话为主的流通网络,在郊外空间布局了郊外停车场、大型超市、大型住宅区、图书馆、学校、医院、游泳池等体育运动和文化场所等城市公共设施以及动物园、游乐场等休闲娱乐建筑。由于大型公共住宅项目布局在郊区,造成

---

① 曼纽尔·卡斯特:《一个跨文化的都市社会变迁理论》,《国外城市规划》2006 年第 5 期。

② Edward W Soja:《后大都市——城市和区域的批判性研究》,李钧等译,上海教育出版社 2006 年版,第 314 页。

③ 爱德华·W.苏贾:《后现代地理学——重申批判社会理论中的空间》,王文斌译,商务印书馆 2007 年版,第 297 页。

④ 戴维·鲁斯克:《没有郊区的城市》,王英、郑德高译,上海人民出版社 2011 年版,第 9 页。

工人居住场所和工作场所之间的空间分离,娱乐和居住场所的分离,需要城市中心白天的集中和晚上分流这样的流动节奏,在这其中技术发挥了重要作用,电气资源、电车轨道、机动车、通信网络使得城市扩散到很远的地方,同时城市内部能通过通信和交通将城市的各个功能区联结起来,组成一张将居住和生产、娱乐、购物中心联结起来的交通巨网。同时,将商业总部在某些区域集中,将生产分散在某些区域,通过信息技术如电报、无线电通信、电传等方式,将"生产及分配中心"各等级化的分散空间联结起来,形成有着等级化、内部联结的一统的空间结构。

二、现代主义文化与"垄断城市"的空间景观

福特主义"大规模的生产意味着大众消费、劳动力再生产的新体制、劳动控制和管理的新策略、新的美学和心理学"。① 福特主义的生产逻辑勾勒了垄断城市的空间结构,而现代主义的文化逻辑雕刻了垄断城市的空间景观,从文化意义上来说"垄断城市"也可以称为"现代主义城市"。如同詹姆逊所认为的"后现代主义是晚期资本主义的城市逻辑","现代主义则是垄断资本主义的城市逻辑",国家垄断资本主义运用现代主义的美学原则和文化逻辑来组织城市空间、雕刻空间景观,"垄断城市"在空间景观上呈现为庞大的摩天大楼鳞次栉比、威严庄重,城市公共设施规整、秩序化,依靠庞大的交通网络维持着城市"中心—边缘"的空间等级秩序,整个城市呈现出标准化、秩序化、理性化、科学化的城市风格和风貌,这正是讲究科学、理性、等级、权威、秩序的现代主义文化在城市空间中的逻辑铺展。

第一,城市建筑及空间的标准化、秩序化和僵硬化。在城市规划上,现代主义的城市规划"奉行功能分隔、汽车主导"②,以"明晰的理性"为原则,讲究严格刻板的等级制分区,住宅区、商业区、休闲区以及边缘空白区按照严格的规制建立起来,迈切尔·迪尔(Michael J.Dear)指出,"现代城市规划的基础和

---

① 戴维·哈维:《后现代的状况:对文化变迁之缘起的探究》,阎嘉译,商务印书馆 2013 年版,第 167 页。

② 王慧:《新城市主义的理念与实践、理想与现实》,《国际城市规划》2002 年第 3 期。

规则植根于现代主义史,特别是代表启蒙运动以及科学和政府支配权的理性。"①在城市建筑上,"整齐划一、非人性、标准化、分工明确、功能单一",建筑是一样的格式,一样的尺寸,格外强调功能和效率。在建筑材料的使用上,是大量使用非自然化的钢筋、水泥、玻璃和混凝土来建造庞大、规整、僵硬的建筑,这与现代工业文明的机械、理性思维力密切相关。城市学家托德·瑞尔夫(Relph,E.C.)将1945年以来的城市称为现代主义城市风貌阶段,他指出现代主义的城市风貌具有如下五个特征:(1)巨型大厦之庞大性,街道很少留有通往建筑物的进出口,在建筑风格上缺乏细节的处理。(2)笔直的空间或广阔而缺少林木的空间,城市中心峡谷,无止境的郊区狭长通道。(3)合乎理性的秩序与灵活性,在总体上合乎秩序的风貌,几近厌倦与乏味。(4)僵硬死板与不透光性包括高速公路,对自然界的喧宾夺主。(5)不连贯的序列景观,源于机动车辆对城市的主宰。②

第二,城市空间景观的隔离化、孤立化和控制性。现代主义城市奉行"功能"、"秩序"和标准化,对城市生活空间和生活方式进行秩序化安排,忽视公共领域、漠视人文精神和自然环境,"无论在烟囱林立的工厂还是简单重复的街道和建筑,在工厂就是工作,在家里就是起居饮食,邻里被高墙和栅栏绝缘,在商场就是购物,似乎并不欢迎人们的逗留和集聚,城市弥漫着威严和压抑的气息,城市并不关心个人的存在和感受,城市异化成物质的场所,人在城市里失落。"③"空间上,就是个人住宅的分散、郊区住房的孤离或大型居住项目的偏僻。"④这是一种国家垄断资本主义的政治统治逻辑的渗透,国家通过组织和规划城市空间、干预集体消费品的生产和分配,将国家的权力强行注入日常生活,这样一种标准化的空间居住方式、日常消费方式、交往方式也是国家垄断资本主义的一种意识形态控制逻辑,"支持的是统治阶级的霸权"。

在垄断城市中,垄断资本利用广告鼓吹消费神话、挑起空白消费领域、运

---

① Michael J.Dear:《后现代都市状况》,李小科译,上海教育出版社2004年版,第160页。

② Michael J.Dear:《后现代都市状况》,李小科译,上海教育出版社2004年版,第206页。

③ 张鸿雁主编:《城市·空间·人际——中外城市社会发展比较研究》,东南大学出版社2003年版。

④ Mannel Castells.City,class and power,The macmilan Press Ltd,1978.p.27.

用广告、时尚等空间元素塑造大众生活方式,日常生活模式日益标准化;大众居住上相互分散和疏离,依靠远距离交通进行购物和休闲,日常生活程序化;人际之间的空间距离远,很少接触,日常生活冷漠和疏离化;大众传媒控制了大众生活,依赖大众传媒来获取信息、进行交往,日常生活单调化和被动化,这种生活方式压制了工人阶级之间的联合,泯灭了积极的阶级意识和革命反抗精神,工人阶级走向被孤立的、被边缘的境地。

三、"大工业城市"向"垄断城市"的空间变迁

在本雅明、德波、列菲伏尔、卡斯特尔斯的视野中,"垄断城市"是受到福特生产方式和政治权力深刻干预而形成的城市类型,有着扩散式的空间结构、由交通和技术连接而成一统的城市空间网络、有着现代主义特征的空间景观。"垄断城市"是对"大工业城市'的进一步变形和改造,是资本主义生产方式、政治统治新方式和新文化观念在城市空间景观、空间结构和空间关系上的新反映,反映了城市更深地融入、顺应了资本主义的经济生产逻辑、政治统治方式和文化形式的变迁。

其一,垄断城市空间结构的变迁使资本主义的空间控制力更强。城市空间结构呈现"分隔"的样态,反映了垄断资本主义更深地组织、规划和重组空间、提高经济生产效率的空间控制能力增强。在恩格斯视野中,早期大工业城市曼彻斯特城是"同心圈",这一"同心圈"结构显示的是早期工业资本主义生产和消费的区域化集中,各阶级居住区域在距离上有限度的分离,这是与早期工业资本的生产能力以及城市交通技术的状况密切相关的。但是到了垄断资本主义社会,那种紧凑的"同心圈"式的大工业城市空间结构,已经裂变为扩散的"中心—边缘"的远距离的空间结构,这一城市空间结构有助于劳动力的生产和流动、有助于商品运输与消费、有助信息交流和决策,为资本的生产周期的缩短、资本生产的统一性提供了更有利的空间条件,这一空间结构显示了代表垄断资本的垄断政府具有了对空间更强的规划、管理和布局能力,使垄断资本的空间控制力散发得更远,空间整合力更强。

其二,城市空间景观的变迁体现了垄断资产阶级的统治意图。垄断城市空间景观的形态、设计和分布体现了垄断资产阶级的统治逻辑,成为对工人阶

级的日常生活进行标准化管理的工具。在马克思恩格斯所处的早期大工业城市,工人阶级自发形成一些简陋建筑,缺乏规划和设计,因此房屋、道路、生活设施等杂乱无章,这是早期大工业城市无序的城市景观;而在垄断城市中资产阶级国家政府规划、设计、安置了城市的建筑景观、道路网络、学校、医院、购物中心等公共设施,城市空间景观整齐、大气,但是僵硬、压抑,而且把空间区隔、孤立起来,将工人阶级排斥在一定的空间区域、组织和管理工人阶级的日常生活,造成工人阶级的压抑、冷漠、孤立和无助。城市因此被联结到国家政治权力的统治网络中,成为垄断资本主义政府政治统治的新工具。正如卡斯特尔斯指出,"垄断城市作为一个集权主义的世界,被一个遥远的中心权力机器统治着,强加着日常的节奏、破坏了所有的保护机制,引起了在日常生活中的持续压力。"①

　　其三,城市工人阶级进一步分化。形成了多种与阶级斗争相关又相区别的社会运动主体,城市社会关系更复杂。在垄断城市内的斗争不仅有工人和资本家的斗争、还面临集体消费品不均、空间使用不平等、空间私有化引起的多样化争取空间权利的斗争形式,一方面使得阶级冲突的范围更为宽泛,也出现了如妇女、少数族裔、环保分子、城市贫民等多样化的斗争主体,各自围绕着自己的特殊城市利益进行斗争,孕育出"新的社会运动"的新形式,这些"新社会运动"孕育着阶级斗争的可能,会增强大众民主意识、权利意识和阶级意识,可以改变城市权力关系、推动城市空间的变迁。但另一方面,因为各自的特殊城市利益,使得城市工人阶级也面临着分化,导致工人阶级的组织和整合面临新的问题,"城市工人阶级是一种特殊的阶级形式——分散且分割开来,具有不同的阶级目标和需求、频繁流动且没有组织、易变而非固定不变"②。

---

　　①　Mannel Castells.*City*,*class and power*,The macmilan Press Ltd,1978.p. 33.

　　②　戴维·哈维:《叛逆的城市:从城市权利到城市革命》,叶齐茂等译,商务印书馆 2014 年版,"前言"第 7 页。

第四章　全球资本主义时期"后大都市"的空间裂变

在国家垄断资本时期,资本通过重组空间、组织集体消费、刺激日常消费渡过了危机,从 1973 年石油危机之后,福特主义下大规模的生产积聚、大规模消费、社会福利和政府垄断的模式难以为继,发达资本主义国家税收锐减,财政负担加重,国家垄断资本主义的福利政策失败了,都市财政危机爆发,集体消费模式破产。发达资本主义国家如欧洲和美国纷纷放弃了凯恩斯经济政策、福特主义生产模式和福利制度,政府力图从独自提供集体消费的义务中解脱出来,寻求一种政府和资本的"公共—私人合作伙伴"关系,政府采用了财政补贴、金融政策、城市改造等方式来引导私人资本进行新一轮空间重组以求得新的投资和增长。

资本的新一轮空间重组在两个层面上展开:一是修复城市空间以形成新的积累领域。私人资本将城市基础设施作为生产的对象,拆毁旧有的城市设施,投资建造新的城市环境以谋得利润,这样就重新生产了城市空间结构和空间物理景观,适应资本积累逻辑进行新的空间修复。如麦瑞弗德指出,"1973 年的石油危机动摇了发达资本主义社会的政治经济,从 20 世纪 70 年代进入 80 年代,所有种类的城市新建筑繁荣起来,带来了新的城市重新发展项目的繁荣,这一现象非常明显。"①二是进行全球的空间重构。资本在全球寻找新的投资地方,将投资转向不发达国家和地区,在全球地域上进行空间重组和扩张。"垄断资本因而显示了巨大的生产能力和财政财富,虽然更少,显示了更

---

① Andrew Merrifeld.*Metromarxism:A Marxist Tale of the city*,London:Routledge,2002.p.148.

大的控制力。从前的工业巨怪变成了更大的联合大企业,随着它们在地理上的分散,权力却集中了。"①这种影响在 20 世纪 80 年代变得"愈益明显","其典型特征是集多种多样的工业生产、金融、不动产、信息处理、娱乐以及其他服务于一身的大型公司联合体的形成",这种联合还表现为"各种核心的生产过程愈以被分解成各种不同的部分"②。这一时期,资本生产的地方控制和国家调节削弱,资本的生产空间和链条更灵活、更具有弹性,所以这一时期被称为"灵活积累机制"、"后福特方式"、"全球资本主义"、"晚期资本主义"等。

在这一时期,城市仍然是资本进行积累的空间控制点,又成为资本进行全球空间重构的全球网络"节点",资本的全球生产空间网络化的逻辑必然在作为"节点"的城市上打上印记,"拉扯"着全球的城市空间发生新一轮变迁。那么,在新马克思主义城市学者视野中,与"垄断城市"相比,这一时期城市空间结构、空间景观、空间社会关系是如何进一步分化、裂变和破碎化的呢? 新马克思主义城市地理学家戴维.哈维(David Harvey)从资本的"灵活积累"机制出发,描绘了这一机制下"后现代城市"的后现代景观形象;索亚(Edward W. Soja)描述了"后福特方式"下"后大都市"扩散型的空间结构和"拼花被"状的种族生活空间地形图;萨斯基姬·萨森(Saskia Sassen)则从资本的全球生产体系出发,描述了处于全球经济网络中的"全球城市"移民、妇女的非正规就业等新的无产阶级劳动状况和城市斗争状况。

第一节　"灵活积累体制"推动城市景观的"后现代化"

当地理学家哈维在 1973 年写作《社会正义与城市》一书的时候,他追随了马克思、恩格斯和列菲伏尔,成为一个地理学的新马克思主义者,"《社会公正和城市》是一本关于马克思主义城市和地理学的书,社会公正建立在马克

---

① Andrew Merrifield.*Metromarxism:A Marxist Tale of the city*,London:Routledge,2002.p.121.

② [美]爱德华·W.苏贾:《后现代地理学——重申批判社会理论中的空间》,王文斌译,商务印书馆 2007 年版,第 281 页。

思的城市化和地理学基础上,哈维是激进地理学的创始人"①。一方面,他运用地理学的视角,从资本积累的运动来考察了资本的"空间修复"战略,从空间地形图上描绘了资本活动的具体空间动态及其变化图线,力图将马克思的历史唯物主义发展为"历史—地理唯物主义",是"对马克思关于资本主义'内部运作'和逻辑、资本主义内'生产的失序'和危机趋势的分析进行了创造性的空间化,以及寻求空间修补的重构过程本身"的探讨。② 另一方面,哈维还分析了资本积累在重构空间(包括全球空间和城市空间)中必然造成的地理不平衡发展以及引发的阶级斗争。正如哈维所说,他从"资本积累"、"阶级斗争"来解释城市化过程,这两个主题是联系在一起的,就像一枚硬币的两面。③哈维还分析了城市改造中城市内部非均衡发展造成的城市贫民空间权利丧失等空间剥夺情况,主张将都市社会运动和阶级斗争结合起来,最终任务是推翻"整个资本主义制度以及相关的国家权力体制",这样才能停止"那种促进永恒资本积累的摧毁性的城市化生产"④,建立起一个"超越或推翻那个由不受控制的资本积累、阶级特权和政治权力的总体不平等所强加的社会—生态形式"⑤的实现"差异平等"的"希望的空间",这就是哈维的政治理想和空间正义理想。哈维的这些研究主要集中在《社会正义与城市》(1973 年)、《资本的局限》(1982 年)和《资本的城市化》(1985 年)、《意识形态与城市经验》(1985年)、《后现代状况》(1989 年)、《正义、自然和差异的地理学》(1989 年)、《希望的空间》(2000 年)、《资本与空间》(2001 年)、《新自由主义的空间》(2005年)等著作以及一些文章中。

哈维将资本主义的城市化看做是一个"活跃的"、"地形"的历史和地理过程,将全球资本主义、灵活积累体制和城市空间构形地理学结合起来,描绘了资本主义城市化过程中"空间修复的地形图",揭示了全球资本主义时期灵活

---

① Andrew Merrifield. *Metromarxism:A Marxist Tale of the city*. London:Routledge,2002. p. 9.

② Edward W. Soja:《后大都市——城市和区域的批判性研究》,李钧等译,上海教育出版社2006 年版,第 125 页。

③ Harvey David. *The urbanization of capital*. Oxford:Basil Blackwell Ltd. 1985,p. 1.

④ 戴维·哈维:《叛逆的城市:从城市权利到城市革命》,叶齐茂等译,商务印书馆 2014 年版,第 140 页。

⑤ 大卫·哈维:《希望的空间》,胡大平译,南京大学出版社 2006 年版,第 195 页。

积累体制构形"后现代城市"空间形态的动力路径。一方面,哈维在马克思恩格斯的"城市是资本聚集的空间节点"的基础上,进一步指出资本积累过程直接"生产"了城市空间中的具体物质景观,认为正是灵活积累体制下资本转向生产城市建造环境,"构形"了后现代城市的空间地貌,生成了城市空间景观的资本积累动力学研究。另一方面,灵活积累体制的文化逻辑—后现代主义文化直接"着墨"城市的景观建筑,"雕刻"了"后现代"风格的城市景观,最终哈维还揭示了更为深层的原因是资本的灵活积累体制必然在全球进行生产空间重构,导致全球生产的地理不平衡,从而引发全球城市的空间竞争,直接导致城市景观的"后现代化"。这样哈维就最终将后现代城市的空间景观放在全球资本主义空间地理中去分析,把握了资本的"全球空间结构"与地方城市空间景观之间的复杂联动,搭建了"整合"两者进行资本主义空间地理批判的桥梁。

一、第二循环资本转向城市建造景观的生产

在哈维看来,1973 年西方世界的石油危机之后,以标准化、集中化为大规模生产为主要特征的资本主义福特生产体制逐渐转向一种"灵活积累"的生产体制,阿里夫·德里克(Arif. Dirlik) 将其称之为"弹性生产",索亚称之为"后福特主义"。这种生产体制改变了福特主义的"刻板性",呈现出"灵活性",特征是"出现了全新的生产部门、提供金融服务的各种新方式、新的市场"。① 哈维认为城市空间成为吸收资本的重要场所,表现为城市建造环境成为新的投资领域、金融资本参与房地产建设、住房市场的兴起等。这一对城市环境的再造"改写"了原有的"现代主义城市",生产出"后现代城市"新的空间地貌图。

首先,第二循环资本参与城市的物质设施的改造。哈维继承了马克思的资本循环和金融资本理论,将资本分为第一循环资本(the primary circuit of capital)、第二循环资本和第三循环资本。第一循环资本投资于工业生产、当

---

① 戴维·哈维:《后现代的状况——对文化变迁之缘起的探究》,阎嘉译,商务印书馆 2013年版,第 191 页。

第一循环资本积累到一定程度后,就会出现生产过剩的危机,导致商品过剩、资本家利润率下降、劳动力剩余和资本剩余等状况,这既是"过度积累"的危机。在"灵活积累"体制下,政府通过财政补贴支持"城市复兴计划"、对金融政策、信用体系进行新构建,利用市政债券、购房退税等税收政策、通过发放金融贷款、运用消费信用、住房抵押、分期付款等消费政策引导和鼓励第一循环的剩余资本流向"建造环境"(built environment)的投资上。资本转向城市建造环境领域,包括生产所需的建筑设施(办公楼、工厂、码头、港口)和消费项目的建造环境(如住房、商铺、学校、医院)等,形成对固定资本投资的"第二循环资本"。房地产和土地投机不断给土地所有者、金融资本、房地产资本、房东私人资本带来丰厚利润,吸引更多的剩余资本进入第二循环,开发更多的固定设施、生产建造环境和消费建造环境,这样就缓和了第一循环资本过度积累的危机,城市建造领域吸收了转向第二循环的资本,从而产生了一个为资本的普遍利益服务的城市"物质地形图",导致城市物理景观的发展变化。资本积累将城市空间也纳入生产对象,城市物质景观是资本积累逻辑的空间铺展,第二循环资本于是"按照自己的设想创造了一种城市物质景观"[1]:一幅"为了生产、循环、消费、交换而建立起来的整个物理景观"。[2] 马克思主义学者艾拉·卡茨纳尔逊(Ira Katznelson)也指出,城市物理景观包括了"工厂和田野、学校、教堂,购物中心和公园,道路和铁路,杂陈出根据资本主义的指令不可消除、不可倒转地雕刻出的一幅风景图"。[3]

接着,第二循环资本"捣毁"旧环境,对城市景观进行改造重建。在哈维看来,将城市建造环境作为商品来进行的生产中,新的危机又产生了,第二循环资本也会遭遇过剩的危机,表现为固定资本和消费环境等建造环境的贬值,不能带来资本的回报和回收而造成的"资本贬值"的"地理衰落",如住房的闲置、公共设施的荒废、购物中心的萧条,这样造成银行的坏账、政府财政减少,私人资本破产等情况。为了缓解这种危机,资本需要再次进行"空间修复",

---

① Harvey David. *Consciousness and the Urban Experience*. Oxford: Blackwell, 1985. p. 3.

② Harvey david. *The urbanization of capital*. Oxford: Basil Blackwell Ltd. 1985. p. 6.

③ 艾拉·卡茨纳尔逊:《马克思主义与城市》,王爱松译,江苏教育出版社2013年版,第104页。

实行资本的再次转移,寻找新的吸收剩余资本的空间场所。"空间修复"的第一种方式是,"部门间的危机转移",将从第二循环的投资转向教育、科技、卫生等第三循环领域。第二种方式是"地理上的危机转换",将资本投资从一个地方转移到另一个地方进行建造环境的投资,这就是资本的"地理转移",既包括跨地区、跨国家的地理转移,也包括在城市内部进行空间转移的"城市改造地理"项目。在城市改造中拆毁旧有建造环境"腾移"出来新空间,吸收了剩余资本和剩余劳动力,又成为第二循环资本新的积累场域。哈维指出,"通过城市改造来吸收剩余"引起反反复复"建设性摧毁","现代主义城市"旧有的物理设施被不断摧毁,如单调老的港口工厂、磨坊、货栈等被拆毁,而生产出"后现代化"的物质设施,在城市中形成极度具有视觉吸引力的建筑类型——蘑菇状的办公区、闪光耀眼的酒店、滨江码头、体育馆、购物和文化中心等①。

　　在哈维看来,资本积累是一个深刻的地理事件,②城市的改造地理是由资本积累的危机引起的,这是资本主义内在矛盾引起的生产过剩的危机在城市地理景观流变上的印证,"资本主义的内在矛盾通过地理景观的不断形成与再形成表现出来。这就是资本主义的历史地理学必须持续探讨的问题。③"生产—摧毁—再修复—再摧毁……"城市景观的矛盾辩证法是与资本积累的辩证法密切联系在一起的,麦瑞弗德评论道,"对大都市空间的拆毁和重修——因而这是它的不平衡的地理发展……实际上,大都市的节奏是根据资本积累的节奏。"④资本按照自己的积累意图创造一种满足自身需要的城市物理景观,但是"也必定在稍后的时刻将这种景观破坏、分裂甚至摧毁"。⑤

　　在后现代城市的物质景观变化的背后,我们可以看到更大的一个框架——适应资本积累的城市空间结构,即资本的"城市物质地形图"。资本按照自己的意愿生产出了城市的空间结构,但是城市空间结构中基础设施一旦

---

　　①　Andrew Merrifield.*Metromarxism:A Marxist Tale of the city*.London:Routledge,2002.p. 149.

　　②　大卫·哈维:《希望的空间》,胡大平译,南京大学出版社 2006 年版,第 23 页。

　　③　哈维:《资本主义的地缘政治学》,载格利高里·厄里编:《社会关系与空间结构》,谢礼圣等译,北京师范大学出版社 2011 年版,第 148 页。

　　④　Andrew Merrifield.*Metromarxism:A Marxist Tale of the city*.London:Routledge,2002.p. 147.

　　⑤　哈维:《资本主义的地缘政治学》,载格利高里·厄里编:《社会关系与空间结构》,谢礼圣等译,北京师 范大学出版社 2011 年版,第 148 页。

作为固定资本建成,就会成为桎梏资本新积累的空间障碍并带来生存危机,因此资本需要不断打破既有空间结构对积累的束缚,重组空间以形成更有效率的空间结构,释放更大的空间生产力。不过城市空间一旦形成,就又已经"固定",必然成为新的生产的空间障碍,又需要再次进行空间调整和重组,这就是资本反复进行城市"空间修复"的实质。因此,列菲伏尔所说的"空间生产"和哈维提到的"空间修复"实际都属于"空间生产",是"空间生产"的不同程度和不同阶段,一方面,显示出资本主义生产方式从"空间构建—空间再建"的空间控制力的增强,也从另一个侧面显示资本积累的弹性空间范围越来越收紧、窄化,空间矛盾和危机越来越加重和深入,并终有一天会成为资本主义不能逾越的空间桎梏。

二、城市建筑景观的后现代化

在 1985 年出版的《资本的城市化》中,哈维着重讲述了在灵活积累体制下第二循环资本、政府和金融资本"怎样来生产"城市建造环境的过程,在出版于 1989 年的《后现代状况》一书中,哈维推进到对城市建造环境的文化形态研究,认为社会和文化环境的"后现代主义"和"灵活的积累体制"直接相关,描绘了灵活积累体制和后现代主义文化"携手""生产出什么样的"的城市景观形象。在哈维看来,在根本上是资本的积累逻辑在控制着城市的空间塑形和景观流变,但是反映经济逻辑的文化形态直接"雕刻"了城市的景观形态。哈维承接了詹姆逊(Fredrc Jameson)的"后现代主义是晚期资本主义的文化逻辑"这一理念,认为与灵活积累体制相一致的文化逻辑也是后现代主义文化,正是后现代主义文化具有"混杂"、"差异"、"个性"、"注重短暂体验"、"反对一统的秩序"等内在特征,为资本服务的城市管理者、城市规划者和建筑设计者等城市精英正是根据后现代主义的文化理念、运用了后现代美学策略来规划、设计、生产城市景观,从而形成了趣味化、风格化、表演化、意象化的后现代城市景观形象,呈现为一种"拼贴的"、"虚构的"和"分裂"的后现代城市风格。

城市景观形象极具"表演性"和"视觉感"。哈维认为,与现代主义的城市建筑注重功能性不同,后现代城市建筑注重宣扬外在形象的表演性和视觉感,城市的各种建筑如企业建筑、公共广场、纪念性建筑物、有特色的建筑物如"科学中心、水族馆、会议中心、小船坞、无数旅馆和各种娱乐城堡"①、地铁、公园、步行街、港口、购物中心在外在设计上具有后现代美学风格,形成了极具"表演性的建筑"。在这些"表演性的建筑场所"中,还经常进行一些固定化的有组织的表演性的事件,如"交易会"、"运动会"、"花园节"等固定表演,这种"表演性的建筑"以其形象化的建构和重构、各种装饰和点缀而具有极强的视觉冲击力,表现出"炫目的感觉和暂时参与的愉悦,展示和短暂的感觉,'享乐'感"②,将人们带离现实世界而超越到纯粹"虚幻的"、"想象"的世界。

　　城市景观风格具有"拼贴性"与"符号化"。现代主义城市建筑景观呈现出标准化、秩序化、理性化、僵硬化的倾向,这正是讲究科学、理性、等级、权威、秩序的现代主义文化在城市中的逻辑铺展,但是现代主义建筑在资本的灵活积累体制下被后现代主义文化"重构"了。与现代主义城市景观的秩序化和理性化不同,后现代主义的城市景观呈现出"拼贴性"和"符号化",后现代大都市成为"一个无政府主义的和陈旧的符号和象征物的体系"③。首先,后现代城市是一种混合了"本地传统、地方历史、特殊需求与癖好"的"各种混合物"拼贴起来的"大杂烩"。在城市建筑中将地方的、历史的遗产和国际主义的各种风格混杂在一起,各种理性的整齐划一的大型现代主义的建筑被改造成后现代都市中"装饰起来的大厦街区、模仿中世纪的广场和渔村、按照风俗设计的或者乡土的住宅、经过改造的工厂和仓库,以及各种修复过的风景"。④大都市于是变成了一部"充满五花八门条目的疯狂的剪贴簿",这些"大杂烩"风格的城市建筑景观掩饰了城市真实的"资本地理学"。其次,这些"拼贴"的城市景观被赋予了一套符号意象,成为"象征性资本"。哈维借用了布尔迪厄

---

　　①　戴维·哈维:《后现代的状况:对文化变迁之缘起的探究》,阎嘉译,商务印书馆2013年版,第123页。

　　②　戴维·哈维:《后现代的状况:对文化变迁之缘起的探究》,阎嘉译,商务印书馆2013年版,第123页。

　　③　戴维·哈维:《后现代的状况:对文化变迁之缘起的探究》,阎嘉译,商务印书馆2013年版,第113页。

　　④　戴维·哈维:《后现代的状况:对文化变迁之缘起的探究》,阎嘉译,商务印书馆2013年版,第57页。

（Bourdieu）的"象征性资本"概念来说明城市建筑景观也被制造成象征"趣味"、"个性"的奢侈品。后现代建筑师和城市计划人员利用"地位、历史、商业、舒适和种族群体领域"的各种标记，引导制造各种"分化的趣味"，根据不同情景、功能和"讲究趣味的文化"来制作各种"专门化的甚至是高度定制化"的城市建筑景观商品，城市景观建筑被等级化、个性化和趣味化，成为区分富人和穷人身份、地位等社会差别的符号"代码"和"象征物"。哈维还分析了资本利用文化、美学、历史遗产和"意义领域的干预"来制造房地产业商品的"独特性"和"特殊性"以获得垄断地租，这就是城市景观的后现代风格给第二循环资本带来的"超额剩余价值"。

哈维认为，城市景观的后现代风格是后现代主义文化理念的表现，后现代主义文化忽视总体、凸显各种混杂的碎片；消解深度意义、追逐短暂的体验感；反对一统的秩序化，提倡差异和个性，正是后现代主义的这些内在特征造成了城市景观的"拼贴性"、"视觉感"、"表演化"、"符号化"的形象和风格，这种后现代化的城市空间形象，正是城市管理者和设计者倾力打造的城市空间形象，这种城市空间形象"具备的某些特质、表演和戏剧场面的组织，已经通过折中地混杂各种风格、援引历史、装饰品和外表的多样化而达到了"。①

三、灵活积累体制与城市建筑景观"后现代化"

哈维并不仅仅停留在对城市景观中后现代文化因素的批评，他还力图将后现代风格的城市景观形象放在全球资本主义的空间结构中去理解，呈现一种宏大的"地理唯物主义"的叙事视域。哈维揭示了"灵活积累体制——非均衡的地理发展——地方空间竞争——突出空间特质——提升城市空间形象"之间的内在逻辑关联。在哈维看来，城市的后现代风格正是在"灵活积累"体制下城市空间对全球资本主义生产的反映、顺应和迎合，是资本积累的全球不平衡机制在全球城市空间中的文化演绎和逻辑必然，从而创建了一种"后现代城市景观地貌学"。

---

① 戴维·哈维：《后现代的状况：对文化变迁之缘起的探究》，阎嘉译，商务印书馆 2013 年版，第 126 页。

　　哈维认为,资本积累正是利用不均衡的地理环境作为支撑和生存条件,才能保持不平衡发展的各个空间部分之间的竞争、资本流动、劳动力流动以进行"空间转移"。在资本主义不平衡的地理发展下,资本总是灵活地趋向全球那些劳动力成本低、原料价格低廉、基础设施完善、有秩序的法律环境和市场氛围好的城市,于是"地方精英运用各种策略去填充地方劳动力控制、提高技能、基础设施的供给、税收政策、国家调节等,以便吸引第二循环资本在自己特定空间内部的发展"。① 同时,灵活积累的资本主义生产方式表现为分工的精细化、生产部门的多样化以及生产链条的垂直化分解(比如转包、外购),资本积累对"空间内部场所的多样性越敏感",越倾向于挑选具有"场所特质"的地方空间,"场所的特质"被置于"突出的地位",于是地方之间的空间竞争加剧,"积极地创造具有空间特质的各种场所,成了地方、城市、地区和国家之间在空间竞争方面的重要标志"②。

　　在灵活积累体制下,资本带来的不平衡的地理发展之下全球的空间竞争加剧,于是各个不同的城市利用这一"重新确定和改组",竭力塑造城市空间特质以包装城市形象,力求争取自身在资本全球生产体系中的新位置。城市管理者、城市规划者和建筑设计者等城市精英倾力将城市空间以文化的名义包装起来,通过凸显、塑造、重构独特的城市空间特质以及打造极具"表演和戏剧场面"的城市后现代形象,以"创造一种积极和高品质的"的地方空间形象,目的是创造一种吸引资本的场所和氛围,以提升自身在资本主义全球空间中的竞争力,追求在资本全球生产体系中的新位置,"更好地促使城市塑造独特的形象、创造一种场所和传统的氛围,这种氛围将起到吸引资本和'恰当的'人们(即有钱的和有影响力的人们)的作用"③。正如佐京也讲到,城市的宣传者通过餐饮、先锋的表演与建筑设计等文化创新形象,来提升城市形象以

---

　　① 戴维·哈维:《后现代的状况:对文化变迁之缘起的探究》,阎嘉译,商务印书馆 2013 年版,第 370 页。

　　② 戴维·哈维:《后现代的状况:对文化变迁之缘起的探究》,阎嘉译,商务印书馆 2013 年版,第 370 页。

　　③ 戴维·哈维:《后现代的状况:对文化变迁之缘起的探究》,阎嘉译,商务印书馆 2013 年版,第 370 页。

"吸引投资与旅游者的金钱"①。这样又进一步生产出全球"分裂、不稳定、短暂而不平衡"的地理发展环境。

四、哈维城市"空间景观学"的价值和局限

哈维将全球资本主义、灵活积累体制和空间构形地理学结合起来,描绘了资本的灵活积累体制构形城市空间面貌的动力路径。这条路径是:在灵活积累体制下,房地产资本、金融资本和旅游资本等投资在新的生产部门如房地产业、建筑业、旅游业、休闲业,运用后现代文化和美学制造了城市的空间叙事、景观叙事和城市形象叙事,形成一种都市新类型:"后现代都市"(索亚将其称为"后大都市")。与马克思恩格斯所处的自由竞争资本主义时期相对应的是"早期工业大城市",与垄断资本主义时期相对应的是被列菲伏尔和卡斯特尔斯称作的"垄断城市"或"福特城市","后现代都市"或者"后大都市"则是与全球资本主义时期相对应的城市类型。按照列菲伏尔的"空间生产"思想,从资本主义空间生产的历史来看,不同时期的资本主义一直在构形不同类型的城市空间,索亚指出,"后大都市可以视为一个清晰的变奏,而这个变奏原主题则是自都市工业资本主义生产以来一直在塑形(或重塑)城市空间的危机产生的重构过程和地理性历史化的崎岖发展。"②哈维将后现代城市空间景观的"重构"和"地理化"放在资本主义积累方式的历史变化中去揭示,由此形成了相应的资本的城市景观构形动力说,开拓了城市景观地貌的"历史—地理"分析视野。

第一,在宏观空间地理学上,哈维推进了"空间地理学"视域的对资本主义的批判。哈维将资本主义的空间构形(包括城市空间构形)的资本积累本质、中介以及空间具体形态的路径揭示出来,在历史唯物主义的基础上展现了一幅资本主义的全球空间生产过程的空间图景,将马克思的历史唯物主义凸显为"历史——地理唯物主义"。哈维借助了马克思和恩格斯的资本循环、资本积累、垄断地租、城市空间分异、资本全球扩张等思想,继承和发挥了列伏菲

---

① Sharon ZuKin:《城市文化》,张廷佺等译,上海教育出版社 2006 年版,第 2 页。

② Edward W.Soja:《后大都市——城市和区域的批判性研究》,李钧等译,上海教育出版社 2006 年版,第 192 页。

尔的"空间生产"等理论,从空间视角来解释了资本主义的全球空间"重组"以及"不平衡的地理发展",展现一幅资本主义的全球地理空间生产图景,将马克思恩格斯对资本主义的历史批判在地理空间上加以具象化,这是哈维独特的理论贡献。

第二,在城市微观空间景观上,哈维推进了马克思恩格斯对城市空间形态的研究。哈维承接了詹姆逊的"后现代主义文化是晚期资本主义的文化逻辑"的理念,认为"后现代主义文化是灵活积累体制的文化逻辑",并沿着"灵活积累方式—后现代主义文化—城市空间形态、城市景观和城市形象"的分析脉络,厘清了后现代主义文化如何作为中介环节,既作为为资本主义灵活积累体制服务的新文化形式,又用其文化理念打造城市的后现代景观、渗透后现代主义的意识形态。这样哈维的分析不仅直接讲述了资本主义生产方式"构形"城市空间的基本的"经济—空间"规律,还讲述了经济基础的"镜子系统"即意识形态结构"着墨"城市空间的具体的"文化—空间"规律,这使得他的城市空间景观的叙事逻辑更丰满、更立体、更具体,也为马克思主义的资本主义的批判开辟了一条"城市空间景观"视角的批评路径。

但同时,哈维对城市空间景观的后现代化的批判也受到一些批评:第一,批评哈维过分偏重从资本积累来对城市空间作政治经济学分析,将城市发展的逻辑完全等同于资本发展的逻辑。将城市的发展变化完全湮没在资本积累的一统支配空间下,忽视了城市"地方"独特的文化历史传统和城市记忆的相对独立性可能带来的城市地方的景观和文化差异。第二,对哈维对后现代主义态度的批评。迪尔批评道,哈维在总体上难以避免对后现代思想、后现代政治学、后现代建筑和后现代主义者所持的憎恶态度,[1]"哈维不遗余力地抨击后现代主义。"[2]哈维期盼着后现代主义的消亡,期待"历史唯物主义和启蒙运动研究的复兴",但是却没有正视后现代主义思潮及其文化的兴起作为一种客观存在状态带来的积极社会行动意义和政治意义,而这是由他的继承者索亚来完成的。

---

① Michael J. Dear:《后现代都市状况》,李小科等译,上海教育出版社 2004 年版,第 107 页。
② Michael J. Dear:《后现代都市状况》,李小科等译,上海教育出版社 2004 年版,第 91 页。

第二节　后福特制生产出"多核多线"城市的空间结构

　　爱德华·索亚(Edward W Soja)是美国当代后现代地理学家和城市研究学者,他先后发表了《后现代地理学》(1989年)、《第三空间》(1999年)、《后大都市》(2001年)、《寻求空间正义》(2010年)等著作。在《后现代地理学》一书中,他以地理学为本位,突出了哈维、卡斯特尔斯的都市政治经济学中的空间问题,进而越出地理学的边界,走近了马克思主义;在《第三空间》中,他运用列菲伏尔的空间生产理论和社会空间的三环节——"空间实践"、"空间的表征"、"再表现的空间"思想,创建了"第三空间"理论来作为"他者化"的批评策略,寻找到了一个混合了种族、性别、阶级的权力控制以及冲突斗争的一个政治斗争场,进而通过资本主义的空间生产和阶级斗争理论走进了马克思主义;在《后大都市》中,他对洛杉矶这一典型的全球资本主义空间网络中的后大都市的城市空间重构进行实证的、经验性的研究,"图绘"了在资本主义全球化和后福特主义生产方式下洛杉矶具象化的后现代城市景观、空间地貌、人群空间关系形态,从而洞悉了洛杉矶这一后大都市地理景观背后的全球资本主义的经济基础;在《空间正义》一书中,他继续坚持了《后大都市》中的主张,主张通过各种社会力量形成的团体联盟反对资本主义的不平衡地理发展,追求区域化的空间公正。索亚的这些思想,使得他脱离了一个具体地理学家的身份,成为一个政治地理学家,正如索亚自己认为,"我从1960年代开始——现在也是——将自己界定为政治地理学家。"①索亚对资本主义全球化中的城市批判以及政治主张也使得他牢牢地占据在马克思主义的阵营中。

　　索亚延续了哈维的思想,认为是全球化和后福特方式共同推动了城市空间的重构和再塑形,对福特城市的"过度成长或扩展",生成了一种新的城市空间类型——"后大都市"。索亚以洛杉矶作为全球化和后福特方式下"后大

---

　　① Barney Warf, Santa Ries(ed.), *The spatial Turn : Interdisciplinary Perspectives*, Routledge : London & New York, 2009. p. 15.

都市"的典型分析样本,对其进行了具象化的城市"地理图绘"。在索亚的地理图绘中,洛杉矶城市、城区之间的界限模糊、缺乏联系,郊区发达与城市中心的衰落并存,这种与传统城市格局截然不同的"多核"状的扩散化的城市空间结构,是一个"全球地方化"的"世界大都市",是一个存在两极化不平等的"碎形城市",是一个存在监禁的"堡垒城市"(Carderal city)和虚拟超现实的"模拟城市"(Simcity)。正如迪尔指出的,"后现代的洛杉矶就是最有魅力的、最能揭示20世纪后期世界城市特点的都市。"①

一、全球生产地理重组与"多核"状城市空间结构

在索亚看来,从20世纪70年代以来,美国资本主义生产经历了从福特制向后福特制的转型,资本的全球化和后福特方式共同推动了城市空间的重构和再塑形,塑造了后福特方式下工业大都市的结构,这是一种新的城市空间类型,索亚将其称为"后大都市"。现代主义城市的"区域大量郊区化"演变成"多中心"的"区域大量城市化",老工业城市经由交通网络与"多核心"的临近区域及卫星城镇连接而成为一种扩散型的"区域城市"。索亚认为,正是资本主义的全球空间重构引起新的"多核心"工业中心的兴起,后福特方式的"弹性专业化"这一生产方式的变化促进了城市"区域化"的扩散,正是资本的全球化和后福特方式这二者成为资本主义发展的新动力,引发了后大都市中的"各种地理景观的形成和革新"。

第一,全球生产空间的"解中心"与"重聚中心"推动城市空间结构的演变。在索亚看来,20世纪70年代以来,美国资本主义生产经历了从福特制向后福特制的转型,城市也经历了从郊区化向后郊区化、从现代城市向后现代城市的转型。后福特方式具有"技术、组织以及疆域"方面的弹性,表现为"各种核心的生产过程愈以被分解成各种不同的部分"②,采用分包和转包给不发达地区的形式进行联合生产,导致"过去第三世界主要部分的工业化以及同时

---

① BarneyWarf,Santa rias(ed.), *The spatial Turn*: *Inter Disciplinary Perspectives*, Routledge: London & New York,2009.p. 101.

② 爱德华·W.苏贾:《后现代地理学——重申批判社会理论中的空间》,王文斌译,商务印书馆2007年版,第281页。

的福特主义工业生产城市、区域的非工业化"。① 正是全球生产空间重组的"解中心—和"重聚中心"带来的"去工业化"和"再工业化"的动态演变,产生了全球空间生产地理分工的新结构,内在牵动了洛杉矶这类后大都市城市空间结构的演变——这是城市不同空间部位的"衰败"和"再兴"的地理学。工业资本主义的地理转换逻辑印证在城市空间地形上就是:福特老工业城市的"中心—边缘"的格局被打破,在老城市中心边缘兴起了许多与原有中心不融合的"多核"的"灵活"生产的郊区工业中心,"多核心"的郊区繁兴与城市中心的衰落并存,城市"成了融合和分解、聚爆和外爆的仿拟中心"②,城市边界模糊、郊区无限向外攀缘、"城市—郊区—远郊区"之间的传统圈层界限变得模糊、含混和难以界定,索亚将这种城市空间类型称之为"合成的扩散型城市",也称为"兜底外翻"的城市、"外皮内置的"后大都市。正是资本主义的全球空间生产地理的重组塑造了"外围城市"、"外缘的都市化"、"后郊区"、"区域大量城市化"、"边缘城市"等城市空间地形图况。正因如此,索亚指出"后大都市都市活动的新兴地理学可以看成是解中心和重聚中心的产物、解疆域化和重新疆域化的产物、不断延伸扩散和集中形成都市核心的产物"。③

第二,老工业城市的"去工业化"与原有城市中心的衰败。在索亚看来,城市不同空间部位衰落和"再兴"的辩证法是资本主义全球工业生产辩证法的逻辑再现,是"解中心"和"重聚中心"、"空间分散"和"空间聚合"的生产辩证法的实现。资本的全球工业地理分布上的"分散"带来的全球工业中心的地理变化:发达资本主义国家老福特工业中心的"去工业化"和原本边缘地带的"再工业化"、"第三世界主要部分的新工业化"三种"解中心"和"重聚中心"的空间地理状态。索亚分析了"全球制造业竞争"形成的"城市空间后果",第三世界发展中国家城市由于劳动力价值低、土地价值低,通过资本的

① 爱德华·W.苏贾:《后现代地理学——重申批判社会理论中的空间》,王文斌译,商务印书馆2007年版,第282页。
② 爱德华·W.苏贾:《后现代地理学——重申批判社会理论中的空间》,王文斌译,商务印书馆2007年版,第199页。
③ Edward W.Soja:《后大都市——城市和区域的批判性研究》,李钧等译,上海教育出版社2006年版,第330页。

直接投资设厂、承担转包分包业务加入全球制造业竞争中进行"新工业化"；发达资本主义国家那些大规模的、纵向集成的、具有完整流水线和大批量生产的老福特工业城市经历了"去工业化"的城市危机，例如底特律原有的著名汽车工业城市、匹兹堡这一钢铁工业城市、洛杉矶的工业地区，随着工业资本抛弃老的工业城市，工业倒闭和服务业随之迁出城市中心区，原本兴旺的城市中心衰落，雇佣就业机会减少、税收减少、零售商业减少，公共设施和服务下降，城市建筑环境贬值，不少城市出现财政危机，"城市地区越来越成为大都市地区中绝大部分黑人和西班牙裔美国人"①的破败、颓废的"贫民窟"聚居区，这被戴维斯（Davis）称之为"死城"（dead cities）、索亚称为"铁锈地带"、达维·鲁克斯（David Rusk）称之为"霜冻地带"。

　　第三，城市外围空间"再工业化"与"多核"小中心的兴起。"中心衰败"与"外围再兴"同时并存，这正是后大都市的空间地理辩证法：城市中心衰败了，在衰败的城市中心的外围，又"生长"出来新的"多核"的小"中心"，这是"分散"的资本主义生产地理的"全球聚合"辩证法的显现。索亚则将城市边缘"多核心"的地理"再兴"与后福特生产方式的"弹性专业化"、"新生产部门"、都市新空间经济的特征关联起来，描绘了"再工业化"—"新生产部门"—"弹性专业化"—"城市空间地形流变"之间的内在脉络，用城市空间地形的变化为资本主义生产方式的变迁做了一个清晰的注脚。索亚归纳了后福特方式三个最具推动作用的新经济部门：（1）以高科技为基础的生产，尤其是电子、宇航和生物医学。（2）以工艺为基础并且劳动和构思高度密集型的工业，从服装、家具和珠宝生产到导弹和电影生产。（3）被称为 FIRE 的部分，包括金融保险—房地产公司以及与广告、推广宣传、法律服务有关的活动。这三类新经济部门连同相关的服务业正在成为新都市空间经济的"朝阳产业"，聚集在城市边缘生成"多核"的小中心，在全球生产网络体系中从事"专业化"产业，形成了一个以专业化集群发展为特征的新产业城市区域空间，"区域城市"凭借"弹性专业化"占据在全球生产网络中的优势位置，成为全球生产网络的新

---

　　①　戴维·鲁斯克：《没有郊区的城市》，王英、郑德高译，上海人民出版社 2011 年版，第 164 页。

中心,即"阳光地带"。

二、全球生产部门分化与"多线"的城市"空间肌理"

空间不仅是生产方式建构的宏观经济空间,还是人们具体生活、生存空间;空间不仅是地理化的形态呈现,还是权力关系交汇、聚集、冲突的场所。在索亚的分析视野中,从宏观的城市空间结构来讲,后大都市是"多核"中心与边缘不交融的扩散式的空间结构,同时在城市空间内部结构中,还存在"多线"的城市内部不交融的"空间肌理",这是生产网络的"全球聚合"引起全球劳动力市场分化形成的各阶级、阶层劳动力在后大都市中"空间分异"的地形图,也是一幅城市的政治关系地形图。

索亚指出,"地理的去中心化和重新中心化两者合拢在一起的力量,已极大地促进了对劳动进行控制的能力的提高,而这种劳工控制伴随了洛杉矶区域的空间重构。"①正是基于此,索亚描绘了从事城市底层服务业和"非正式经济"的新的种族分工的模式,从而勾画了边缘劳动力在后大都市中"种族地形"图和空间分布地形图。在索亚看来,后大都市也是全球移民劳动力的聚集场,围绕着有色种族移民妇女、下层移民所从事的各种"种族专业化"的非正规经济和"地下经济",生长出一块块、互不融合的如同一床"种族拼花被"状的城市"空间肌理"地形图,这就是城市空间社会关系的地理表达。

第一,全球生产部门分化产生了底层劳动力控制。索亚特别分析了资本主义生产的"解中心"和"重聚中心"过程中全球劳动力市场的流动以及对劳动力产生的新控制。在后福特方式下,生产部门分化、新经济部门专业化大量吸收了处在资本主义生产体系边缘的"非正规就业"的底层劳动力,如从事"非正规经济"的妇女和儿童、"血汗工厂"的少数种族以及外来移民、从事"黑人经济"等低端服务业的贫民。由于发达国家"去工业化"引起的区域制造工业衰退和再工业化过程中服务业灵活崛起,服务业也分化为高端服务业和低

---

① 爱德华·W.苏贾:《后现代地理学——重申批判社会理论中的空间》,王文斌译,商务印书馆2007年版,第321页。

层服务业,低工资的服务行业和制造业就业(如服装业)岗位能够灵活地组织生产、需要大量临时工作和应急性工作,这首先就关涉到"容易利用廉价、组织松散并容易操纵的劳工群体"①。大量的贫穷移民工人来到洛杉矶这些后大都市,成为了"游民无产者的劳动力储备",并被迫转移到这些城市的家庭经济、非正规经济等低端服务业的"灵活经济"中就业。索亚指出,"全球移民主要被吸收到低工资、低技术的服务性工作中,即在宾馆、医院、饭店、家庭服务和零售商店里的工作以及在血汗工厂的丛林中"②。还有更容易控制的、组织涣散的有色人种妇女和儿童也进入这些"兼职的"和"临时"的"地下非正式经济"和"血汗工厂"的低端制造业中,作为"庞大分散、易受控制"的边缘力量被吸纳、整合到全球资本主义生产体系中。

第二,劳动力分化产生了"空间控制"与"空间隔离"。与低端服务业相对立的是高科技、信息、娱乐、房地产业、服务业成为主导性产业,"实业和金融大腕,更包括日益增多的娱乐明星和体育明星、计算机软件专家、房地产中间商、著名发行设计师、猎头、药剂师以及牙医、股票经纪人和服装设计师"③组成了一个庞大的五花八门的"游离的资产阶级",产生一个庞大的"新贵资产阶级"。而"劳工有色种族工人阶级"穷人沿着"种族专业化"的界限从事"地下经济"和底层服务业,如缝纫机操作工、门卫、厨房杂役、电子装配工、建筑工人、私人家政服务工的种族分工……收入的"极化"必然会在城市空间上产生了与职业、种族、民族、移民身份、收入、生活方式等因素相关的一种"愈益专门化的居住区隔离"。与空间隔离相关联的必然是空间控制,索亚观察了洛杉矶这一后大都市中的"城市空间的政治地理的私有化"现象,使用"堡垒城市"、"监禁群岛"来描绘后大都市的空间控制与自我禁锢,这样一种形成隔离空间与封闭性岛屿的空间控制是通过城市设计、建筑和警察机器来实现的。在城市建筑景观中"迷恋治安的城市建筑学"、"施虐的街道环境"、"建筑性警

---

① 爱德华·W.苏贾:《后现代地理学——重申批判社会理论中的空间》,王文斌译,商务印书馆2007年版,第283页。

② Edward W.Soja:《后大都市——城市和区域的批判性研究》,李钧等译,上海教育出版社2006年版,第186页。

③ Edward W.Soja:《后大都市——城市和区域的批判性研究》,李钧等译,上海教育出版社2006年版,第363页。

卫"、"门禁社区"、报警器和摄像监视头等,用"残酷的建筑"对中心城区按种族和阶级进行物质和精神上的分割。在三种私有化及带防卫的社区——生活化社区、特权社区、安全带社区中,存在着武装巡逻队、街区防卫、安保小区以及"擅自闯入者将被枪击"的标记;在公共场合如银行、商务中心、购物中心、公园充满了无形的标志,以告诫底层人们保持距离。这种"施虐的街道环境"对城市空间进行切割和私有化,同时公共设施和公共空间又将穷人排除在外,而富人也处在被监禁的地形之中,被"想象的危险"所控制,形成一种"恐惧的生态学"。

第三,极化的空间关系和马赛克式的"空间肌理"。在城市空间关系形态上"游离的资产阶级"、劳工阶级、各种族移民组成了"片段化与分化、破碎的"的后大都市城市关系形态,在空间上呈现出"马赛克"一般的空间肌理地形图。这些空间区隔的"纹理"比过去按阶级分割的城市肌理更加细密,"因为它不仅含有原来的隔离,还有许多新增加的纹理"①,每一个纹理之间形成一个个"马赛克"般的社区,每一个马赛克代表的都是一种种族力量、一种种族文化、一种生活方式,各种马赛克杂糅般地凑合在一起,边界在不断流动,因此相互之间没有清晰固定的界限,但是每一块相互之间也不会被吸纳和相互融合,在这个意义上索亚将后大都市称之为"碎形城市"。这样一个"马赛克"组成的"碎形城市"是后大都市人群收入"极化"状态的空间表征:城市中不同群体占据类似巨大建筑中的一块块"马赛克"式的"块状"空间,这中间存在着分离化、监禁化、"堡垒"和"孤岛"效应,充满着不同种族间的歧视、敌意、隔离和冷漠、存在着混杂、不消融和不交融的社会地理面貌,使得洛杉矶这样的后大都市成为一种"流动的"、分化的、片段化的"碎形城市"。

索亚对后现代大都市的各种"碎形"的、多元的"马赛克"力量充满了乐观的想象,认为后大都市"为更伟大的社会和空间正义提供了许多新机会"②。索亚认为要运用新的分析方法去重构都市运动,寻找后现代主义可能带来的

---

① Edward W.Soja:《后大都市——城市和区域的批判性研究》,李钧等译,上海教育出版社2006年版,第462页。

② Edward W.Soja:《后大都市——城市和区域的批判性研究》,李钧等译,上海教育出版社2006年版,第472页。

政治行为和社会意义,并构想了一种后现代主义的反抗方式:通过"反转"、"仿真"等方式,通过跨文化的智慧和行动建构一个多元的、差异的、多种身份的人群从不同生活处境介入的所谓的"第三空间","第三空间"是一个动态的、充满差异的、"他者"化的空间斗争实践场,也是阶级、性别、种族等各种"他者""为了自由与解放而选择的"社会斗争的空间。"第三空间"虽然处于边缘的"他者"地位,但是要构建形形色色的穿越种族、阶级、性别和地理边界的差异化力量联合而成的空间正义联盟,以争取处于"他者"位置的边缘人群的区域化的空间权利和空间正义,这就是索亚空间理论的落脚点。

三、后福特生产方式与城市空间的"多核多线"

如果说哈维抓住了"灵活积累"生产体制下全球空间竞争引起的城市空间景观的后现代化这一内在逻辑,索亚则瞄准了"后福特主义"生产方式下全球生产的"弹性专业化"分工引起的城市空间结构重构,描绘了后大都市"多核多线"的空间地形图,把握了资本与全球、资本与地方、地方与全球如何在都市空间中交错、缠结、流转,以及在城市空间上呈现的地理样态。

随着后福特生产体制对福特生产体制的改变,全球生产部门和生产环节分散化,全球不同城市以及同一城市的不同空间部位在资本的全球生产网络中形成不同的"弹性专业化分工",与全球资本主义生产网络直接发生关系。洛杉矶周边形成了许多新的工业生产部门,如娱乐工业、信息工业、航天科技业,形成了洛杉矶这一后大都市的"弹性专业性生产"。在这样一个调整为"专业化生产"的过程中,城市空间也按照此逻辑进行了变形或重塑,在全球生产网络中占据"专业化地位"的地方成为"多核"的"阳光地带",被全球生产网络边缘的老工业城市的中心成为"铁锈地带"和"霜冻地带",因此索亚指出,后大都市"扩张的范围和规模,简而言之它日益显著的全球性,是后大都市转变的重要特征"。[①]

但同时索亚认为,后大都市并不是对现代主义城市的完全取代,是那些

---

① Edward W.Soja:《后大都市——城市和区域的批判性研究》,李钧等译,上海教育出版社2006年版,第285页。

"现代和现代主义都市活动的过度成长或扩展,是局部性和不完全变体,始终印记着早期城市空间的痕迹"①,根本原因在于资本主义生产的后福特方式并不是抹杀了福特方式,而是"仍只是部分地、前行地,并混合地选择旧秩序成分"②,在对生产"旧秩序"进行利用和改造中对生产方式进行了局部调整,这一局部调整表现在城市空间上就是后大都市空间对福特工业城市空间的变形式重构。索亚坚持了列菲伏尔把"资本主义的空间生产"作为一个连续过程的分析框架,把后大都市"视为一个清晰的变奏,而这个变奏原主题则是自都市工业资本主义生产以来一直在塑形(或重塑)城市空间的危机产生的重构过程和地理性历史化的崎岖发展"③。

四、索亚"城市空间地形"学的价值和局限

爱德华·索亚以美国洛杉矶这一"后大都市"作为分析样本,分析了资本主义全球生产的地理空间重组与都市空间地形之间的结构性关联,描绘了全球移民与本地居民、少数族裔、从事"非正规经济"的底层妇女和儿童在都市空间中的地理区隔和空间政治地形图,并构想了后现代主义的"第三空间"政治斗争理想,从而构建起空间地形学以及相关的空间政治学。索亚的都市空间地形政治学为我们认识资本的全球生产网络与都市空间结构、都市空间分配与都市政治斗争之间的复杂联动提供了一条清晰的线索,搭建了通过后大都市空间地理批判进行全球资本主义批判的桥梁,同时也揭示了发达资本主义国家城市生产地理地形、城市空间关系地形、城市的文化和政治多样性等方面的变化趋势。

索亚的城市空间地形政治学揭示了城市空间地形背后的资本主义政治经济学基础,图绘了后大都市中细微的空间肌理,涉及性别、种族、阶级、移民等众多不平等方面,主张被边缘化的"他者"联合起来为争取空间权利、实现空

---

① Edward W.Soja:《后大都市——城市和区域的批判性研究》,李钧等译,上海教育出版社2006年版,第192页。

② Edward W.Soja:《后大都市——城市和区域的批判性研究》,李钧等译,上海教育出版社2006年版,第223页。

③ Edward W.Soja:《后大都市——城市和区域的批判性研究》,李钧等译,上海教育出版社2006年版,第192页。

间正义而斗争,这些批判理念使得他牢牢地占据在马克思主义的阵营中。一方面,在资本的全球生产网络层面上,索亚描绘了在与资本的全球生产网络的"联动"和"牵扯"中发达资本主义国家后大都市的空间结构、空间地形的变化图,搭建了一条以"都市空间"视角进行全球资本主义批判的桥梁,这是对马克思主义城市空间理论的发展和推进。另一方面,在城市空间斗争层面上,索亚提出了"第三空间"的反抗策略,倡导一种后现代的差异政治学,主张"差异"、"主体性"、"多重性"、融合性,种族、阶层、性别等各种边缘力量都联合起来进行反抗,这有助于提供一种有"胶合"的凝聚力,促进工人、社区组织、地方和区域进步势力形成一种"多元混杂"的城市空间斗争联盟以争取弱势群体的空间权利和空间正义。这一理论扩展了阶级斗争的形式,拓宽了政治活动的范围,关注了当下资本主义城市中比较有活力的城市空间斗争形式。

但是索亚的"第三空间"的无限包容和无限开放性,使得其具有一种理论上的幻想,充满了游离、模糊、差异、多主体的后现代色彩,虽然索亚构想了区域之间的多元主体的空间正义联盟,但实际上无法从理论和实践上阐明到达这一理想空间的具体路径。同时,索亚对新的多主体的区域空间联盟的空间斗争给予厚望,但是索亚只主张在资本主义政治框架下争取民主政治协商获取城市权利,并不像列菲伏尔、哈维和卡斯特尔斯主张对资本主义制度的整体反抗,呈现出一种改良主义的反抗路径。索亚的理论显示出主张"多元主体"、"分散反抗"、"微观革命"的后马克思主义的理论旨趣,最终实际上是一种民主改良。正如迪尔所批评的,"索亚为马克思主义和后现代主义领域的交叉研究大唱赞歌",当然最终他以马克思主义理论彻底重构了城市学说。①

索亚建构的后现代主义式的空间反抗,根源在于在历史观上他用空间生产代替物质生产作为社会生产的中心,这也使得他遭受到诸多批评:第一,批评他用空间关系来取代了生产关系。索亚批评经典马克思主义的著作所批判的资本主义"像天使站在针尖上"②、缺乏资本主义展开的空间场域,因此索亚主张要突出"地理的历史唯物主义",但是"索亚过分突出了生产概念中的空

---

① Michael J.Dear:《后现代都市状况》,李小科等译,上海教育出版社 2004 年版,第 91 页。
② 爱德华·W.苏贾:《后现代地理学——重申批判社会理论中的空间》,王文斌译,商务印书馆 2007 年版,第 130 页。

间维度,而牺牲了其更根本的历史性内涵;只聚焦于晚期资本主义空间生产的暂时性特征,而有意模糊了永恒的物质生产的基础地位"。① 第二,批评其不到物质生产而到空间关系中寻找边缘的反抗力量。因为索亚将空间关系视为社会生产和社会关系的中心,因此他认为,地缘政治学意义上的"全世界无产阶级联合起来"的理想宣言无法反抗后大都市中的多样化的空间不平等,他是从资本主义空间格局中寻找边缘的力量如少数族裔、底层妇女、劳工、性少数者来形成空间联盟,而不是放在劳动者和资本的阶级关系中探索反抗的路径,那么谁来组织联合? 怎样联合? 联合的具体目标和长远目标是什么? 这些问题都因为反抗的主体混杂、多元而显得分散、短暂、偶然和流动,显现为一种实际上的模糊的、随意的"乌托邦式"的第三空间理想,充满了游离、模糊和后现代的幻想,无法在实践中找到一种长远的、深刻的、强大的能够颠覆资本主义空间关系的根本路径。

第三节　资本全球经济网络中城市的 "全球空间节点性"

　　索亚是在全球化引起的发达资本主义国家的"去工业化"和"再工业化"的框架下来谈论城市空间地形的重构,萨斯基姬·萨森(Saskia Sassen)则是在资本主义生产的全球网络体系中来谈论"全球城市"的空间变化。随着资本主义的全球生产网络的牵扯和波动,城市的经济部门、空间景观以及社会关系形态都带上了"全球性"特征,萨森认为全球城市体系间存在着"连接大小全球城市的多重环路",依靠"环路"组成各层次的全球资本主义经济生产网络,全球资本能够凭借全球经济网络构成的控制力对世界经济发生重大影响,而在全球资本经济网络体系中占据重要"节点"位置的城市称为"全球城市"(萨森将其区别于"世界城市")。萨森着眼点于在资本主义全球生产网络的动态关联中来考察"全球城市"的空间重构,着重提出在全球生产网络的"空间拉扯"中作为"节点"的"全球城市"的经济部门布局、空间再造、劳动力空间

---

① 刘怀玉:《索亚:后现代地理景观的空间本体论批判》,《南京大学学报》2004 年第 5 期。

地形等问题。

　　萨森是美国哥伦比亚大学社会学教授,是创建全球城市理论的代表人物之一,在1988年出版了《劳动与资本的流动性》,在1991年出版了《全球城市:纽约、伦敦和东京》,用其翔实的数据分析了纽约、伦敦、东京这三座具有代表性的全球城市的服务业、金融业、房地产业、收入差距、专业管理人员、低层服务人员的状况,并于2001年进行修订再版,这本书奠定了萨森在城市社会学学术界的声誉;萨森还于1998年出版《全球化及其不满》,2005年发表了《全球城市:战略场所,新前沿》,2009年发表了《我们未来环境的核心》、《在全球数字化时代解读城市:地貌表征的局限性》、《城市的专业化差异在今天的全球经济中至关紧要》等文章,详细突出和发展了她的"全球城市"的专业化特征、经济结构调整、劳动力市场、阶级与空间极化等理论,萨森对"非正规经济"的批评强化了其理论的批判色彩,也因此承接和发展了马克思的如资本流动、金融资本、阶级收入差异、劳动力市场等理论。

一、全球经济网络空间中作为"节点"的"全球城市"

　　彼得·霍尔(Peter Hall)在1966年的著作中已经使用"世界城市"的概念,弗里德曼(J.Friedmann)在1986年对世界城市作出了概括,认为世界城市是经济活动越来越国际化的产物,而萨森在1991出版的《全球城市:纽约、伦敦、东京》一书中首次提出了"全球城市"(global cities)的概念,将"全球城市"与"世界城市"作了区分,主要是通过"全球城市"的各种经济指标如所拥有的跨国公司总部数量、跨国股票、证券交易量、生产者等服务业增长程度、金融和保险业的份额来辨别其是否连接、接合进全球经济网络中的程度以及在其中的"节点"地位。与哈维和索亚相同,萨森也看到了福特生产方式之后资本在全球的空间分散和空间重组,更进一步揭示了全球分散导致的全球集中化的需要,在这种全球集中化中生成了一种新的城市类型——萨森将其称为"全球城市",萨森的"全球城市"分析虽然也关注了城市空间景观、空间结构、城市空间关系等,但她更关注的是"全球城市"与全球经济网络之间的内在关联,凸显了城市的"全球地方"的空间特征分析。

第一,资本的全球分散与集聚的需要产生了"全球城市"。萨森认为,从20世纪70年代开始,原有发达资本主义国家旧工业中心衰落,制造业向外转移,资本在"地理上分散",导致了工业国际化;与工业国际化相伴随的是服务业和金融业也呈现出空间上的分散化与国际化趋势,萨森认为全球资本大量进入全球制造业、服务业、全球保险业、金融业、房地产部门,进行"资本的重组",造成全球经济的地域分散,而这种分散又需要在全球范围内进行"顶级管理和控制机构的地域集中",产生了一种空间分散然而又功能集中的需要,"制造业生产,服务和金融业的多地点发展趋势,极大地增加了对专业服务活动以及对工厂、服务点和办公室的全球网络体系的管理和控制的需求",[①]导致了为"管理与控制空间经济的服务节点集中化的加强","全球城市"正是顺应这一"全新形式的需求"而出现的,一些城市在这种"新形式的需求"中上升为全球"节点"城市。

第二,"全球城市"是国际新产业部门集中的城市。自20世纪80年代以来,世界经济构成发生转型,特别是金融和发达服务业兴起而成为主导产业,取代了老的生产、服务和以制造业为核心的经济模式,这"有助于一个金融中心、全球市场和跨国公司主导的国际经济新秩序的形成"。[②] "全球城市"就是在国际经济新秩序中占据"节点"的重要城市,有着四大关键特征:其一,世界经济组织高度集中的控制点;其二,金融机构和专业服务公司的主要集聚地,其已经替代了制造业生产部门而成为主导经济部门;其三,高新技术产业的生产和研发基地;其四,作为一个产品及其创新活动的市场。[③] 衡量全球城市的一个关键性指标是:"该城市是否具有为公司或市场的全球运营提供服务、管理和融资的能力。"[④]在全球城市体系中,"全球城市"处于城市网络的

①　丝奇雅·沙森:《全球城市——纽约、伦敦、东京》,周振华译,上海社会科学院出版社2005年版,第8页。

②　丝奇雅·沙森:《全球城市——纽约、伦敦、东京》,周振华译,上海社会科学院出版社2005年版,第12页。

③　丝奇雅·沙森:《全球城市——纽约、伦敦、东京》,周振华译,上海社会科学院出版社2005年版,第1—2页。

④　丝奇雅·沙森:《全球城市——纽约、伦敦、东京》,周振华译,上海社会科学院出版社2005年版,第337页。

顶端,"由大约 40 个全球城市组成的城市网络,是今天世界上跨国界经济活动的主要组织框架"①。

第三,"全球城市"作为"节点"联结成全球经济网络结构。作为全球经济网络的"枢纽"和"节点","全球城市"依靠各种跨境连接的"环路"结成一个全球城市体系,这一城市体系"支承"着全球经济结构。萨森认为,日益增多的全球城市形成的跨国网络构成了全球经济的组织结构中的关键组成部分,而"全球城市"是使越来越跨国化的各种经济结构获得国际间协调和服务的关键性的"节点",全球资本依靠这些"节点"、节点和节点之间的相互联系组成的"环路",依靠各种"环路"结成庞大的经济网络结构,结成各种跨国界的网络进行集中管理与跨国运行控制,将其对跨国经济的控制力连接、扩张和辐射到最大值。

二、与全球经济网络的"接合"拉扯城市空间的重塑

在全球经济网络中的"节点"位置和城市新经济核心必然会衍生出了特殊的城市"空间、内部动力和社会结构",萨森认为"全球城市是经济全球化驱动下生产空间分散式集中和全球管理与控制功能重整的结合,代表了一种特定历史阶段的社会空间"。② 伴随着"全球城市"的集中和全球管理控制力的增强,"全球城市"的空间在与全球经济网络的"接合"中其空间形态也带上了"全球性",从而呈现出独特的空间结构、景观以及空间的国际化风貌。

第一,经济的专业差异化形成独特的城市空间结构。萨森认为,"全球城市"在全球经济网络中具备专业化分工差异,也就是说,"全球城市"具有自己独特的专业优势,为全球经济提供垄断的独具的产品和服务。正因如此,主导性的生产业和服务业造就了城市中心的空间连接模式的不同,形成不同的城市空间结构。国际商务中心、中央商务区占据城市中心区域,如纽约城市中心作为集聚大量商务活动的网络节点,向大都市地区延伸,形成一个宽泛的拓展的区域空间结构;比如,国际金融中心,是银行总部和金融机构中心聚集地,形

---

① 丝奇雅·沙森:《全球城市——纽约、伦敦、东京》,周振华译,上海社会科学院出版社 2005 年版,"中译本序"第 1 页。

② 苏宁:《世界城市理论综述与启示》,《上海商学院学报》2010 年第 2 期。

成聚集型空间区域;再比如洛杉矶城市边缘的高新技术产业形成的电影制造空间、航天科技空间等形成索亚所说的"多核"的扩散的城市空间结构。不同城市的空间结构模式,是由这个城市主导的经济部门通过分散和集中来形成的城市的空间地理形式,也就是说在全球化时代,由于在全球城市体系中的位置和专业化分工的差异,城市生产出了自己独特的空间连接形式和空间结构形式,成为"这些特色化的、高度专业化的城市间地缘格局的一部分"。①

第二,生产的全球化形成城市空间设施的国际标准化。萨森认为生产的全球化所需要的统一的全球市场、生产过程、销售过程会把一些标准全球同质化,城市的物理景观同质化是生产的全球化的必然逻辑和内在标准,表现为城市的公共设施和基础建筑的全球同质化。萨森指出,"金融和服务综合体的实际生产过程以及全球性市场,对作为全球化基础的物质设施和整个就业的公共基础设施的一体化起着作用。"②跨国金融公司、跨国服务公司、跨国商业公司使得城市的基础设施如机场、高速城际列车、连接机场的高速公路,休闲娱乐设施如娱乐区、商业区、酒店、餐馆,生产流通设施如写字楼、电子通信的基础设施、加工厂区"标准和标准的生产越来越统一"。③ 如离岸金融中心的金融机构大楼、专业化跨国公司总部的建筑、高科技产业区、顶级商务区、顶级酒店、顶级餐馆形成"国际商务的新型超空间",同时大型跨国公司、大商业银行、高级服务公司总部和分公司在全球繁盛开花,建筑设施、商标图案、广告设计等也出现全球趋同的趋势;另外,全球城市的消费品、广告服务业、建筑业出自大型专业化的跨国服务公司及其子公司,消费市场、艺术建筑、街道设计、户外广告也越来越标准化、趋同化。④

第三,高端专业化服务推动城市中心空间的重新高档化。萨森认为,从

① 萨斯基娅·萨森:《城市的专业化差异在今天的全球经济中至关重要》,《国际城市规划》2011 年第 2 期。

② 丝奇雅·沙森:《全球城市——纽约、伦敦、东京》,周振华译,上海社会科学院出版社 2005 年版,第 328 页。

③ 胡以志:《全球化与全球城市——对话萨斯基娅.萨森教授》,《国际城市规划》2009 年第 3 期。

④ 丝奇雅·沙森:《全球城市——纽约、伦敦、东京》,周振华译,上海社会科学院出版社 2005 年版,第 328 页。

20世纪80年代开始,出现了城市空间中心的又一次重组,给城市空间赋予了文化象征色彩,促进了城市中心空间的高档化。萨森认为最主要的因素是城市的高端专业服务业的主导地位产生了一个"高收入专业人士"阶层,这个阶层的消费能力及其他们运用新城市美学观"重绘了城市面貌"。高端专业化服务业包括广告、会计、法律服务、商务服务、专业银行、工程和建筑服务等形成一个有着"显著收益"的新社会阶层,这一高端阶层是绅士化的"新城市使用者"阶层,根据他们的心理和文化意象重新构建城市中心空间,形成"以讲究个性、高价位和极端都市风情为特征的,而不是以讲究性能、低价位和郊区风情为特征"①的新城市空间。其一,市中心出现具有都市风情的高档住房。萨森指出,高收入绅士阶层和新文化形式联系在一起,热衷于改造破败社区。在纽约、伦敦和东京,市中心本来是由一些中低收入的人们居住和中等收益的公司所在地,到20世纪80年代,专业化人士组成的新中产阶级向破败的市中心移居,市中心出现了"豪华的办公楼与住房的复合体、大型的建筑项目"②。在伦敦几个老的地区如克伦克威尔区,以前这个地区居住着低收入者尤其是少数民族,但是在90年代出现了大量新式住宅,仓库和工厂都被改建成"追求奢华的高级公寓"。其二,城市中心商业消费场所的高档化。萨森认为,与高收入专业人士阶层兴起相伴随的,是一种绅士化的"新型消费方式",高收入阶层需要"定制"商品和定制服务,于是高档的消费空间如昂贵餐厅、高档酒店、专卖店、品牌店、法国手洗洗衣店、美容店、高档美食店、定制的家庭用品商店等出现,这些商品规模小、独特、定制化,其服务产品"成本高以及更强调设计和款式"。这种绅士化的生活方式强调"其形状、颜色和声音都是独特的",因此原本破败的城市中心开始迎来了"商业繁荣和人丁兴旺",高档的住房、高档消费品商业中心、艺术品和奢侈品商业区在市中心出现,都是在强调新潮和奢华的独特,萨森认为,"这是另一种城市国际化的形式"③。

---

① 丝奇雅·沙森:《全球城市——纽约、伦敦、东京》,周振华译,上海社会科学院出版社2005年版,第306页。
② 丝奇雅·沙森:《全球城市——纽约、伦敦、东京》,周振华译,上海社会科学院出版社2005年版,第246页。
③ 丝奇雅·沙森:《全球城市——纽约、伦敦、东京》,周振华译,上海社会科学院出版社2005年版,第321页。

三、"全球城市"中的"跨国"政治和"大同"文化

萨森是从全球经济秩序的新变化来理解全球城市中的政治关系,认为新的经济秩序形成了新的城市政治主体、城市反抗方式和城市政治目标。在萨森看来,以服务业为主的经济体系中,与高端服务业的发展相对应的,是低端服务业比重的增加。低端服务业灵活地利用妇女、移民、少数族裔,创造了一个巨大"非全日制工作"的临时劳动力市场,萨森将这类与"临时劳动力市场"对应的经济称为"非正规经济",她认为"非正规化和临时化就业,也是使发达工业化经济近期发展趋势的一种结构性产物"。① 萨森从移民、性别和种族的视角揭露了纽约非正规经济中临时劳动力市场的女性化、移民化和种族化倾向,指出妇女、移民和少数族裔被驱赶到"非正规的、临时雇佣关系"中,而福特时期的工会制度、养家工资制度、提供社会公共产品的福利制度和社会救济系统全面瓦解中。金融业和高端服务业、国际贸易代理商形成的新高收入阶层和大量城市贫困人口的扩张同时存在,这导致了城市空间权利问题、政治权力问题、城市身份的认同问题……但萨森的"全球城市辩证法"充满希望地认为,正是在全球城市的多重矛盾中孕育着"新类型的政治主体",孕育着"跨国界"新型的跨国的地方政治反抗联盟、蕴藏着最终形成"全球大同主义"城市文化的可能性。

(一)"非正规经济"孕育出多重的"城市政治主体"

服务业第一种是生产服务的低端服务业,为建筑业、制鞋业、服装业提供服务的小公司和分包商,需要利用"分散的劳动力"来灵活地组织服务活动以"提高正规产业部门的弹性",于是倾向于使用廉价的、有弹性时间的移民劳工和社区资源如家庭妇女。第二种是生活服务业,为高收入的绅士提供商业设施和家庭服务,在"高收入的住宅及商业绅士化的地区集中,如服装专卖店、外卖盘装食品的美食店、用户定制的家庭用品"、遛狗人、"跑腿杂役、家政服务、住宅服务员、公寓清洁工、婴儿照管员等"②。第三种是"非正规"的加工工业区和服务市场,如纽约皇后区的汽车修理店、制衣店铺、储藏制作店铺、

① 丝奇雅·沙森:《全球城市——纽约、伦敦、东京》,周振华译,上海社会科学院出版社2005年版,第276页。

② 萨森:《全球化及其不满》,李纯一译,上海书店出版社2011年版,第62页。

制作玻璃制品店铺。这些"非正规经济"和"地下经济"的从业人员主要是移民、妇女、非裔美国人、有色人种、受压迫的少数族裔,妇女主要集中在保洁服务业、家庭雇佣劳动、服装加工业,男人主要集中在建筑业、维修业、房地产业。这种非正规经济极大地打破了福特时期强有力的制造业工会体系和原有的相对稳固的雇佣关系,形成了一种"临时的"、非固定的、非正规化的雇佣关系,从业人员福利缺乏、环境恶劣、收入低、"不享有医疗费、加班费、假期工资以及工作安全设施"①,拥有的城市公共服务和设施缺乏、缺乏安全和卫生的食品和生活用品,与高收入者形成尖锐的对比和冲突。

　　萨森的"全球城市辩证法"认为,"全球城市"中一方面存在尖锐的矛盾和冲突,但同时"全球城市"为"妇女、移民、少数族裔"的新类型政治主体为中心的新类型政治提供了可能性。"全球城市"作为全球资本的战略前沿场所,是资本主义的全球化社会矛盾汇集的最集中的场所之一——这里集中着资本和工人、资本和妇女、资本和移民、跨国大资本和本地小资本、本地居民与外来移民、本地人群与少数族裔、高专业人士阶层与低端服务业人员之间重重叠叠的矛盾。因此,全球城市作为一种新前沿地带,产生了众多的边缘人群,这些妇女、移民、少数族裔、弱势群体等边缘人群成为了萨森所希冀的"新城市政治"的主体力量,她认为这些新城市主体联合起来促进了全球城市中新的阶级联盟的要素形成,"这预示着以新类型政治主体为中心的新类型政治的可能性"。如"非正规经济"存在着妇女的"自主与赋权的可能性","女性获得了更大的个人自主与独立",更多参与公共事务,使"她们有可能作为一种更有力与令人瞩目的主体出现",在"社区建设与社区活动中更为积极"。移民也是如此,他们(她们)作为新经济的参与者,在参与中获得了存在感,形成了"新的身份",产生了"新的社区感、归属感和权利诉求","他们在一个超越了正式的政体边界的更广阔的政治过程中获得存在"②。

　　(二)新城市诉求与"跨国"的地方政治形式

　　在萨森看来,新的城市政治主体通过"自我存在"感和新的身份认同感的

---

　　①　丝奇雅·沙森:《全球城市——纽约、伦敦、东京》,周振华译,上海社会科学院出版社2005年版,第284页。

　　②　萨斯基娅·萨森:《全球城市:战略场所,新前沿》,《国际城市规划》2011年第2期。

形成,围绕"城市是谁的城市?"来发出声音、表达他们的城市诉求,这些诉求
既包括了对城市享有的权利,也包括了如何使用城市空间的公民政治权的诉
求。萨森指出,"当今的大城市,尤其是全球城市,是非正式政治主体新诉求
在这里形成并获得具体形式的战略要地之一。"①这些具体斗争形式包括通过
城市政治暴动、街道政治活动来进行抗议和斗争,萨森认为这样一种"跨国"
的政治活动是多主体参与的新形式的政治活动形式,"全球城市成为了新参
与类型的前沿地带"②。

　　全球城市滋生了新城市诉求政治。"新城市诉求"是边缘人群争取自身
合法性的"承认"。"新边缘人群通过城市政治活动来表达他们的城市诉求,
这些诉求来自于对认同和赋权的抗争,以及对应有权利的要求。"③这些城市
政治斗争都是围绕着获得社会承认的身份、社会承认的资格以及获取具体的
城市权利,如占用空房、公地等、抗议警察暴力的示威斗争、争取移民和无家
可归者的权利、关于文化和身份的"承认"的政治活动、男女同性恋"合法性"承
认的活动等。萨森还认为,全球城市在经济上和政治上提供了"新的公民权"
的实践形成过程,"至少也为新的'公民身份'提供了可能",这一过程需要在
弱势群体争取"场所权利"的参与实践中逐渐实现。这些对城市的新诉求采
取的斗争大多是在街道上进行的,与列斐伏尔、哈维和索亚一样,萨森也推崇
"街道政治",认为街道上的政治活动不是在国家正式的政治体系之内的活
动,而是在城市空间中新类型的政治主体新形式的政治活动。

　　同时,城市政治活动是一种"跨国"政治活动。萨森认为,在当今"全球城
市"与全球经济网络的紧密联系使国家作为社会过程和权力的容器被打破,
反倒在这种"破裂的外壳"下打开了一个可能的斗争空间,边缘群体不再在国
家政治体系下,而是可以作为非阶级政治主体与全球资本的战略组成部分展
开"面对面的"互动,导致"跨国"性政治活动的出现。"跨国"有两层含义:一
是,在斗争的问题域上,"全球城市"中引起斗争的问题是跨国的。城市中所

---

　　①　萨斯基娅·萨森:《在全球数字化时代解读城市:地貌表征的局限性》,《国际城市规划》
2011年第2期。

　　②　萨斯基娅·萨森:《全球城市:战略场所,新前沿》,《国际城市规划》2011年第2期。

　　③　萨斯基娅·萨森:《世纪之交的城市社会学前沿》,《国际城市规划》2011年第2期。

出现的问题是全球资本、全球经济结构、全球生产模式转型引起的跨国劳动力流动、非正规化经济带来的收入极化、空间不平等、身份认同、移民和少数族裔文化、环境保护等问题,是全球经济体系必然带来的问题在城市这一具体地方、场所中的反映,"这意味着政治的冲突植根于地方,但却具有跨国的属性"。所以,城市中新型主体参与的政治活动表面上是在争取他们的城市新诉求,另一方面,也是对在全球经济带来的问题的一种不满及其反抗式回应,直接面对的是全球资本体系在具体城市中产生的问题,"是一种跨国但又基于具体地方的政治"①。二是,在斗争网络上,地方的政治活动和全球活动网络联系起来。萨森认为,互联网络正在促成"新型互连",这一互连形式"使得一种新型的跨界政治活动成为可能",依靠互联网的连接,各个迥然不同地方的政治活动贯穿地区、国家或世界,互相连接起来,地方政治议题已经与全球活动连锁、联动与互动,这种斗争既结合了全球政治议题,又具有地方具体性,形成全球地方性的多中心的政治活动。萨森指出,"通过互联网,当地的动议成为全球活动网络的一部分,同时也不会减少对当代具体斗争的关注。"②

(三)地方亚文化的再地域化与城市"大同主义文化"

"全球城市"也是全球移民劳动力汇聚的地点,在全球经济体系中由跨国公司主导着城市文化,而本地文化逐渐被跨国公司主导的文化边缘,移民文化、少数族裔文化、有色人种文化被贬抑为"他者"文化,丧失自己的文化合法性,导致其"身份辨认"和"价值认同"的困难。但同时,萨森认为正是"全球城市"提供了多样文化共处、生成新的全球文化的平台和场所,萨森希望通过一种"地方亚文化的再地域化",生成一种混合当地移民、少数族裔的新城市文化,尊重文化的多样合法性,创造一种"世界大同主义"的城市文化环境,这就是萨森的"全球城市"的文化理想。

"全球城市"是跨国劳动力市场的活跃地,各种移民携带着原有的"地方亚文化"而来,来自于世界各地的根植于某个国家或村落的地方文化现在开

---

① 萨斯基娅·萨森:《世纪之交的城市社会学前沿》,《国际城市规划》2011 年第 2 期。

② 萨斯基娅·萨森:《在全球数字化时代解读城市:地貌表征的局限性》,《国际城市规划》2011 年第 2 期。

始在诸如"纽约、洛杉矶、巴黎、伦敦和最近的东京等城市再地域化。"①这一
"再地域化"是指移民带来的地方文化,在全球城市中与当地文化、公司文化
的互动中,生成一种新的"后殖民主义"的文化空间。萨森借用了后殖民主义
的批评方法来说明主导的跨国公司文化依据"后工业城市经济体系的主流叙
述"来定义文化,将移民社区、黑人贫民窟定义为一种"贬值的、退化"的空间,
其文化和身份也被贬抑为"他者",但是主导文化只能涵盖城市的一部分,"他
者"空间和文化在全球城市的边缘和裂缝中茁壮地存在着,并且不断地与主
导文化之间发生"混杂",形成多样的"他者"和"我者"相互交融的文化形式。
正是在这一交融的文化实践中,主导文化被改造、边界不断在发生变化,"他
者"也生成了新的跨界(原有文化和当代文化)的两栖的新"身份"、产生了跨
地方的"价值认同"和新社区、新城市归属感,萨森指出,全球化"不仅是全球
网络中资本的跨境流动,而且已是富人(新的跨国专业人员)与穷人(即绝大
多数移民劳工)以及文化形式的跨境流动的空间,后者或者被称为'地方'亚
文化的再地域化"②。

四、萨森"全球城市"理论的价值与局限

萨森对新马克思主义者伊曼纽尔·沃勒斯坦(Immanuel Wallerstein)"中
心—半边缘—边缘"的资本主义"世界体系"理论进行了承接和发展,索亚评
论萨森时说:"她一开始就把视点落在都市全球化的一个特性上,即'核心'城
市的'边缘化',使用的术语都带有沃勒斯坦的世界体系理论和历史社会学的
影响。"③萨森认为金融业、银行和生产服务业组成的全球城市经济,塑造了一
个资本积累的"新都市等级",这一新的城市地理格局仍然延续了伊曼纽尔·
沃勒斯坦视野中世界体系"中心—半边缘—边缘"的不平等机制,但是"中
心—边缘"的划分不再是根据'核心国"和"边缘国"的国家地位进行划分,而
是根据不同城市在全球经济网络体系中的活跃程度及与网络"接合"的紧密

① 萨斯基娅·萨森:《世纪之交的城市社会学前沿》,《国际城市规划》2011年第2期。
② 萨斯基娅·萨森:《全球城市:战略场所,新前沿》,《国际城市规划》2011年第2期。
③ Edward W.Soja:《后大都市——城市和区域的批判性研究》,李钧等译,上海教育出版社
2006年版,第290页。

程度来界定,并由此形成一个"新都市等级",这一等级显现出不同的城市在全球城市体系中所处的位置以及城市获取的战略资源和活动的多寡。同时萨森指出,"新的边缘空间不仅显现于欠发达世界,也出现在发达国家,在发达与发展中国家的主要城市,我们都看见了一种新的中心与边缘模式,这不仅进一步强化了已有的不平等,而且还产生了一种新的不平等机制。"①在萨森看来,"中心"和"边缘"变得多重、多层和动态,这样就将在全球经济网络中处于不利境遇的多种边缘的空间揭示出来,加深了对世界空间不平等体系和秩序的分析和批判。正是因为萨森对全球城市背后的全球资本主义体系进行批判的根本态度,以及她描绘的全球城市体系之中的"新等级",使其理论也可以被归属到马克思主义的城市社会学之中,萨森将其"全球城市"理论称之为"新的中心与边缘地理学"。

作为一个城市社会学者,萨森运用实证方法,运用了一些重要的经济指标来描绘处于全球城市体系顶点的三大全球城市——纽约、伦敦、东京的专业化差异、城市特征、经济部门的重构、高级专业人员比例等城市新状况,可以具象化地看到在全球资本主义时代资本主义生产的全球转型和自我调整的轨迹,发展了马克思主义的资本主义批判理论,如资本流动、金融资本、流动劳动力市场等理论思想。萨森研究的核心是"试图理解'非正规经济'以及城市劳动力市场的相关重构,特别是在资本加快流动和大量劳动移民时代出现的女性、少数民族和穷人不断变化的工作模式"②,萨森关注了"全球城市"中全球资本主义体系对边缘劳动力的分散化控制的方式、策略以及造成的阶级极化等情况,但是她又辩证地看到在这一新的压迫和控制形式中,孕育着新的反抗的希望,这些边缘人员凭借参与"非正规经济"获得了自我定位和自我赋权,孕育着对新城市的诉求、身份认同和新型的跨国政治的可能性,正如萨森指出:"他们在权力的新社会学中争取生存",萨森希冀在这种争取中能够"混杂"城市中跨国公司主导的文化,从而形成一种"世界大同主义"的城市文化,这也反映了萨森的后现代主义式的折中立场,寄希望于城市边缘人群的自我成长

---

① 萨斯基娅·萨森:《全球城市:战略场所,新前沿》,《国际城市规划》2011 年第 2 期。

② Edward W.Soja:《后大都市——城市和区域的批判性研究》,李钧等译,上海教育出版社 2006 年版,第 290 页。

与自发行动,与索亚的后现代主义立场一样,充满了游离、模糊的乌托邦式幻想,无法在实践中找到一种整体的、持续的颠覆全球资本主义体系的力量和方式。

第四节 全球生产网络体系中"后大都市"的空间裂变

后福特生产方式意味着资本抛弃大规模、纵向集成具有完整流水线和批量生产的模式,更有"弹性地"、"灵活地"在全球重组空间、分解生产环节、组建新的生产部门、开创灵活劳动力市场和产品销售市场,这就是资本主义的新一轮全球"空间修复"策略。在这一全球"空间重组"过程中,城市作为"全球的地方",受到全球生产网络的辐射状波及、联动和冲击,城市的空间结构、空间景观地貌和空间地形等方面也发生了顺应性的"重组",使城市空间地理更符合资本生产的全球"网络化"分散和聚合逻辑。与全球资本生产空间"差别/均等化、分裂/维护、零碎/连贯"的空间矛盾体相一致,城市空间也呈现出"多核/一体、差异/整体、碎形/整合"的矛盾趋向,城市空间紧密地适应、展现了全球资本主义生产空间"分散化"、"多样化"、"特质化"的内在要求和发展趋势,与"垄断城市"的"中心—边缘"的空间结构和整齐的空间秩序相比,"后大都市"或称为"全球城市"发生了空间结构上的"裂变"、空间景观上的"混杂"和空间地形上的"细分"趋势。

一、全球生产网络"拉扯"城市空间结构"多中心"裂变

在资本主义这一轮新的"全球空间修复"中,生产空间的全球"分散"建立起了全球生产的网络状连接,同时因为"全球聚合"需要的产生,又产生了一些在全球生产网络中与网络联系紧密的处于重要位置的城市"节点"。不同地理空间的发展程度完全取决于它在全球生产网络中的活跃程度以及与网络的"接合"程度,正是这一与全球生产网络的结合状况,受到网络的牵扯、波动和辐射,产生了一个在全球空间中不同城市组成的等级体系,以及在城市内部不同城市空间部位也存在着等级化倾向。

以城市作为"节点",实现了全球生产网络控制力的高度聚合,这一聚合

过程"重塑"了城市内部的空间结构。全球生产的地域分散化同时也提出了对"全球网络体系的组织、管理和控制"的"全球集中"的需求,这使得一些城市如东京、洛杉矶、纽约等,越来越成为全球经济获得国际间协调、整合的关键性的"节点",正是在这些城市与全球生产网络高度"接合"的意义上,萨森将其称为"全球城市"(GlobalCity)。这一"全球分散"和"节点集中"的辩证运动引起"全球城市"空间结构相应的"扩散化"和"集中型"的变化倾向。在"全球城市"中形成国际金融业、专业化服务机构、跨国经济组织等专业化部门的"集聚化",导致城市原本边缘地方被改造成跨国组织的"中心"办公区域,破败的市中心也被修复成供跨国人士使用的豪华住宅区、豪华商店、艺术画廊。

　　全球生产网络的"空间重组"导致了城市"多核心"的空间结构。首先,"解中心"和"重聚中心"拉扯着城市内部空间结构的扩散。资本对全球工业部门的生产地理空间进行了调整,发达资本主义国家老福特工业城市如汽车工业城市、钢铁工业城市、机械工业城市在全球制造业的空间调整中被"解中心"了,这类资本和劳动转移到了第三世界边缘地带,形成"周边的福特主义";新的工业生产体系兴起的"新生产部门"如高科技产业、创意工业、金融保险业和高端服务业等,又和一些原本福特工业城市的外围地区进行了联系,这就是"重聚中心"。于是像洛杉矶这样的"后工业城市"在城市原本的外围地带兴起了与新的全球工业生产体系相联系的"多核"的"小中心",这种经济活跃的"多核小中心"之间通过信息、交通网络形成"扩散型"的城市区域的空间结构,同时由于经济集聚效应,相邻的小中心不断增加,因为"在地理位置上相近的城市总是围绕着一些核心大城市而形成一个城市体系"①,戈特曼将这种多核的城市集群称为"大都市连绵区(megalopolis)"、列斐伏尔和弗里德曼使用了"市域"(urban-field)、戈迪纳提出了"多核心大都市区域"(poly-nudeated metropolitan region)以及卡斯特尔斯使用"巨型城市"(megacity)一词描述了这种拼凑式多中心的城市区域空间形态。

　　"在发达国家产生了都市圈、全球城市区域、全球性巨型城市区、巨型城

---

① 陆铭:《空间的力量——地理、政治与城市发展》,上海出版社 2014 年版,第 27 页。

市区等各种城市群体空间聚集的地域景观。"①发达国家的城市群主要有美国东北部大西洋沿岸城市群、北美五大湖城市群、日本太平洋沿岸城市群、英伦城市群、欧洲西北部城市群,又包括多个城市区域,如美国东北部大西洋沿岸城市群是美国最大的生产基地、商业贸易中心和世界最大的国际金融中心,包含波士顿、纽约、费城、巴尔的摩、华盛顿等城市区域,其中纽约是世界三大国际金融中心之一的城市区域,纽约城市带又由多个经济活跃小中心组成,长 965 千米,宽 48—160 千米,是美国经济的最核心经济地带。

二、全球空间竞争"催生"城市空间景观的"后现代"裂变

资本的全球生产网络中的空间不平衡是造成地方空间竞争冲动的直接动因,在这种空间竞争的冲动下,城市管理者、规划者、设计者、房地产商和跨国公司"合谋"运用后现代文化逻辑"雕刻"城市空间景观,以凸显城市空间"独特的形象",创造一种吸引资本和旅游人群的场所和氛围,由此形成了城市空间景观的"后现代化"。

城市空间景观的"后现代化"表现为拼贴化和表演性。瑞尔夫把 1945 年后的城市规划分为现代主义城市风貌阶段,1975 年以来的则是后现代城镇风貌阶段。他认为相比现代主义的城市风貌的庞大、秩序、理性、死板,后现代城镇景观注重细节、灵活、差异、有趣,它们的特点是:(1)离奇有趣的空间,独具匠心的创意景色;(2)富有纹理感和凹凸不平的表面,通常饰以貌似"古朴久远的"外表,以取得淡雅、富于细节变换的效果;(3)时尚性,以新颖、别致、流畅来获取感染力;(4)重新与乡土地域本色的糅合,故意贴近历史和地理的建筑风貌②。哈维也剖析了伦敦、纽约、巴黎、波士顿等大都市的建筑风格,认为它们是混合了"本地传统、地方历史、特殊需求与癖好"的表演性建筑,如"装饰起来的大厦街区、模仿中世纪的广场和渔村、按照风俗设计的或者乡土的住

---

① 张京祥、罗震东等:《体制转型与中国城市空间重构》,东南大学出版社 2007 年版,第 13 页。

② Michael J.Dear:《后现代都市状况》,李小科等译,上海教育出版社 2004 年版,第 206 页。

宅、经过改造的工厂和仓库,以及各种修复过的风景"。① 同时,在这些"表演性"建筑中不断上演各种如奥运会、花园节、交易会等表演性事件。在地方的空间竞争下,城市空间景观的"拼贴化"、"表演化"等后现代特征都是为了打造空间特质、提升城市形象,以"吸引投资与旅游者的金钱"。

另一方面,城市景观的"国际化"也是"后现代化"的另一种表现。城市景观的"后现代性"还意味着对国际性、全球性文化要素的"混杂"和"拼贴",以适应全球空间竞争的地方需要。在萨森看来,纽约、伦敦和东京是三个在全球空间结构中处于顶端的"全球城市"的成功范本,有着"令人向往的建筑风格"和极具后现代特征的"个性和都市风情"。城市设计师按照后现代美学改造了原本衰败的城市地区,建造了"大规模奢华的办公区和住宅区"、新潮昂贵的购物区、各类专卖店,为"跨国绅士高收入阶层"提供"定制产品和服务",同时"进一步提高了其城市的价值、国际形象以及独特风格"②。

在全球资本主义时期,资本的生产空间进一步细分,以适应更多种类的资本、更分化的生产部门、灵活"分包"的分工形式对特质化、类型化空间的需求,城市空间景观的"后现代化"偏重城市符号和城市形象的生产,以诱导性的时尚、趣味的符号意象和表演、独特的美学形象展示出来,具有很强的视觉冲击力和美学形象,注重调动人的感知、想象和体验,以形成人群尤其是外来资本和旅游人群心目中对城市的总体印象,即以优化城市形象以吸引资本的到来。

三、全球劳动力市场分化"构形"城市空间地形的"多肌理"裂变

随着"生产地理上的国际分工",全球劳动力市场也发生变化,跨国专业人士、移民劳动力的流动更为频繁;生产部门分化兴起了一个高端劳动力市场和"非全日制工作"的低端劳动力市场,大量的贫穷移民工人,还有更容易控制的、组织涣散的有色人种妇女和儿童都成为了"游民无产者的劳动力储

---

① 戴维·哈维:《后现代的状况:对文化变迁之缘起的探究》,阎嘉译,商务印书馆 2013 年版,第 57 页。

② 丝奇雅·沙森:《全球城市——纽约、伦敦、东京》,周振华译,上海社会科学院出版社 2005 年版,第 181 页。

备",这就为资本提供了对移民、妇女、儿童等底层劳动力的灵活控制,这种劳工控制同时伴随着城市空间地形的重构。阶级极化和种族、民族、性别等因素纠葛在一起,出现了标识人群空间分异的多重多线的城市"空间肌理",这一城市空间新地形图是政治关系更复杂化的地理表达。

　　首先,边缘无产阶级的兴起构形了"多肌理"城市空间地形。在资本主义生产体系的最边缘出现了一些从事"临时"和"兼职"的"非正规就业"的边缘无产阶级,他(她)大部分由有色妇女、儿童和移民组成,从事最底层的"血汗工厂"或"家庭作坊"式的简单制造业生产,或者为金融业、保险业、高新技术产业的高收入者提供生活服务,如家庭服务业、保洁服务业、餐馆服务业、装修建筑业等"钟点"工人,或者为商品运输物流提供搬运、投递服务的"分散"的物流工人等,形成边缘无产阶级。与福特时期"核心工人阶级"的集体协作、共同劳动、有着工会组织和严密的组织纪律不同,边缘无产阶级分散在资本主义生产的边缘领域,从事零碎的生产和服务,分散化地、个体化地受到资本的非直接的控制和压榨。因此,随着阶级的进一步分化以及和种族关系的纠葛,依照不同的阶级划分、种族文化、生活方式等形成了城市多"肌理"的空间分异状况,"城市被分割成一片片拼凑物",这一"多肌理"的空间地形图相比恩格斯所见到的"同心圈"地形图,更为破裂,边界更模糊,更流动易变,标识了更多重的空间分野和空间壁垒,呈现出一种后现代主义式的"混杂"的空间地形,空间多肌理是社会关系进一步"碎形"的空间表达,展示的是充满歧视、敌意、隔离、冷漠的都市"碎形"空间社会关系。

　　其次,城市社会关系是"全球地方化"矛盾的空间体现。在城市社会关系上,两极化情况更为明显,城市冲突具有了"跨国界"的性质。阶级分化出更多层次,并且与种族、国家、地区等问题复杂纠葛,在城市空间区隔、城市的文化冲突、城市的政治冲突中表现出来。这些问题是资本主义的全球生产结构引起的跨国劳动力流动带来的空间不平等、身份认同、移民和少数族裔文化边缘等问题,是全球经济体系带来的问题在城市这一具体地方、场所的反映。萨森指出,"这意味着政治的冲突植根于地方,但却具有跨国的属性。"①因此,在

---

① 萨斯基娅·萨森:《世纪之交的城市社会学前沿》,《国际城市规划》2011年第2期。

城市中的斗争已经不从属于传统的阶级斗争,出现了包括移民、少数族裔、妇女、贫困工人等边缘人群的斗争,斗争的指向是指争取城市权利、身份承认和公民权利。

最后,城市边缘人群在"后现代"空间中进行城市反抗。在后大都市中,是全球资本主义矛盾凸现的"地方"场所,滋生了工人、妇女、少数族裔、移民等多种边缘的弱势群体。多种移民、少数族裔带着原住地文化,遭遇到移入地的文化碰撞和冲突,遭遇到"身份承认"和"城市认同"的问题,还有其他弱势群体争取城市居住权利、空间权利、社会保障权利等问题,他们通过索亚所谓的各种"社区联盟"、萨森所谓的"一种新型的跨界政治活动"联合起来进行争取城市权的斗争,同时在文化上通过索亚和萨森所指认的"'地方'亚文化的再地域化"形成一种"他文化的刺入"或"文化混杂",生成一种新的城市"混合"文化。这是全球资本主义时期城市中的多政治主体、多样城市生活议题、多样化的现实反抗实践,但这种反抗方式能在多大程度上、多大范围内产生力量,如何使其有效产生反抗力量,如何整合到工人阶级的阶级斗争中,还是需要在实践中反复质疑、观察、推进的问题,即便如此它也使我们看到了追求城市空间正义的现实"微光",听到了对资本主义体系进行整体反抗前的"喃喃低语",是工人阶级革命运动的"前奏曲"。

第五章　社会主义制度下苏联和中国城市化的理论和实践

　　从历史唯物主义的视野看,城市化是生产力发展到一定阶段必然发生的人口、劳动力、资金和技术在城市空间的高效聚集,同时是不断把乡村"化"为城市的必然历史过程。弗里德曼将城市化分为两方面:一是人口和非农业活动在城市中的地域集中过程,城市景观的地域推进;二是城市文化、城市生活方式和价值观向农村的扩散过程。① 王鑫鳌指出,"城市化是变传统落后的乡村社会为现代先进的城市社会的自然历史过程;从一般含义上讲,是指随着工业化的发展和科学技术革命,乡村分散的人口、劳动力和非农业经济活动不断进行空间的集聚而逐渐地转化为城市经济要素。"②

　　城市化是与近代工业革命联系在一起的,工业化是城市化的基础和动力,城市化是工业化的结果,两者相互伴随、如影随形。18 世纪在英国工业革命之后,西欧国家率先开始城市化进程,出现了一种建立在生产力提高、人口聚集和工业技术基础上的新型城市——资本主义"大工业城市",之后由于工业生产的方式、组织形式、新生产部门的变化,出现了"垄断城市"、"后现代城市"、"全球城市"等城市类型和城市特征,城市的空间范围不断扩散,城市化迅猛推进,表现出和工业化高度相关联的内在机制。从英国工业革命开始城市化进程以来,世界城市化水平一直在迅猛增长。20 世纪初的世界城市化水平为 13%;到 1950 年提高到 29%;到 1975 年世界城市化水平已达到 39%;

---

① 徐学强等:《城市地理学》,高等教育出版社 1997 年版,第 36—37 页。
② 王鑫鳌:《建国五十年中国城市化道路的回顾与展望》,《城市开发》1999 年第 10 期。

1990 年,世界城市人口为 22.63 亿,约占总人口的 44%;到 2003 年,世界城市人口达到 30.15% 亿,占总人口的 49%。到 2007 年,世界范围的城市化水平已经超过了 50%。①

以苏联为首的社会主义国家以马克思恩格斯的城市思想为基础,提出了自己的城市化理论并在理论指引下开始自身的城市化实践,取得了城市化的巨大进步。苏联在 1922 年建立之后,依靠国家行政命令和计划经济模式来组织工业化,建立了众多门类的工业部门、在全国范围内均衡分布工业,伴随着工业化出现了很多新城市,城市人口增加,形成了社会主义的城市体系和城市空间生产模式,但苏联"计划主导型城市化"模式也使得城市化过程过于僵硬,难以进行灵活有效的决策和调整,带来了城市化过程和城市发展中的一些问题。

中国是社会主义制度的国家,城市化进程也受到苏联城市化思想的一些影响,加上城市化起步晚,农村总人口多,又经历"左"的错误导致的历史曲折,在世界上还呈现较低的城市化水平。但是中国的城市化用三十年的时间追赶了西方近三四百年的城市化历程,以"浓缩"和"叠加"的形式遭遇了西方城市化和苏联城市化中的一些问题,并且也展现出自身城市化的特征、特殊矛盾和复杂性。在今天回望历史、梳理过失,通过对西方城市化和苏联城市化的理论和实践进行比较、鉴别和分析,以在城市化的普遍规律上找到中国自身的特殊规律,以克服西方城市化的弊病和苏联城市化的弯路,找到一条适合中国国情的城市发展道路。

第一节　苏联城市化理论和实践及其对中国的启示

马克思恩格斯在《德意志意识形态》、《共产党宣言》、《论住宅问题》等著作和文章中分析了城市的起源、本质和功能,对资本主义城市的历史作用进行了肯定,指出了资本主义城市化的必然历史进程,并批判了资本主义城市中存

---

① 张卫良主编:《"城市的世界":现代城市及其问题》,社会科学文献出版社 2012 年版,第 6—7 页。

在的阶级压迫与阶级剥削,同时提出了在无产阶级掌握掌权之后将工业生产收归国有、把农业和工业结合起来,将"大工业在全国平衡地分布"、消除城乡对立,实行城乡融合的城市化设想。这些思想奠定了苏联城市化理论的基础,列宁和斯大林领导的联共(布)中央委员会结合苏联社会主义时期的城市建设实践,继承和发展了马克思恩格斯的城市化思想,并在这些思想的指导下,以居民均衡分布为中心点,走出一条不同于西方城市化的苏联城市化道路。正如1934年苏联共产主义研究院经济研究所社会主义居民分布研究组汇编的《城市建设:马克思列宁主义参考资料》一书中指出,"马克思—恩格斯—列宁—斯大林关于建成社会主义、关于社会主义历史发展的动力及关于无产阶级在消灭剥削制度的斗争中的历史作用的学说,对社会主义居民分布的问题,在理论上提供了一些必要的原则","党在社会主义居民分布问题上所采取的一切决议,都是以马克思列宁主义的创始者的学说为根据的"[①]。

一、列宁和斯大林对马克思恩格斯城市化思想的继承和发展

列宁和斯大林在马克思恩格斯对资本主义城市化的批判、社会主义城乡融合的思想基础上建立了苏联的城市化理论,旨在消除资本主义城市化的城乡对立、人口无序流动、居民分布的不平衡、工人的贫穷和匮乏等问题,围绕着社会主义居民均衡分布这一中心点,提出了计划经济体制下运用国家行政权力进行社会主义生产力布局、工农业建设、城市规划、城市公共设施建设等一系列思想,发展和推进了马克思恩格斯消除城乡对立、实现城乡融合的思想。列宁和斯大林的城市化思想集中体现在苏维埃社会主义共和国政府联共(布)中央1931年发布的"关于莫斯科市政建设和苏联市政建设的发展"决议、1932年"关于俄罗斯苏维埃联邦社会主义共和国居民区的组织"、苏联政府1933年"关于规划设计的编制和批准以及苏联城市和其他居民区的社会主义建设"的决议以及列宁、斯大林的讲话中。

社会主义居民均衡分布思想是苏联城市化实践的一个独特创造,形成一

---

① 苏联中央执行委员会附设共产主义研究院编:《城市建设:马克思列宁主义参考资料》,中华人民共和国建筑工程部城市建设总局译,建筑工程出版社1955年版,第10页。

个完善的思想体系,继承和发展了马克思恩格斯关于居民分布的理论。这首先,关于组织社会主义居民分布的原则、价值和目的等思想;其次,也关系到工农业之间的关系、工业在全国的平衡布局、建立城乡居民联合居住区的思想;最后,还涉及城市分区建设、城市的住宅和公用事业建设等思想。

首先,认为社会主义建设的任务是消除城乡对立。马克思恩格斯批评了资本主义生产方式带来的城市和乡村的对立、城市对乡村的疏离和剥削,资本主义城市中也积累了大量的问题,如人口拥挤、环境污染、阶级对立、工人阶级的贫穷麻木等。苏联的社会主义制度建立后,列宁和斯大林都认为是资本主义制度本身带来的城乡对立和城市问题,社会主义社会上能通过计划逐步加以消除,列宁指出:"肯定资本主义社会大城市的进步性,丝毫不妨碍我们把消灭城乡对立当作我们的理想"①,"共产主义建设的根本任务之一"是消灭城乡对立,斯大林也指出把建立城乡间的结合作为党和国家的实践的基本问题。②

其次,认为消除城乡对立的关键是要实现人口的合理分布。在苏联领导人看来,消除城市和乡村对立、实现城乡融合体现在居住空间上就是要合理分布社会主义居民。社会主义的居民区乃是人类的一种新的居住方式,要通过社会主义居民区的建设来实现人口均衡的分布,"社会主义居民分布的方式和形式,表现在相当均匀地分布居民和城乡生活的优点的互相结合上"③,这就是以大城市为核心,将附近的城市型居民点和农村居民点,通过生产、流通和生活的联系,形成一种"组群式"的居民区,正如列宁指出,建居民区过程中,"人口重新分布,一方面消灭了乡村的偏僻性、与外界隔绝的现象和野蛮状态,另一方面消灭大城市中大量人口密集的反常现象"④。

再次,实现人口的合理分布需要生产力在全国的平均布局。人口在全国的均衡分布这一居住形式,需要生产关系和生产力的保障条件,"建立在有计

---

① 《列宁全集》第5卷,中共中央编译局译,人民出版社1959年版,第132页。
② 《斯大林全集》第6卷,中共中央编译局译,人民出版社1956年版,第226页。
③ 苏联中央执行委员会附设共产主义研究院:《城市建设:马克思列宁主义参考资料》,中华人民共和国建筑工程部城市建设总局译,建筑工程出版社1955年版,第26页。
④ 《列宁全集》第21卷,中共中央编译局译,人民出版社1959年版,第52页。

划的经济管理和高度科学技术成就的基础上的社会主义生产方式,是社会主义居民分布方式和形式的先决条件",“这都是由于生产力的平均分布和对生活习惯进行社会主义组织而达到的”。①因此,需要将工业均衡地分布在全国,包括在人烟稀少的边远地区建立新工业,在农村地区建立新的工业基地、建立新城市,卡岗诺维奇在《为莫斯科和苏联其他城市的社会主义改造而斗争》一文中指出,决定社会主义居民的主要因素是“工业有计划的发展,在全国范围内大规模社会主义经济的增长,生产力有计划的发展和其在全国均匀的分布”。②同时,在农村建设集体农庄,“使千百万农民群众合作化”,大规模的以先进技术经营的集体农庄,实际上也是将农业劳动变成一种工业劳动,加强了工业和农业之间的联系和转化,有助于人口的均衡分布。

最后,关于城市内部分区规划和公共设施建设。苏联党中央和政府也充分认识到了在城市内部进行有计划的规划的重要性,全苏中央执行委员会确立了对居民区进行区域规划的概念:“如果在某个地区内,现有或拟建一些独立的或联合的企业和为它们服务的居民区,而这些企业和居民区之间,如有统一的交通运输系统、用同一动力基地,以及在生产上、公用事业上、文化生活服务机关上的相互合作,则该地区的各种建设,均需依据区域规划草图进行。”③同时,认为社会主义居民区还要把“城市和乡村的各种优点结合起来”,要满足工农群众的生产、劳动、生活和文化需要,所以还提出了居住区内交通设施、社会生活机关(如食堂、托儿所、幼儿园、洗衣房)、绿地、建筑艺术、市政设施(住宅、给水、运输、电器设备、瓦斯设备、暖气)等的布局和建设等设想。

二、苏联城市化的具体阶段、举措和成就

苏联在列宁和斯大林的城市化思想指导下,大力发展社会主义工业化和农村集体农庄,开发边缘荒凉地区,改造旧农村,建立起了广泛的社会主义居民区;在工业中心、国营农场和集体农庄的基础上兴起了大批规模更大、功能

---

① 苏联中央执行委员会附设共产主义研究院编:《城市建设:马克思列宁主义参考资料》,中华人民共和国建筑工程部城市建设总局译,建筑工程出版社1955年第1版,第26页。
② 苏联中央执行委员会附设共产主义研究院编:《城市建设:马克思列宁主义参考资料》,中华人民共和国建筑工程部城市建设总局译,建筑工程出版社1955年第1版,第7页。
③ 苏联中央执行委员会附设共产主义研究院编:《城市建设:马克思列宁主义参考资料》,中华人民共和国建筑工程部城市建设总局译,建筑工程出版社1955年第1版,第27页。

更齐全的社会主义工业城市和城市型工人镇,并形成了一定地域内的城市相互联系的城市聚集体系;1926—1970 年,约有 7700 万农村人口转变为城市人口,城市人口比重增加,1926—1939 年,城市人口的比重从 17.9% 提高到 32.8%,到 1973 年上升到 59%①,取得了苏联城市化的显著成就。

杨绍澄、李秀敏将苏联城市化分为以下几个历史时期:第一阶段是 1917—1922 年,十月革命爆发,战争引起城市人口减少,1922 年成立苏维埃共和国,恢复经济后,城市化进程得以恢复和发展。第二阶段是 1926—1939 年,苏联社会主义建设的第一个五年计划开始,国家实行了大规模的工业化、农业集体化和城市机械化,人口快速增长,大量剩余农业人口进入城市,极大促进了城市化的发展,城市人口在 1939 年增加到 6000 万人,占总人口的比重提高到 32%,比 1926 年增加 14%,这是苏联城市化发展最为迅猛的时期。第三个历史时期是 1939—1985 年,虽然第二次世界大战延缓了城市化进程,但战后很快得到恢复。1950 年开始,继续实施以重工业为主的经济建设方针、强调生产力合理布局,在乌拉尔以东有计划地建立煤炭工业基地、大型水电站,有效消除了地区间经济社会的过分差别和不平衡状态。1950 年到 1960 年,城市人口年平均增长率为 4.1%。1960 年城市人口比重为 49%。1970 年城市人口比重为 56%。1980 年城市人口比重为 63%。1989 年城市人口比重已达 66%,成为世界上城市化中等偏上水平的国家。②

苏联城市化的主要举措有:(1)规划工业化推动城市化。列宁和斯大林虽然对资本主义城市持批评态度,但是充分认识到工业中心是社会主义先进生产力的空间存在形式,对社会主义建设至关重要。因此,苏联实行社会主义改造后,实施了大规模的工业化,全国工业得到大幅度发展,新建了一些资源型工业基地和机器制造中心;在农村建设集体农庄和国营大农场,将农业劳动转化为工业劳动;同时,实施生产力在全国的均衡布局战略,开发过去人烟稀少的地区,许多"平地而起"的新城市工业化快速发展需要大量工业劳动力,导致剩余的农村人口向工矿企业集中起来,城市的规模得到扩张,城市范围得

---

① 康斯丁夫:《苏联城市化的某些特点》,王进益译,《城市规划研究》1983 年第 1 期。

② 李秀敏:《苏联城市化的基本特点》,《外国问题研究》1990 年第 2 期;杨绍澄:《苏联城市化的进程和趋势》,《苏联东欧问题》1990 年第 1 期。

到扩大,这充分验证了工业化是城市化的基础。(2)组建城市"聚集体"强化城乡联系。改善城市和乡村的沟通联系,以大城市为核心,在一定区域内将城市居民点和农村居民点联系起来,将数百个小区和居民区形成一个内部相对独立、又有共同的交通联系起来的城市聚集体系。① 根据苏联全国人口分布总体方案,将在全国建立 38 个地域级、69—70 个大型、230—350 个中型和550—660 个小型主群式城镇分布体系。② (3)实行"控制大城市、发展中小城市"方针。苏联于 20 世纪 30 年代就实行"控制大城市"的城市发展方针,1932 年禁止在莫斯科、列宁格勒建新的工业企业,1932 年实施"居留证"制度,没有居留证就不能迁入特大城市如莫斯科、列宁格勒,在苏联首都和特大城市实行城市户口制度限制人口流入;20 世纪 50—60 年代,国家对 48 个大城市完全禁止建设新的企业和扩大企业规模,对 50 个城市则采取了局部限制其工业建设的原则,1970 年又决定对 60 个全苏和共和国疗养区域采取限制和完全禁止进行工业建设的措施。60 年代又提出了积极发展小城市的方针,苏共二十三大文件建议在中心城市建设新企业。③

　　苏联的城市化取得了巨大成就:(1)建设了一批新城市。城市人口比重上升,在 1975 年前,建成的新城市达 960 座,推进了区域之间的相对平衡发展。哈里斯(Chauncy D .Harris,1970)指出,"城市的增长是由经济政策所引导,经济计划的演替把增长和与之关联的城市化带到了距离莫斯科更遥远的地方","在苏维埃时期,苏联通过同时进行工业化和城市化过程,把乡村社会转变为一个有影响力的城市社会,这是一系列五年计划的结构,从 1926 年农业人口占 82%,到 1959 年 56% 的人口居住在城市,而且有 209 座人口超过 10万的城市"。④ (2)建立了较完备的工业基础。城市成为工业中心,发挥着政治、经济、文化的职能,同时发挥着对乡村的带动和转化作用,正如斯大林在《苏联社会主义经济问题》中指出,现在的大城市和将要出现的大城市,"它们

---

① 纪晓岚:《苏联城市化历史过程分析与评价》,《东欧中亚研究》2002 年第 3 期。

② 中国城市规划设计研究院情报所编:《国外城市化译文集》,人民出版社 1972 年版,第17 页。

③ 纪晓岚:《苏联城市化历史过程分析与评价》,《东欧中亚研究》2002 年第 3 期。

④ 布赖恩·贝利:《比较城市化——20 世纪的不同道路》,顾朝林等译,商务印书馆 2012年版,第 178 页。

是文化最发达的中心,它们不仅是大工业的中心,而且是农产品加工和一切食品工业部门强大发展的中心,这种情况将促进全国文化的繁荣,将使城市和乡村有同等的生活条件"。① (3)初步建立了城市网络和城市体系。哈里斯指出城市网络中城市规模和经济实力密切相关,24个主要城市有相对完整的城市等级体系,并与计划经济的行政体系相对应。② 而且在这一城市等级体系之中,由于新城市和城市型工人镇的增加,由"点"通过交通、生产联合起来的城市网络,在工业化和城市化水平最高的地方形成了稠密的城市网,"密度的提高是由于建设新城市和城市型工人镇使得城市数量不断增加的结果;1939年有2762个城市,1959年有4619个城市,1970年有5505个城市,1973年1月有5589个城市。"③城市网的网络密度可以使城市和乡村之间的联系更为紧密,加强城市对乡村生活方式的辐射影响,使"乡村"城市化,并形成更大的城市聚集群。

三、苏联城市化的经验和教训及对中国的启示

在苏联解体之前,苏联凭借计划经济体制的优势在全国组织人口、平衡布局、规划城市空间,生产力水平提高,科学技术广泛使用,建立了雄厚的工业基础,形成了许多大工业城市以及城市聚集群,改善了城市人口的居住状况和生活设施,取得了显著成就。但是由于太注重计划经济和行政主导,也带来城市化进程中的一些问题。中国曾长期实行计划经济体制,其城市化的政策、方向、原则长期与苏联有着相似性,在今天中国转向市场经济体制,城市化会呈现出不同的历史走向,所以我们分析苏联社会主义时期城市化的经验和教训,是为了找准中国城市化过程中的优势、切中不足,避免苏联走过的弯路和经历的历史教训。

苏联主要是运用计划手段来调节城市化,可把苏联城市化的模式归结为"计划主导型城市化模式"④。其特点是在国家计划指导下,以大规模工业化为

---

① 《斯大林选集》(下),中共中央编译局,人民出版社1979年版,第558页。
② 布赖恩·贝利:《比较城市化——20世纪的不同道路》,顾朝林等译,商务印书馆2012年版,第178页。
③ 康斯丁夫:《苏联城市化的某些特点》,王进益译,《城市规划研究》1983年第1期。
④ 纪晓岚:《苏联城市化历史过程分析与评价》,《东欧中亚研究》2002年第3期。

基础,有计划配置生产力,加强对落后地区的开发,注重科技进步、在大城市和卫星城市之间建立联系,加速城市聚集区的形成,快速推动城市化。① 这样一种"计划主导型城市化模式"是与苏联计划经济体制相适应的城市化模式,注重运用政府权力来进行有计划的"组织"、"控制"和"分配",组织人口和进行生产力布局、运用户口和居留证制度来控制人口流动、公平分配居住空间和生活实施,这也显示了计划经济体制在这些方面的集中性、计划性、公平性等优势。

苏联城市化的积极经验有:(1)有计划地推进城市化。计划经济体制使得苏联可以有计划、分步骤、分阶段地进行城市化进程,比如在某一时期可以通过重点投资发展某一地区的重点工业如矿业工业、机器制造工业等,在战争时期可以将苏联的工业企业有组织疏散到东部,这样保持了工业的高速发展,也为国家工业化奠定了坚实的基础。"增长是由经济政策所引导,计划经济的演替把增长和与之关联的城市化带到了距离莫斯科更遥远的地方"。②(2)注重均衡发展。在不同的地域之间贯彻生产力均衡的方针、用规定和制度限制大城市的过度发展、开发落后地区,以消除地区之间的社会经济不平衡;建立国营农场和社会主义集体大农庄以及城市居民集聚体,将城市和乡村密切联系起来,实现城市和乡村的平衡发展。(3)贯彻社会主义公平原则。对社会主义居民区的分布已有计划地进行,通过分区规划的原则,通过行政审批后进行城市基础设施和生活实施的建设,而城市规划建设条例对"将要建设的居住区的空间布局、密度、街道形式、市政管线网络"③都有明确的规范性标准,以保证生产、动力、运输、生活福利和公共卫生及文化设施的规范性和标准性,以创造没有社会分化和"无社会差别"的邻里单元,"归因于开发的是功能相近的邻里单元和社会主义城市社区的社会理念"。④

苏联城市化的这些积极经验贯彻了社会主义公平和均衡发展原则,避免

① 杨绍澄:《苏联城市化的进程和趋势》,《苏联东欧问题》1990 年第 1 期。
② 布赖恩·贝利:《比较城市化——20 世纪的不同道路》,顾朝林等译,商务印书馆 2012 年版,第 178 页。
③ 布赖恩·贝利:《比较城市化——20 世纪的不同道路》,顾朝林等译,商务印书馆 2012 年版,第 178 页。
④ 布赖恩·贝利:《比较城市化——20 世纪的不同道路》,顾朝林等译,商务印书馆 2012 年版,第 180 页。

了资本主义大城市中居住的空间分异、阶级对立、城乡对立等问题,在苏联建国之初极大调动了人民群众的生产积极性和对社会主义制度的拥护,但是在长久实行之后,计划经济体制的僵硬性开始呈现出来,苏联城市化也出现一些问题:(1)住房及公共设施的不足。住房建设的工业化和标准化使得城市空间简单、雷同,"忠实信奉单一规划的标准","发展最基本的只注重数量而不注重质量的工业化建造技术"①,服务设施和市政设施只能满足最基本需要,食品、轻工业产品和文化设施缺乏,严重影响人民生活水平的提高。(2)"钟摆式"人口出现。城市聚集体将城市和乡村依靠交通联系起来,这些农业人口在临近城市或城市型工人镇工作、居住在农村,康斯丁夫将其称为"潜在人口",他们每天要呈"钟摆式"依靠公共交通进行迁移,加大了他们的生产和生活时间成本。同时,往大城市的人口流动因为居留证和城市户口制度受到限制。(3)城市生态环境的问题。由于计划体制下优先发展重工业和粗放式的经营方式,使得苏联城市环境也发生恶化,如出现有毒气体、灰尘、废水、垃圾、噪音等污染问题。苏联认识到这些问题,在20世纪80年代制定了一些法律和措施准备有计划地来保护城市生态环境,但是1991年苏联解体,苏联计划经济体制走完了它的历程,取而代之的是实行市场经济体制的资本主义制度的俄罗斯,俄罗斯走上了另一条城市化道路。

苏联城市化的经验和教训对社会主义中国的启示是:(1)一定要坚持社会主义城市化公平正义的价值目标。中国也是社会主义制度的国家,以马克思主义为指导思想,在城市化进程中也必须贯彻马克思主义公平、正义的社会价值,也要注意地区之间的合理平衡、注意城市和乡村的协调发展,尽力采取措施缩小城市内部不同人群之间的差距,这样才能最大限度减少资本主义城市化中由资本和市场推动产生的城市化问题,如居住的空间分异、阶级对立、城乡对立等问题,最终实现各社会阶层在城市中的和谐生存和发展。(2)必须从尊重客观经济规律出发,科学决策、合理推进。坚持社会主义公平正义的价值目标,绝不意味着要否定城市化进程中的客观经济规律,而是在尊重客观

---

① 布赖恩·贝利:《比较城市化——20世纪的不同道路》,顾朝林等译,商务印书馆2012年版,第179页。

经济规律基础上围绕着公平正义的长远价值目标审时度势、制定科学步骤、具有轻重缓急地来推进城市化的重点地区、设计产业平衡以及引领城市人员的聚集和分流。(3)必须充分尊重城市化进程中人民群众的主体力量。尊重人民群众创造的新的城市经济形式、生产联合形式和社会交往方式,在城市化决策、城市管理、城市公共文化活动中广开言路、倾听人民群众的意见和建议,发挥他们的城市自组织和自我管理能力。

第二节　新中国成立后中国城市化 理论和城市化历史成就

中国是世界上城市起源最早的国家之一,夏商周时期城市兴起,一致延续至今。[①] 从夏朝的奴隶城市、历经封建城市,直到明末清初在东南沿海出现了封建手工业城市,萌生了资本主义生产方式,但是历史在这里进入了另一条岔道,帝国主义的入侵中断了中国的城市自然演变进程,鸦片战争之后中国被迫纳入世界资本主义工业体系中。外来帝国主义资本、民族资本建立了矿山、铁路、军用物资等门类单一的工业部门,生产结构单一、失衡,城市发展目标定位为发达资本主义国家的原料产地和商品销售市场,但是在工业化的畸形发展下开始有了现代意义上的中国城市化开端。鸦片战争之后,中国又历经了多种被侵略战争,军阀混战、国家分裂,城市化的道路倍加曲折和艰难,一直到新中国成立,在社会主义制度下依靠计划经济体制建立了较齐备的工业生产体系和部门,重新恢复了城市化的积极过程并取得了城市化的巨大历史发展,但是在当时"左"的思想影响下也带来城市化的一些历史失误,在今天回望历史、梳理过失,是为了寻找一条当下更科学的城市化发展道路。

一、新中国成立后中国共产党城市化理论的发展

新中国一开始,面对的是一个农村人口数量庞大、生产力水平低、工业化水平低的低城市化状况,党和国家充分利用计划经济体制的优势来积极组织工业化,学习苏联城市化的模式,建立和发展了一批工业城市,奠定了社会主

①　傅崇兰等:《中国城市发展史》,社会科学文献出版社2009年版,第1页。

义建设的工业基础,城市化水平迅速提升,但是在这中间也出现了"左"的思想和政策错误,引起了城市化的曲折甚至倒退。

(一)新中国成立初期的城市化思想

新中国成立初期,毛泽东的城市化思想继承了马克思恩格斯城乡融合的思想,学习苏联计划主导型城市化模式和经验,主张运用"全国一盘棋"的计划手段推进城乡统筹、城乡共同发展。毛泽东指出:"城乡必须兼顾,必须使城市工作和乡村工作,使工人和农民,使工业和农业紧密结合起来,决不可以丢掉乡村,仅顾城市",①围绕着这一目标,国家采取了大力发展重工业基础、城乡互助、建设城市基础设施的方针,取得了城市化的初步战果,同时在这一过程中也存在着极大的历史失误。新中国成立初期毛泽东的城市化思想主要是围绕着社会主义工业化建设的目标展开的,分为几个相互联系的具体思想。

第一,提出了优先发展重工业和国防工业的思想,认为这是实现国家工业化和农业现代化的基础和前提。1949 年的《共同纲领》规定:应有计划有步骤地发展重工业,例如"矿业、钢铁业、动力工业、机器制造业、电器工业和主要化学工业等,以创立国家工业化的基础",②只有发展重工业和国防工业,才能为轻工业、农业现代化提供机械、能源、动力条件,才能长足有后劲地带动轻工业和农业现代化。与这一思想相适应,城市化表现为"集中全国力量建设那些有重要工程的新工业城市,以及在原来有一定工业基础的近现代化城市扩建和新建一批工厂"。③

第二,提出了城乡互助、城乡共同发展的经济建设方针。1949 年 4 月,毛泽东明确提出了"城乡互助"的设想,新中国成立后毛泽东要求成立城乡经济委员会,推进城乡之间的物资交流,要求工业支援农村进行技术改造、广泛建设农村农具机械工厂。周恩来也阐述了城市和乡村之间在经济上的相互联

---

① 《毛泽东选集》第四卷,人民出版社 1991 年版,第 1427 页。
② 中共中央文献研究室:《建国以来重要文献选编》第 1 册,中央文献出版社 1992 年版,第 9 页。
③ 中共中央文献研究室:《建国以来重要文献选编》第 1 册,中央文献出版社 1992 年版,第 438 页。

系,"城市对粮食和工业原料的需要刺激乡村的农业生产,城市以消费品和生产资料的供应保证和促进乡村的农业生产"[1],但是 1958 年开始的工业、农业生产的"大跃进"运动带来了很大危害,导致重工业和城市发展速度过快,城市人口的粮食供应不足。因此,中央制定了农村粮食的统购统销制度、城市户籍制度等来限制农村人口向城市的流动,由此形成了城乡分垒的二元结构。

第三,主张改善城市和乡村生活设施,缩小城市和农村的差距。毛泽东在 1951 年指示道:"现在大城市房屋缺乏,已引起人民很大不满,必须有计划地建筑新房,修理旧房,满足人民的需要"[2],在乡村推进了乡村基础设施、水利工程、交通、道路、有线广播网等的建设,在农村建立了医疗卫生网络和中小学校。为了缩小城市差距,毛泽东还在农村大力推进"人民公社",主张在人民公社内部建立起工业、学校、托儿所、公共食堂,"若干乡村公社围绕着城市,又成为更大的共产主义公社'[3],目的是将工业和农业在一个单元内联系起来,围绕着城市形成更大的聚集区,通过发展"人民公社"这一新型农村经济组织和社会组织来实现城乡的一体化发展,通过农村工业化推进农村城市化,但是在当时的实践中被证明是超前于生产力状况的、引起城乡更大的差距,城市化也出现了停滞。

在新中国成立之后,社会主义改造完成、确立起社会主义制度后,中国的城市化模式也是像苏联一样的"计划主导型"模式,运用计划经济体制在全国范围内调拨资源进行重点建设,优先发展重工业和一批有重要工程的新城市,控制土地、人口、资源、资金、技术在城市间、城乡间的分配,这样一方面通过计划迅速建立起了社会主义的工业基础,建立了完备的工业体系尤其是重工业和军事工业,为国民经济的复苏奠定了基础,为中国在国际上立稳了脚跟。但是在城乡统筹这一思想的真正实践中,却出现了与目标的背道而驰,农村通过调拨无偿向城市提供粮食、土地等生产和生活资料,牺牲了农业来支持重工业

---

① 中共中央文献研究室:《建国以来重要文献选编》第 1 册,中央文献出版社 1992 年版,第 78 页。

② 《毛泽东文集》第六卷,人民出版社 1999 年版,第 148 页。

③ 薄一波:《若干重大决策与事件的回顾》下卷,中共中央党校出版社 1993 年版,第 733 页。

发展,造成了农村的"输血"式贫困;毛泽东的"人民公社"这一设想是要运用"公社"这一组织推进农村工业化和城乡联系,类似苏联的城市聚集型城市化,是一个积极的设想,但是在实践中却由于过于"跃进",脱离了生产力实际,造成了乡村的发展停滞,城乡差距反倒进一步增大。

(二)改革开放框架下的城市化思想

作为改革开放的坚定推进者,邓小平继承了马克思、毛泽东的城乡协调发展的思想,如他在改革之初就指出工业区、工业城市要带动附近农村,帮助农村发展小型工厂等思想,1980年10月中央召开全国城市规划工作会议,制定了"控制大城市规模、合理发展中等城市、积极发展小城市"的全国城市均衡化发展战略方针。在这之后的实践中,邓小平逐步摸索出一条区域经济重点发展和先期发展的非均衡发展战略,目的是通过"非均衡——均衡"的发展路径,最终达到共同富裕。邓小平的沿海和内地"非均衡发展——均衡发展"的经济思想与中国市场经济体制的逐步确立是密切联系在一起,市场经济体制依靠市场甚至是全世界的市场来进行资源、资金、人才、技术的配置,市场经济体制的确立是从沿海到内地由"点"到"面"逐渐确立起来的,沿海地区由于地理位置、港口城市的便利首先被连接到世界经济体系中,而后再逐步向内地推进。邓小平的沿海和内地统筹发展的城市化思想分为为以下几点。

第一,逐步开放沿海地区、港口城市和内地。1980年,全国人大常委会批准在深圳、珠海、汕头和厦门创办经济特区,1984年决定开放14个沿海开放城市,1985年开放了长江三角洲、珠江三角洲和闽漳泉三角洲,随后又开放了胶东半岛、辽东半岛和环渤海湾地区,这样初步形成了以经济特区为点、以沿海开放城市为线、以沿海经济开发区为面的沿海开放区域群。党的十三大报告强调,要继续巩固和发展"经济特区——沿海开放城市——沿海经济开发区——内地"这样一个逐步推进、逐层深入的开放格局。第二,先发展的地区带动后发展的地区。这就是邓小平"先富带动后富"的思想在城市关系上的具体体现,表现为"两步走"战略,第一步,让有优势的城市或城市地区优先发展,让这些地区凭借港口等地理优势,首先承接外资和外来转移的企业,加入世界经济体系中,使经济发展更有效率和更有效益,首先发展起来。第二步,先富起来的沿海地区通过带动、辐射、模式和经验示范带动内地,还可以直接通过技术、人才、资金,采取"定点帮扶"一两个内地城市的方式帮助内地发展,最终实现共同富裕这个历史大局。1988 年,邓小平指出,"沿海地区要加快改革开放,……从而带动内地更好地发展,这是一个事关大局的问题。内地要顾全这个大局。反过来,到一定时候,又要求沿海拿出更多力量来帮助内地发展,这也是个大局,那时候沿海也要服从这个大局。"①第三,改革户籍制度,允许农业劳动力的半自由流动,促成了大批内陆农村劳动力流动到城市。松绑了户籍制度,通过暂住证等方式,允许家庭联产承包制下的农村富余人口到城市从事工业生产,这一方式为沿海城市的工业发展提供了大量的劳动力,俗称"农民工"。农民工为沿海城市的发展作出了卓越的贡献,支撑着沿海"订单式"外向型工业的发展,同时他们也获得了收入、积累了资金、提升了技能、开阔了眼界,学习了新的经营观念,成为以后回归内地,进行内地城市建设的一支重要力量。

邓小平的非均衡区域发展战略着眼于世界经济发展的大视野,依照与世界经济体系的地理联系程度,提出了沿海和内地非同步均衡的发展战略,在这一大的区域经济战略下,中国部分沿海城市开始加入世界经济体系中,吸引外资、开土建厂、聚集人口、出口商品,城市规模和空间得到了极大的拓展,城市群落开始显现,城市先进思想观念和生活方式孕育出来,城市科学文化事业突飞猛进,成为中国改革开放成功的"试验场"和"示范窗口",如深圳就从一个小渔村发展成国际化大都市,广州、深圳、上海等城市聚集了国外资本、高新技术和高素质人才,对内地城市产生了制度示范、技术推进和文化观念的模范效应,并辐射带动了内陆城市的发展。在邓小平有生之年,"两步走"的第二步并没有实现,内地虽然也在发展,但发展速度慢,沿海和内陆地区之间的差距在拉大,据国家统计局的报道,在 1984 年到 1994 年的十年中沿海地区在我国全部国内生产总值 GDP 中所占份额提高了 5.3 个百分点,占 58.4%,而内地平均下降了 2.7 个百分点,占 41.6%。而且内陆农民工向东部、东南沿海城市的大量流动也产生了很多的社会问题,如农民工的漂泊、迁移、社会不稳定等问题,这正如邓小平所说,要等时机成熟之后才解决共同富裕问题,这些

---

① 《邓小平文选》第三卷,人民出版社 1993 年版,第 278 页。

存在的城市化问题要在时机合适时加以通盘思考、完善和布局。

（三）西部大开发战略下的城市化思想

邓小平的非均衡发展战略实现了"第一步"的先富,在先富取得巨大成功之后,共产党人在时机成熟之时开始考虑"共富"的问题,江泽民指出:"逐步缩小全国各地区之间的发展差距,实现全国经济社会的协调发展和最终达到全体人民的共同富裕,是社会主义本质特征的要求"。① 在"共富"的思想引导下,江泽民从城市和农村、沿海和内地的均衡发展两方面提出了他的城市化思想。

一是推动小城镇建设,实现农村人口的就地城市化。1992 年,江泽民提出了要在农村发展乡镇企业,建新型集镇,就地实现农民的城镇化。1998 年10 月,中国共产党第十五届三中全会的《中共中央关于农村和农业工业若干重大问题的决定》指出,"发展小城镇,是带动农村经济和社会发展的一个大战略"。2001 年,江泽民又在《逐步解决我国二元社会结构问题》中指出,农村要走工业化和城市化的道路,要逐渐有序地向城镇转移。在党的十六大报告中江泽民进一步强调了小城镇建设的重要性,指出"要逐步提高城镇化水平,坚持大中小城市和小城镇协调发展,走中国特色的城镇化道路"。

二是实施西部大开发,推进区域经济均衡发展。1997 年,江泽民在党的十五大报告中进一步强调,要"从多方面努力,逐步缩小地区发展差距","促进地区经济合理布局和协调发展"。1999 年 6 月,江泽民在中央扶贫工作会议上将西部大开发作为我国区域经济发展战略的重点,他指出,"改革开放以来,沿海发达地区运用自身较好的经济基础、优越的地理位置和一些特殊措施,经济和社会发展突飞猛进,积累了相当的实力。现在,加快中西部地区发展步伐的条件已经具备,时机已经成熟。"②因此,在西部大开发的号角吹响之后,国家优先在中西部地区安排基础设施建设的资金,引导沿海一些产业转移到内地、对西部加以技术支持,西部工业也得到迅速发展,尤其是西部的大城市发展、就业增加吸收了当地大量的农村剩余人口,城市生产效率得以提高,

---

① 江泽民:《在中央扶贫工作会议上的讲话》,《人民日报》1999 年 7 月 21 日。
② 江泽民:《在中央扶贫工作会议上的讲话》,《人民日报》1999 年 7 月 21 日。

同时西部农村人口的收入得到提高,农村人口大量涌到东部沿海的情况得到缓解。

(四)可持续发展视野下的城市化思想

但是在西部大开发过程中,也出现了资源浪费、环境破坏、土地利用率低、资金投入高等粗放式发展问题,出现了乡镇企业的产能不高、资源浪费、经营不善等问题,城镇化的可持续发展成为一个突出问题摆在面前,因此需要在西部大开发的宏观区域发展战略中再进行精准城镇定位、区分城镇的功能,发挥大、中、小城市和城镇之间的可持续发展的关联作用。胡锦涛正是从这一问题出发,从可持续发展的理念提出了小城市和小城镇的科学可持续发展的原则、方针、要求和具体措施,构建了大中城市和小城镇科学发展、"以城带乡"的一体化发展思想。

一是,促进小城镇和大中小城市协调发展的多样型城镇化道路。胡锦涛在党的十七大报告中指出:"走中国特色城镇化道路,按照统筹城乡、布局合理、节约土地、功能完善、以大代小的原则,促进大中小城市和小城镇协调发展",这就是推进城镇化进程的"十六字"方针,阐明小城镇在中国城市体系中的位置、与大中小城市的关联互动关系,主张在与经济发展相适应的区域城市体系中去规划各类各级城镇的布局、合理布局产业结构,引导各类各级城镇在产业上互补、在功能上相互完善、在特色上各自凸显的有机协调的城镇体系。

二是,采取措施、完善制度,实现中小城市和小城镇的可持续发展。党的十八大报告指出,"科学规划城市群规模和布局,增强中小城市和小城镇产业发展、公共服务、吸纳就业、人口集聚功能"。小城镇的建设必须依托于农村的产业化经营和提供公共服务,绝不是一窝蜂搞小城镇建设,造成资源浪费、效率低下的"空城"和"鬼城"现象的不可持续发展的模式。要坚持城镇化发展与人口、资源、环境相协调,合理、集约利用土地、水等资源,切实保护好生态环境和历史文化环境,走可持续发展、集约式的城镇化道路。早在2009年的中央经济工作会议上,胡锦涛就提出要采取措施、完善制度,放宽中小城市和城镇户籍限制,提高城市规划水平,加强市政基础设施建设,完善城市管理,全方位提高城镇化发展水平。胡锦涛通过科学规划城市体系、可持续发展小城市小城镇的思想建立了以城带乡、以乡托镇的"城乡经济一体化"发展的新格局。

（五）以人民为中心理念中的城市化思想

习近平总书记则在胡锦涛同志的城乡经济一体化思想基础上，在以人为本的思想原则下提出"以人为核心的新型城镇化"，并将城镇化单一的经济内涵拓展为包括文化、生活、环境等维度的综合型内涵；同时提出了以城镇化的多"点"构成"城市群"、"面"的城市空间发展形态，习近平总书记关于城市化的论述实现了城市化的宏观格局的搭建和内涵的扩展，标志着我国的城镇化进入新的发展阶段。

第一，在总体上，建构各空间单元整体平衡发展的城市化宏观格局。2013年12月15日召开的中央城镇工作会议指出，"全国主体功能区规划对城镇化总体布局做了安排，提出了两横三纵的城市化战略格局，要一张蓝图干到底。我国已经形成京津冀、长三角、珠三角三大城市群，同时要在中西部和东北有条件的地区，依靠市场力量和国家规划引导，逐步发展形成若干城市群，成为带动中西部和东北地区发展的重要增长极，推动国土空间均衡开发。"①除已有的东部城市群外，要在发展比较好的区域推动城市群建设，"两横"是陇海亚欧大陆桥和长江沿线，"三纵"是沿海、京广和包昆通道沿线，沿"两横""三纵"的连通骨架，将这些城市群串接形成一张城市大网，这张网络不仅覆盖了长三角、珠三角和环渤海，而且覆盖了整个中国东中西部。在党的十九大报告中，习近平总书记还提出了建立有效的区域协调发展新机制，要推进京津冀的协同发展、推动长江经济带的开发，强化举措推进西部大开发形成新格局、深化改革加快东北等老工业基地振兴、发挥优势推动中部地区崛起、创新引领率先实现东部地区优先发展，形成各区域齐头并进的创新发展局面。

第二，在中观上，"以网带面"实现区域内协同发展的城市区域网络。在党的十九大报告中，习近平总书记指出，要以城市群为主体构建大中城市和小城镇协调发展的城镇格局，要健全城乡融合发展体制机制和政策体系。这就意味着以群内和带内的各大中城市和小城镇作为"节点"形成网络状的城市

---

① 《中央城镇化工作会议在北京举行》，《人民日报》2013年12月15日。

群和城市带,发挥城市群的网络状辐射效应,使小城市小城镇成为承接大城市的辐射效应、带动乡村之地的"融通道",通过网络内的联动、辐射和波及效应,逐步带动相邻不发达地区和乡村的发展,实现"以网带面"的全面协同发展。

第三,微观上,是以人为本的复合型内涵的城镇化发展目标。2013年的中央城镇工作会议强调,"要以人为本,推进以人为核心的城镇化",要把实现城镇常住农村人口的市民化作为首要任务,同时还要传承当地的历史文化、坚持生态文明、保护自然环境,"发展有历史记忆、地域特色、民族特点的美丽城镇"。要把"城市放在大自然中,把绿水青山保留给城市居民。要体现尊重自然、顺应自然、天人合一的理念,依托现有山水脉络等独特风光,让城市融入大自然,让居民望得见山、看得见水、记得住乡愁",①在2016年对深入推进新型城镇化建设的指示中,习近平总书记又进一步强调坚持以"创新、协调、绿色、开放、共享"的发展理念为引领,注重环境宜居和历史文脉传承,主张将城市的文化内涵、生态环境、城市记忆等维度加入城市建设中,更加注重提升人民群众的获得感和幸福感。②这些新型城市化的理念,突出了城市化的主体——人在城市中的生活、感受和体验,将传统文化保护和生态建设融入城市建设中,让人们在绿水青山、多样文化、积极的思想观念、生活方式中享受到城镇化的积极成果、并成为城市经济、文化和环境建设的主体参与力量。

中国共产党是以马克思主义为指导思想、为无产阶级和广大人民群众的根本利益而奋斗的,因此新中国成立后党的领导人一直警惕着马克思恩格斯揭露的资本主义城市化过程中的阶级对立、城乡对立、无产阶级贫困等问题,一直信奉马克思恩格斯消除城乡差距、实现城乡平衡发展的理念。从第一代领导集体核心毛泽东开始,注重协调、公平的城乡发展一直是中国共产党人的城市建设理想。毛泽东注重运用计划手段来推行城乡之间的公平,但是晚年毛泽东犯了"急躁"和"冒进"的错误,给中国城市化带来的一定程度的伤害。第二代领导人邓小平审时度势,提出了先富与后富的辩证思想,让沿海城市地

---

① 《中央城镇化工作会议在北京举行》,《人民日报》2013年12月15日。
② 《习近平对深入推进新型城镇化建设作出重要指示》,《人民日报》2016年2月24日。

区先发展了起来,实现了战略目标的第一步,第三代领导人江泽民延续了邓小平构想的第二步战略——先富带动后富,力求在效率的基础上实现社会主义的公平和共同富裕,将视野重点转向了西部和农村,着力推动西部和东部沿海、城市和农村的均衡化发展,提出了西部大开发战略;胡锦涛则在科学发展观的视野下提出了小城镇和大中小城市的协调发展、可持续发展的多样型城镇化理念,初步构建了城乡一体化发展战略。

习近平总书记则在胡锦涛城镇化思想的基础上,提出了城市群一体化发展的构想,构想了"以网带面"的城市化区域协同发展网络,并在以人为本的原则上提出了以人为核心的城镇化综合内涵指标,落脚在实现人民宜居的城市空间建设上。这标志着我国的城市化走进了深度攻坚、点面结合、区域化和一体化阶段,表明了国家在宏观上着眼于破除行政壁垒,整合更大地域范围的资源、人口和资金,推动更大区域内地区、产业、人口的均衡发展,同时越来越着眼于城镇化的内涵建设,关注人尤其是农民工在城市中生存的幸福感、绿色感与和谐度。这些构想,是对马克思恩格斯关于资本主义城市化中不正义问题的警惕,是在城市化的社会主义价值目标下结合中国城市化现实问题做出的科学判断、谨慎构思,是新时代推进城市化建设以实现区域空间均衡、城乡协同发展、人民和谐生存的行动指南。

二、新中国成立后中国城市化的发展阶段

中国历史上曾经因为政治、经济、文化等元素留下过许多历史名城、边关要塞、对外港口,还有大大小小因为行政建制的行政中心城镇,如秦代城市发达到 200 多座,汉代时达 670 座,唐代时已达 1000 座,明朝时全国大中型城市约 100 座,小城市达 2000 座,清代时新设县城 208 座。[①] 鸦片战争之后,中国开始了艰难的工业化和城市化进程,在一些城市修建了港口、开设了工厂、开放了通商口岸,但是这时的城市化是建立在扭曲工业体系之上由外国资本和政府操纵的缺乏独立性的城市化,之后又加上连年的被侵略战争、国家分裂、军阀混战等状况,一百多年间,在新中国成立之初仅具有 136 座规模不等的大中小城市及 2000 多个县城和建制镇,城市人口仅为 5765 万人,仅占全国总人

---

① 张天勇等:《城市化与空间正义》,人民出版社 2015 年版,第 3 页。

口的 10.6%①,比 1900 年的世界平均水平还低 3%。到 1978 年中国城市化率仅为 17.9%,2000 年约为 36%,2008 年底城市化率为 45.68%,2011 年城市化率已达 50%。到 2020 年我国城镇化率将达到 57%,城镇总人口为 8.26 亿人。② 中国用三十年时间走完了西方发达国家上百年的城市化发展进程。

在中国社会大的历史事件及其城市化的明显转型基础上来进行城市化发展阶段的分期,可以让我们更清楚地看到各个时期城市化发展的重点及其历史失误,摸清中国城市化进程中的特殊问题,制定更准确、更科学的城市发展战略和采取更有效、更公平的城市化措施。

对中国城市化的分期有“六阶段”说、“五阶段”说、“四阶段”说。李珍刚的“四阶段说”是这样划分的:第一阶段:1949—1956 年,正常推进阶段,城市化水平由 10.6% 上升到 15.4%。第二阶段:1957—1965 年,剧烈波动阶段,1961—1963 年,城市化水平骤降至 16.8%,1964 年开始恢复,到 1965 年恢复到 18.0%。第三阶段:1966—1978 年,徘徊停滞阶段,城市化水平由 1966 年的 17.9% 经 1972 年 17.1%,仍然回到 1972 年的 17.1%。第四阶段:1979 年至今,加速阶段,1994 城市化水平升至 28.6%。③ 这样一种分期描述的城市化的状态,概述显得过于简单,优点在于用准确的数字表述了城市化水平的提升状况。

唐茂华的“六阶段说”分为:第一阶段:1949—1957 年,城市化起步和人口自由迁移阶段。第二阶段:1958—1960 年,城市化过快推进和人口过度迁移阶段。第三阶段:1961—1965 年,城市化调整和人口返迁阶段。第四阶段:1966—1977 年,城市化停滞和人口迁移受阻阶段。第五阶段:1978—20 世纪 90 年代,城镇化与人口加速流动阶段。第六阶段:20 世纪 90 年代中期至今,不完全城市化与人口自由流动阶段。④ 这是以人口迁移的程度作为标准来进行的历史分期,但是一些大的历史转型造成的城市化曲折和改变并没有展示

①　王鑫鳌:《建国五十年中国城市化道路的回顾与展望》,《城市开发》1999 年第 10 期。
②　张天勇等:《城市化与空间正义》,人民出版社 2015 年版,第 6 页。
③　李珍刚:《建国后我国城市化进程的回顾与前瞻》,《广西民族学院学报》1998 年第 4 期。
④　唐茂华:《建国以来中国城市化的阶段性特征及其展望》,《兰州商学院学报》2008 年第 6 期。

出来,使得这种分期方法显得单薄和牵强。

张天勇、王蜜的"五阶段说"分为:第一阶段:1949—1978 年,"二元社会"下的缓慢城市化阶段。其中又分为 1949—1956 年、1958—1965 年、1966—1976 年三个小阶段,认为 1949—1956 年为城市化的健康发展阶段,进行了基础工业建设,一批农业劳动力转移到工业部门,推动了新城市的出现,城市人口增长;1958—1965 年为中国城市化大起大落的剧烈波动阶段,因为"大跃进"引发的虚高工业化,为了降温 1962 年国务院做出了《关于进一步精简职工和减少城镇人口的决定》,1961—1963 年全国城市人口减少 2600 万人,城市人口比重下降到 16.8%;1966—1976 年阶段由于知识青年下乡等方针,城市人口比重进一步减少。第二阶段:1978—1984 年,恢复性城市化发展阶段,城市化取得了恢复和长足发展。第三阶段:1985—1991 年,小城镇推动城市化发展阶段,注重发展乡镇企业,建设小城镇。第四阶段:1992—2005 年,城市化的全面推进阶段。市场经济体制的建立,城市化步伐加快。第五阶段:2006 年以来,城市化的快速提升阶段。国家实施助推大城市群出现的重要战略决策,大城市群、城市带正在生成。①

这种分类法比"四阶段说"、"六阶段说"更为细致,其实是七阶段划分,充分考虑了大的历史事件和政策对城市化的影响,如"大跃进"、"精简城市人口"、"知识青年上山下乡"政策、1978 年党的十一届三中全会对以经济建设为中心的恢复,1992 年市场经济体制的确立等中国社会大的历史转型对城市化的制约和影响;而且以国家"十一五"(2006—2010)规划纲要指出的城市群的设想作为城市化标志性发展,将 2006 年以来划分为城市化的快速发展阶段,这捕捉到了城市化发展的转向苗头,是一个更为清晰、完整的城市化发展阶段分期。

三、新中国成立以来我国城市化的成就和经验

我们看到从 1949 年新中国成立开始,中国共产党领导人构建了国家区域、城乡协调发展的经济原则,而城市化进程则在这一大的经济原则的历史实

---

① 张天勇等:《城市化与空间正义》,人民出版社 2015 年版,第 11—22 页。

践中相应地停滞、缓慢或快速进展,所以城市化进程是附属于宏观经济过程的,城市化状况是国家经济水平的指标之一,不仅如此,城市化状况还可以反映人们生活水平和社会关系状况。在新中国成立后近70年的城市化发展中,我们有着城市化问题上的经验和教训,也取得了巨大的历史成就。

(一)新中国成立以来中国城市化取得的成就

曼纽尔·卡斯特从两个层面对城市化下了一个定义:"一是人类社会既定的空间形态构成,它以活动和人口在有限空间中的重要集聚为特征;二是特殊的文化体系——城市文化的存在和扩散。"[1]王圣学指出,"所谓城市化,首先是指国家和地区的生产工业化,非农业经济占绝对优势;其次是指城市型人口在国家和地区总人口中的比例增大;再次是指国家和地区的生活方式城市化;最后是指经济工业化、人口城市化、社会生活方式城市化所形成的人口不断集聚,城市日趋密集,城市间的联系日趋紧密,城乡之间差别日趋缩小,城市地区不断扩大的趋势。"[2]城市化包括了生产方式、人口集中、生活方式、城市集聚等几个方面,我们就从这些方面来考察中国城市化取得的成就。

第一,城市人口比重增加。城市人口比重是城市化的最外显的指标,1949年世界城市化平均水平为29%,发达国家的城市化水平已超过50%。但中国城市化水平为10.6%,1978年,中国的城市化水平只有17.92%,经过20年间经济发展,到1998年底,全国城市人口比重达到30.4%,2010年城市化率为47.5%,到2015年为51.5%,城市人口比重平均每年增加1%。2012年,城镇人口达到7.1亿,城镇化率基本达到世界平均水平。据《中国城市发展报告2011》预计,2030年中国城市化率将达到70%,其间还有3亿人完成从农民到市民的转换。

第二,城市基础设施和公共生活设施得到改善,人们生活方式得到改变。毛泽东、邓小平都提出改善城市房屋、建筑新房、改善城市基础设施的主张,随着经济的发展,沿海发达城市地方政府多渠道运用公共资金和经营性资本来进行城市道路、商业中心、休闲娱乐设施、公共交通、环卫绿化、学校医院等的

---

① 曼纽尔·卡斯特:《城市化》,《国外城市规划》2006年第5期。

② 王圣学:《城市化与中国城市化分析》,山西人民出版社1992年版,第15页。

建设。在 2000 年的西部大开发战略实施后,国务院《西部开发办关于西部大开发若干政策措施实施意见的通知》中指出,国家以中央财政性建设资金为主体,进行一批"西气东输"、"西电东送"、青藏铁路、公路国道主干线等重大基础设施建设项目,筹集西部开发的专项资金,在西部地区优先布局一些建设项目,包括水利、公路、铁路、机场、管道、电信等基础设施建设和生态环境建设,西部城市也进入了城市基础设施建设的高潮,城市基础设施的建设便利了人民的生活、提供了经济交往的便利、对于引入外来工业、资本、发展旅游业提供了更好的条件,也改变了人们的衣食住行等方面的生活方式。

第三,城市数量和规模得到增加,经济水平得以提升。中国城市数量从 1990 年 464 个增加到 2010 年的 654 个,平均每个城市的人口规模从 2000 年 50 万人增加到 2010 年的 67 万人,1990 年非农业人口超过 150 万的城市为 14 个,2009 年非农业人口超过 150 万的城市为 34 个;1990 年 100 万以上非农业人口的城市为 31 个,到 2009 年非农业人口超过 100 万人口的城市为 56 个。[①] 麦肯锡全球研究院的报告指出:到 2025 年,将有 10 亿中国人口居住在城市;中国将出现 221 座百万以上人口城市,而欧洲只有 35 座,出现 23 座 500 万人口以上城市、8 座 1000 万以上人口城市:上海、北京、广州、深圳、天津、武汉、重庆、成都。

第四,初步形成了经济和人口高集聚的都市群和都市圈。都市群和都市圈的出现,将跨越了不同省份的城市联结起来,使经济集聚效应增加,生产要素配置更优化、经济活动的效率增强;圈内的城市之间的互动更为频繁,形成产业集群发展和人口高度聚集。国家"十一五"(2006—2010)规划指出,"要把城市群作为推进城镇化的主体形态,已形成城市群发展格局的京津冀、长江三角洲、珠江三角洲等区域,要继续发挥带动和辐射作用,加强城市群内各城市的分工协作和优势互补,增强城市群的整体竞争力;具备城市群发展条件的区域,要加强统筹规划,以特大城市和大城市为龙头,发挥中心城市作用,形成若干用地少、就业多、要素集聚功能强、人口分布合理的新城市群。"2017 年初,国家发改委印发《中原城市群发展规划》批准了中原城市群,形成了京津

---

① 国家统计局:《城市统计年鉴》(1991—2010 年)。

冀、长江三角洲、珠江三角洲、山东半岛城市群、长江中下游、成渝经济区等世界城市群和国家级城市群,2017 年 3 月,国家制定了粤港澳大湾区城市群发展规划,力推广州与港澳一体合作,建成大规模的城市带群。

（二）新中国成立以来中国城市化的历史经验

确立了城乡统筹、协调发展的公平原则。中国共产党的理论基础是马克思主义,马克思主义创始人马克思恩格斯尖锐地批判了西欧资本主义生产方式确立过程中的城乡对立、城乡隔离等状况,主张"大工业在全国平衡分布"以实现城乡的平衡发展,苏联作为社会主义制度的实践先行者,列宁、斯大林也非常重视城市统筹和一体化,这是新中国成立后我们进行城市统筹、协调发展的思想基础和实践基础,虽然在新中国成立初期由于历史原因城乡一体化实践(如毛泽东的人民公社实践)遭到了失败,但是以实行绝大多数人的平等和富裕为己任的中国共产党从未放弃过城乡平等、和谐发展的公平理念,在时机合适时采取各种措施来力图缩小城乡差距、实现协调发展,如西部大开发战略、小城镇化、以人为中心的新型城镇化等思想指导下的城市化实践。2016 年 12 月 12—13 日,在北京举行的中央城镇化工作会议更是明确指出,城镇化本身就是解决农业、农村、农民问题的重要途径,城乡共同发展的城镇化目标正确、方向对头,有利于破解城乡二元结构,有利于促进社会公平和共同富裕,对全面建成小康社会、加快推进社会主义现代化具有重大现实意义和深远历史意义。①

确立了城市全局分布、点面相承、一体发展的推进方针。形成了"大中小城市和小城镇合理分工、功能互补、协同发展"的空间布局。国家"十一五"规划纲要(2006—2010)指出:"形成若干城市群为主体,其他城市和小城镇点状分布,永久耕地和生态功能区相间隔,高效协调可持续的城镇化空间格局。"国家"十二五"(2011—2015)规划指出:"科学规划城市群内各城市功能定位和产业布局,缓解特大城市中心城区压力,强化中小城市产业功能,增强小城镇公共服务和居住功能,推进大中小城市基础设施一体化建设和网络化发展。"国家"十三五"(2016—2020)规划指出:"建立健全城市群发展协调机制,

---

① 《中央城镇化工作会议在北京举行》,《人民日报》2013 年 12 月 15 日。

推动区域城市间产业分工、基础设施、生态保护、环境治理等协调联动,实现城市群一体化高效发展。"2016 年 10 月,国家发展改革委发布了《关于加快美丽特色小(城)镇建设的指导意见》,指出要推动中小城市和小城镇健康发展,以县城为重点发展小城镇,依托相邻重点城市、特色优势资源、重要边境口岸与对外贸易通道等,培育发展一批特色小城镇。在这些方针的指引下,根据原有的省级区域规划各区域的中心城市,取消行政壁垒打造城市群,在这一框架下打造"点"状的特色小镇,初步形成了以面带点、以点突特、功能互补的大小城镇一体化体系。

树立了以人为核心的城镇化的最终价值目标。将人的生存发展、生态宜居作为城镇化的目标,不仅提出要建设城镇基础设施、提供公共服务、加强社会治理、改革户籍制度方便人口流动等主张,而且逐渐认识到环境、文化、生态的城市化维度。无论是提出小城镇的可持续发展,还是提出"美丽乡村"、"特色小镇"的目标,都是将城市的文化内涵、生态环境、城市记忆等维度加入到城镇化目标中,最终实现以人的感受、体验为中心的城镇化,这是与马克思主义的人的全面发展的最终目标相一致的,也是克服西方城市化弊端和城市病的正确方向和道路。

第三节　中国城市化的特点、问题和未来发展要求

新中国成立后我国城市化进程在曲折发展中也取得了巨大的成绩,我们摸索着走出了一条独特的城市化道路,用七十年时间就达到了西方的城市化率。但同时由于新中国成立以后的城市化过程是在计划经济体制下开始的,在计划经济体制向市场经济体制的转型过程中经历了计划经济体制和市场经济体制两种体制对城市空间的塑造,同时加上我国的生产力总体水平低、农村人口多、城市化任务艰巨,而且城市化速度快、时间短,几十年的城市化浓缩了西方一两百多年甚至三四百年的城市化发展历程,压缩和叠加了西方城市化中早期工业革命城市、现代城市、后现代城市各阶段城市中的空间矛盾、人际矛盾和城市问题,中国的城市化进程中的矛盾显得比较复杂和尖锐。因此,在今天总结我国城市化与西方国家、苏联相比较的特点,反思城市化过程中的不

足和教训,是推进中国城市化转型的中间阶段必须做的理论总结。

一、中国城市化的特点和独特道路

西方国家的城市化是伴随着资本主义生产方式的确立和发展而进行的,资本主义生产方式将资金、技术和人口聚集在城市空间因而极大膨胀了城市空间、更新了城市的空间结构,将乡村之地迅速"转化"为城市,这是资本主义国家城市化的开端,随着资本主义生产方式的发展,资本推动下城市空间呈现聚集饱和效应,出现了"逆向城市化"的现象,即由于乡村和城市的公共设施和社会服务差异比较小,一部分人由于大城市房价、环境污染等问题自觉从城市流向乡村,这是西方城市化的发展路径。中国的城市化并没有伴随着资本主义充分发展的阶段,它主要是在社会主义制度下根据行政命令进行的城市化过程,城市化的动因和制度路径与西方是不同的,具有自身的独特历程和城市化特殊问题。

(一)主导力量:各级政府

中国是社会主义制度的国家,前三十年的城市化是在计划经济体制下展开的,由政府主导了工业化的全国布局、农民人口的流动程度以及城市内部设施的建设;后四十年是处在由计划经济向市场经济体制转型的过程中,政府的计划手段仍然发挥着重要作用,这使得当前中国的城市化呈现出行政力量和市场共同作用的态势,也使得中国的城市化具有自己的特点和独特道路。与西方国家完全由市场力量推动的城市化不同,在中国政府是城市化的重要推动力量,"中国现代意义上的城市化阶段,它始终是在政治权力的主导和控制下进行的"[1]。"政府主导了土地等重要自然资源的配置,结构性地主导了劳动力和国家资本的使用和配置方式,制度性地主导了社会结构的调整。"[2]同时在市场经济体制下,市场力量也采用投资建厂、建设休闲娱乐项目、投资城市基础设施建设、参与房地产等方式,影响了人口、资金、技术在城市空间中的

---

[1] 赵杰:《压缩与叠加:1978 年以来中国城市化与"生产政治"演化的独特路径》,复旦大学出版社 2014 年版,第 273 页。

[2] 赵杰:《压缩与叠加:1978 年以来中国城市化与"生产政治"演化的独特路径》,复旦大学出版社 2014 年版,第 77 页。

聚集,改造了城市的空间结构、空间面貌和空间地形。所以,政府从宏观上影响了城市化空间格局,而资本从微观上雕刻了城市内部空间,两者联手推动着中国当前的城市化,因此当前中国城市化的模式为"政府主导,市场参与"的城市化模式。

这样一种模式,与苏联的"计划主导的城市化模式"相比有着优越性,将计划和市场两种手段结合起来了,市场能够根据市场需求灵活地将生产要素如人口、技术和资本在一定的空间中聚集起来并不断进行空间扩张,正如马克思恩格斯所讲的,将"原有的乡村之地化为城市";工业资本能够根据市场需求改进产品、优化技术、重组生产体系,这都会不断提高工业化的水平,提升城市化的内涵;在市场机制下资本能够灵活地进入第二循环,转化为城市基础设施建设资本和公共服务资本,"生产"出城市新的空间设施和空间景观,这是市场手段在参与城市化中的灵活性、迅捷性和多向性。这样一种"政府主导、市场参与"的模式相比苏联的城市化模式来说,更能避免苏联高度计划、缺乏市场反馈的工业体系和工业布局僵硬、城市基础设施和公共服务缺乏的弊病,具有中国的特色和优势。

与西方发达国家的完全市场化力量推动的城市化模式相比,中国的城市化具有政府主导的特征,"政府始终在这些生产组织方式调整、资源配置及财富转移、分配中起着决定的作用"①,这意味着政府具有城市化过程中极大的全局管理、动员、组织力,可以通过土地调拨、资金转移、人员调拨等方式优先发展某些地区或者某些项目,也可以在一定时期集中支持某些地区或者重大项目的发展,在全局上运筹帷幄、全盘谋划,推进地区之间的平衡;可以直接投资建设城市重要基础设施和公共服务项目。这种方式可以避免西方发达国家在城市化过程中出现的城乡极端对立、地区发展极不均衡、贫富差距、两极分化等社会矛盾及其表现出来的极端城市政治冲突和斗争,能够将城市矛盾控制在一定范围,较平稳、和谐、兼容地推进城市化进程,但是也容易出现忽视经济规律、反应滞后、拍脑袋决策、滥用行政手段、以行政手段来干预、限制城市

---

① 赵杰:《压缩与叠加:1978年以来中国城市化与"生产政治"演化的独特路径》,复旦大学出版社2014年版,第77页。

化过程的现象,而且容易形成各地区之间的行政壁垒,阻碍相邻城市资金、技术、人口的自由流动。

(二)发展目标:城乡一体化发展

作为社会主义国家,中国城市化的指导思想是马克思主义,马克思和恩格斯提出消除城乡对立、实现城乡融合的设想一直是社会主义国家城市化的价值目标,苏联当时实行的"集体农庄"就是一个城乡一体化的实践,毛泽东时期的"农村经济合作社"也是试图消除城乡对立、实现城乡平衡的一次尝试,邓小平的"先富带动后富"的思想仍然落脚在后富的共同富裕上,近年来中央更是提出推进"城镇化"的建设目标,"镇"意味着人口在15万以下的小城镇,这些小城镇与农村边界相邻、生活方式与乡村接近,可以带动农村的发展,就近解决农村人口的城市化。1990年国家实施的《中华人民共和国城市规划法》指出,"国家实行严格控制大城市规模、合理发展中等城市和小城市的方针,促进生产力和人口的合理布局"。"十二五"规划指出,"特大城市要合理控制人口规模,大中城市要加强和改进人口管理,继续发挥吸纳外来人口的重要作用,中小城市和小城镇要根据实际放宽落户条件"。意图是通过加大小城镇的发展,将大量的农村人口就近分散在小城镇,在小城镇就近发展乡村工业、休闲业和特色农业,以防止过于聚集城市出现的各种城市和社会矛盾,因此在发展路径上,中国城市化同时进行着西方城市化的两个阶段:集聚和分散阶段,"压缩"和"叠加"了两个阶段的矛盾。

一方面,向大城市集聚的大城市化阶段。这是西方发达国家已经完成的城市化阶段,由于经济因素如生产力发展,劳动分工、专业化程度增强导致人口向大城市、特大城市集聚,如到1970年,美国生活在大都市区的人口已经达到了69%。[①] 我国当前的人口流动也主要表现为大量人口向沿海大城市聚集,2007年沿海省份的人口已经达到了5.65亿,占到了总人口比重的42.8%,在泛长江三角区域,上海、江苏、浙江、安徽三省一市的人口已经达到了2.07亿,其中上海人口占到1863万,北京加天津也容纳2760万人[②],2016

---

① 布赖恩·贝利:《比较城市化——20世纪的不同道路》,顾朝林等译,商务印书馆2012年版,第33页。

② 童大焕编:《中国大城市化共识》,东方出版社2014年版,第43页。

年广州的常住人口已经达到 1350.11 万人,几乎占到 2016 年中国总人口 138271 万比重的 1%。我们正在走着发达国家已经完成的大城市化阶段,人口正在加速往沿海的大城市、特大城市以及形成中的城市区域中聚集。这也造成了类似发达国家大城市化阶段的一些问题,如住房短缺、房价高涨、交通堵塞、环境恶化、贫富差距、人际矛盾等城市社会问题。

另一方面,是大城市向乡村分散化阶段。正是因为城市居住条件恶化等问题、加上信息技术提供的便利以及远郊地区或都市边缘区经济中心的分散化发展,西方发达国家近年在向大都市聚集阶段之后出现了"逆城市化"现象,即人口从大城市向周边小城镇迁移,如在美国,在 1960—1970 年间,标准大都市统计区的中心城市以每年平均 6% 的速度在下降①,后发城市化的中国正是看到了"集聚—分散"的这一可能趋势,积极运用行政力量、规划活动、政策导引等促进经济活动向小城镇的分散,建设小城镇基础设施,引导人口向小城镇分流带动乡村的发展,这等于我们同时"压缩"和"叠加"了西方国家城市化的两个阶段,可以利用计划优势加快城市化的速度、减少城市化的弯路,协调城市化的整体平衡;但是这一过程中也综合、叠加了西方两个阶段的矛盾、承受着复合压力,如大城市的城市病和小城镇建设之初的成本高、效益低,还有小城镇与周边大城市的"集聚—分散"的经济关联度等问题,都是需要不断摸索、调整的问题。

(三)支撑力量:流动农民工

马克思恩格斯曾经论述了在资本主义生产方式确立之初,大批破产的农业和手工业中出现的"过剩人口"转移到了城市从事工业生产,成为靠出卖自己的劳动力为生的一无所有的无产阶级。在当代发达资本主义国家,也是依靠国内移民、甚至国外移民获得工业和低端服务业的劳动力,比如在美国 1960—1970 年间,大都市区获得超过 300 万的移民人口。② 这些移民人口形成如索亚描述的以美国洛杉矶为代表的低端服务业和低端制造业"少数种族

---

① 布赖恩·贝利:《比较城市化——20 世纪的不同道路》,顾朝林等译,商务印书馆 2012 年版,第 207 页。

② 布赖恩·贝利:《比较城市化——20 世纪的不同道路》,顾朝林等译,商务印书馆 2012 年版,第 208 页。

专业化"现象,形成了混合种族、地区因素的贫穷工人阶级和服务业无产阶级。与西方的情况有着相似性又有着差异性,中国的城市化和工业化的发展速度非常快,但是内涵和水平较低,需要大量具有体力劳动力的劳动密集型工业的初级工人,于是从农业中过剩的农民就迅速填补了所需大量工人这一空缺,被称为"农民工",这一称号表现为身份分工和劳动分工上的不一致,他们从事的是工业生产以及衍生出来的低端服务业,但是又是"农民"的身份,他们还享有所在地土地的承包权、收益权和房屋建设权益等,这就是由于我国特殊的户籍制度和土地制度形成的"农民工"现象。

根据 2006 年国务院政策研究室发布的《中国农民工调研报告》的数据显示,"我国外出农民工数量为 1.2 亿人左右,如果加上在本地乡镇企业就业的农村劳动力,农民工人数总额大约为 2 亿人,其中 16—30 岁的人数占农民工人数总额的 61%,31—40 岁的人数占农民工人数总额的 23%,41 岁以上的人数占农民工人数总额的 16%,农民工的平均年龄为 28.6 岁"。[1]截至 2009 年,全国外出农民工已达到 1.5 亿人,其中新生代农民工(1980 年后出生的)占到58.4%,总人口为 9000 万,其中女性为 40.8%(上一代农民工中女性仅为26.9%。[2] 2010 年全年农民工总量为 24223 人,其中外出农民工 15335 万人,本地农民工 8888 万人。[3]

"农民工"就类似于一个特殊的工人阶级,与国营企业的工人、外资企业的技术工人、私营企业的工人不一样,他们处于工人阶级的最下端,可称为"流动"、"分散的"工人阶级"。一部分在外资企业工作,受到资本的压榨、剥削和欺凌;其中一部分人从事非正规的、流动性大的建筑、搬运、装修以及餐饮等低端产业,收入不稳定,缺乏劳动保护和社会保障。他们因为户籍、土地、房屋与乡村有着密切联系,但是又背向乡村朝向城市艰难行走。中国是在一个人口众多、农村人口比重大的基础上开展的城市化,要转移、转化、消化、提升如此多的农村剩余人口,这是相比西方来说中国城市化更为严峻的挑战。

① 国务院研究室课题组:《中国农民工调研报告》,中国言实出版社 2006 年版,第 3—4 页。
② 张天勇等:《城市化与空间正义》,人民出版社 2015 年版,第 138 页。
③ 国家统计局:《2010 年国民经济和社会发展统计公报》。

二、当前我国城市化存在的问题

当前我国城市化存在的问题,既有着发达国家曾普遍经历的城市化问题,如恩格斯批评过的早期大工业城市中人口拥挤、环境污染、交通堵塞、贫富差距、城乡发展不均衡等问题,也存在我国的一些特殊问题,如粗放式城市化问题、二元社会结构、行政权力干预较多、基层民主不完善造成的城市化权利主体错位等问题,为此一些学者批评了我国的城市化进程中存在的"假城市化"、"伪城市化"、"浅度城市化"、"半城市化"、"排斥性城市化"等问题。①

(一)粗放式城市化与环境资源恶化

在 2014 年 3 月公布的《国家新型城镇化规划(2014—2020 年)》指出:"根据世界城镇化发展普遍规律,我国仍处于城镇化率 30%—70% 的快速发展区间,但延续过去传统粗放的城镇化模式,会带来产业升级缓慢、资源环境恶化、社会矛盾增多等诸多风险,可能落入'中等收入陷阱',进而影响现代化进程。"②这充分指出了我国城市化进程中存在的环境问题。

在西部大开发战略中,出现了一些"大跃进"式的城市化现象,一些中央扶持西部的资金被乱用、误用、挪用,西部一些耕地被圈占起来建立所谓的高新工业区、开发区以吸引外来投资,但是多数被大面积空置、抛荒,野草丛生;一些不具备人口聚集条件的小城镇被大量过度建设,"遍地开花",在各中小城市和小城镇进行过度投资和大搞基础设施建设,浪费耕地来建气派的政府大楼、宽敞的大路、公共汽车站、学校、医院,但是所居住的人口太少,由于没有产业支撑,劳动力仍然要外出务工,造成年尾有人、平常人烟稀少的所谓"新城"、"空城"的"假城市化"。"假城市化"造成资源的集聚效应低下,单位资源支撑的人口效率低下,造成土地、基础设施所用资源的粗放式利用。在一些东部沿海城市,城市集聚效应高,土地资源支撑的人口效率高,但是也存在着粗放式工业如劳动密集型工业、粗加工工业等传统工业生产模式引起的资源浪费、环境污染、人口的过度劳动等粗放式城市化问题,同时在沿海发达城市,也存在大拆大建、追求豪华大气的商业中心、中心广场、技术园区等现象,城市

---

① 陶希东:《包容性城市化:中国新型城市化发展新策略》,《城市规划》2013 年第 7 期。
② 《国家新型城镇化规划(2014—2020 年)》,《人民日报》2014 年 3 月 17 日。

空间不断扩延造成城市空间浪费现象。

在中国人口众多、耕地面积少的情况下推进城市化，最终必须走一条集约式城市化道路，提高单位资源的人口负载率，实现人口的空间聚集及集约化效应。2012 年李克强同志在全国资源型城市与独立工矿区可持续发展及棚户区改造工作座谈会上指出："城镇化不是简单的城市人口比例增加和面积的扩张，而是要在产业支撑、人居环境、社会保障、生活方式等方面实现由'乡'到'城'的转变，目的是造福百姓和农民。"[①]

（二）城市化区域差异与劳动力跨地域流动

马克思恩格斯针对早期资本主义时期农业和手工业破产、大批农民进入城市就业造成住房短缺、环境污染、生活贫困问题，提出了在社会主义社会和共产主义社会要实现"大工业在全国平衡地分布"、最终实现城乡融合的主张。我国建立社会主义制度后，也一直将城乡、地域之间的平衡发展作为目标，毛泽东提出在西部、东北地区布局重工业，邓小平提出了"先富带动后富"的地区平衡发展策略、江泽民提出了"西部大开发"的战略、胡锦涛和习近平总书记更是提出点（特色小城镇）面（城市群）相承、城乡一体发展的战略，但是在我国还存在着突出的区域城市化差异问题，总体上呈现为"东高西低"的差异格局。

根据 2006 年城镇人口比重计算，中国东、中、西部的城市化率分别为55.0%、40.4%、35.7%。特大城市主要分布在东部，在全国 113 个特大城市中，东部占 45.1%，中部占 31.9%，而西部仅占 23.0%。[②] 七大城市群有五个在东部，中心城市和卫星城市紧密联系形成片状的珠三角、长江三角洲、京津冀城市带，城市化的辐射力极强，而中部尤其是西部即使省会城市人口多，但是大多是孤立的"城市点"，集聚效应和辐射效应都非常有限。地区之间城市化的不平衡是经济发展过程中的一个必然的阶段，因为东部城市大多是港口城市首先适合了外资进入所需的运输条件，在中国经济融入世界工业体系的改革开放过程中最先得到开放，逐渐形成生产要素、人口、资本、技术的集聚，

---

① 李克强：《加快资源型城市转型发展及棚户区改造》，《人民日报》2012 年 9 月 26 日。

② 张天勇等：《城市化与空间正义》，人民出版社 2015 年版，第 33—34 页。

这是先天地理条件和规模经济共同作用的结果①,在当前这一历史时期是符合经济规律的,这些地区的城市提供了更多的就业机会,收入水平相对较高,技术水平和管理制度先进,因此造成了中国城市化中特有的问题——农民工的跨地域流动。

西部地区是农民工流出的主要地方,一方面他们跨地域流动到东、中部,导致人口过度集中、住房紧张、房价高涨、交通拥挤、环境恶化、资源紧缺、基础设施不足、贫困人口急剧增加,失业率上升,城市违法犯罪事件频发,也造成农民工非稳定就业、长期离家的孤独心理、性满足问题、社会交往和安全感缺乏以及"候鸟"式的艰辛迁移等问题。另一方面造成农村停滞、衰退,大多数农村面临集体经济瘫痪、农业经济荒废、青壮年外出打工、人口涌入城市、农村公共投入不足、教育落后、生活设施落后,还造成大量的流出地的"留守儿童"、"留守妇女"、"留守老人"等孤独孤僻、生命安全等社会问题,流出地劳动力短缺、资金缺乏、经济效率低下、消费需求不足,与东部城市的差距越来越大。中国沿海省份的城市,容纳了全国城市人口总量的55%,城市化水平最高的是东部的广东达65%,但是西部的贵州和西藏只有30%左右。② 这些问题必将长期存在,只有当西部城市经济发展能够提供就业岗位、小城镇能够提供与大城市基本均等化的公共服务和设施时,才会带来人群的稳定回流。

(三)土地户籍等隔离制度与社会二元结构

新中国成立后的城市化进程是在计划经济体制下开始,计划经济体制确立了一套次级制度体系,比如户籍制度、土地调拨制度、住房分配制度、社会保障制度,这些制度实际上限制了人口的自由流动,形成了二元社会结构,"所谓二元社会结构是指,国家采取行政手段,以户籍制度为核心,以城市和工业为利益导向,通过一系列具体制度的构建将城乡居民分开进行封闭、固定管理而形成中国独特的社会状况和城乡格局"。③ 在改革开放后尤其是在实行市

---

① 陆铭:《空间的力量——地理、政治与城市发展》,上海出版社 2014 年版,第 24 页。
② 费明明、黄健:《中国城市化进程与智慧城市建设的探讨》,《资源与产业》2013 年第 6 期。
③ 张天勇等:《城市化与空间正义》,人民出版社 2015 年版,第 31 页。

场经济体制后,国家相应放松了户籍制度,农村剩余人口可以自由流动到城市;改革了住房分配制度,允许农民到城市购房居住;健全了社会保障制度比如农村人口的合作医疗制度、推进了"新农保"医保服务等政策……但是这些措施并没有根本上改变城市居民和农村人口因为户籍产生的社会二元结构。

农民工与城市市民有着身份、待遇、子女入学机会、公共服务等方面显著的差异和社会隔离,这既是城市同一空间中城乡二元结构的体现,表现在城市中居住和生活的空间差异,少数农民工在城市中被排斥边缘导致的归属认同缺乏,少数新生代农民工更存在与乡村的隔离感和城市排斥感的双重边缘感,形成在城市工作但是却游离在城市边缘的"半城市化"或者"排斥性城市化"状况。更为严重的是,农民工的代际之间的阶层固化、代际上升渠道狭小甚至堵塞问题,固化着甚至强化着已有的社会二元结构。

可喜的是,党的十八大报告强调:"加快改革户籍制度,有序推进农业转移人口市民化,努力实现城镇基本公共服务常住人口全覆盖。"2014年1月的《国家新型城镇化规划》中提出了要着力推进解决已转移到城镇就业的农业转移人口落户问题和有能力在城镇就业、居住的常住人口市民化。在这些方针和政策的指引下,还需要进行科学规划、改革相关配套政策、根据城市实际采取具体措施坚持不懈地进行推进,才能解决这一历史遗留问题。

(四) 城市化权利主体错位与民众权利缺失

按照人为核心的城市化目标,城市化的主体应该是被卷进城市化过程中的民众,他们应享有对城市化利益的收益、处分、享用权。但是由于基层民主渠道尚不完善,少数地方政府及基层村委组织等把持了对土地、矿山的处分权和收益权,造成部分民众在城市化中权利的丧失。一些地方农民对自己耕种的土地的处置没有发言权,土地或者被城市扩建征用或者被低价征用来建工厂、道路甚至被村委会操纵私人承包了,又得不到相应合理的补偿以及就业和岗位培训,这部分农民成为失地的又不能被承认城市户籍的双重边缘人,造成很多社会问题。

在一些城市中,各级地方政府把握着对城市空间的规划权和管理权,不断进行新的城市改建项目,将城市中心土地拍卖给开发商建高档住宅或商业中心,原居住在城市中心的老住户被迫腾移原有的地盘给开发商或政府。[1] 少数地方政府对城市"大拆大建",破坏城市文化遗迹,加强对城市空间的改造,将广场、街道建得宽敞大气,但是附加了很多苛刻条件限制人的活动比如骑自行车、放风筝,限制流动摊贩、卖唱、卖艺艺人、乞讨人员等,打造光鲜的城市表面形象但是造成人的城市空间享有权利的不足和空间正义缺失的"假城市化"。

粗放式是城市化的模式问题,城市化的地区差异是城市化的机制问题,土地户籍制度等相关制度是城市化的制度问题,基层民主权利的不完善是城市化的机制问题。在这些宏观框架下城市化问题还表现为城市中的一些具体问题,称之为"城市病",比如农民工的无序流动造成城市住房短缺、居住条件恶劣、就业困难,城市人员拥挤、交通堵塞、环境污染、食品不安全、贫富差异大、人际关系冷漠、道德滑坡等问题。造成这些问题的原因既有市场经济必然产生的地方差异、又有少数地方政府的政绩冲动、资本求利活动缺乏必要的限制,还有基层民主渠道不完善和大众主体的缺位等原因,这些问题只有在继续坚定不移地推进城市化过程中才能得到解决。2016 年 12 月,中央城镇化工作会议更是明确指出,城镇化本身就是解决农业、农村、农民问题的重要途径,城镇化目标正确、方向对头,走出一条新路,将有利于释放巨大潜力,有利于破解城乡二元结构,有利于促进社会公平和共同富裕,而且世界经济和生态环境也将从中受益。[2]

三、中国城市化未来发展的要求

在城市化进程中,我们曾出现过超越国情和生产力发展水平的"超前城市化",也出现过一窝蜂上马的"土地城市化",还出现了好大喜功的"政绩城市化",以及大量存在的"半城市化"、"伪城市化"现象,带来了大量的社会矛盾冲突和潜在问题。2013 年的中央城镇工作会议指出,"推进城镇化必须从我国社会主义初级阶段基本国情出发,遵循规律,因势利导,使城镇化成为一

---

[1] 戴维·哈维:《叛逆的城市:从城市权利到城市革命》,叶齐茂等译,商务印书馆 2014 年版,第 23 页。

[2] 《中央城镇化工作会议在北京举行》,《人民日报》2013 年 12 月 15 日。

个顺势而为、水到渠成的发展过程。确定城镇化目标必须实事求是、切实可行,不能靠行政命令层层加码、级级考核,不要急于求成、拔苗助长。推进城镇化既要积极、又要稳妥、更要扎实,方向要明,步子要稳,措施要实",这指明了城市化的原则、方向和要求,是在充分吸取城市化的不足和教训的基础上有针对性提出的要求,必须引起我们的高度重视。

(一)必须适合我国现代化建设的大战略

必须充分考虑我国农村人口多、产业较低端的国情,在现代化建设的方略中整体推进城市化。2013 年 12 月的中央城镇化工作会议指出,"城镇化是现代化的必由之路。推进城镇化是解决农业、农村、农民问题的重要途径,是推动区域协调发展的有力支撑。是扩大内需和促进产业升级的重要抓手,对全面建成小康社会、加快推进社会主义现代化具有重大现实意义和深远历史意义。"①这就要求我国的城市化不能走西方发达国家城乡对立的老路,也不能走拉美国家城市无序过度发展的陷阱之路,要走出一条适应我国现代化建设的社会主义城市化新路,这条新路还要回应我国农村人口多、农村面积大、农业和工业产业低端化的现实。

一方面要根据社会主义现代化建设的整体战略对中国城市化的总体规划、区域目标、空间布局与城市的功能定位进行科学规划,促进城市和乡村之间、区域之间的辐射整合、协调发展;另一方面又要在城市化过程中运用新兴科学技术实行产业升级、提高城市经济生产效率,注意合理开发资源、提高资源利用率,保护和不断改善生态环境;改建城市的管理制度和方式,让各方利益群体民主协商参与城市的管理,在差异中共建和谐的城市社会;不断完善城市的社会管理和公共服务能力,发展城市先进文化和生活方式,提高城市化的内涵和质量,促进人的更好生存和发展,以城市化为依托让更大多数人能分享现代化建设带来的利益和成果,最终在全局上实现民族的复兴、人民的富裕和国家的强盛。

(二)必须遵循经济发展规律和城市发展规律

城市化的方略要适应现代化建设的战略和目标,但是城市化的方针和政

---

① 《中央城镇化工作会议在北京举行》,《人民日报》2013 年 12 月 15 日。

策必须与经济发展水平相适应,不能违背工业化和市场经济的一般规律,不能人为拔高和主观决断。

比如在重点建设大城市还是重点建设小城镇上学术界存在着两种不同的观点,到底谁更合适经济发展规律或者说怎样才能更切合经济发展规律来制定城市优先发展的方针,是必须加以重视的。主张重点建设小城镇的观点认为,只有建设大量小城镇才能大量容纳农村剩余人口,实现农村人口的就地、临近城市化、同时可以靠近农村把城乡两个市场结合起来,发展农村第二产业、第三产业如休闲娱乐业的发展;如果重点发展大城市,就会面临西方国家和拉美国家出现的大城市过度发展导致的人口膨胀引起的各种城市病、乡村衰败产生的空心化等问题(朱选功,2000 年)。但是主张优先发展大城市的观点认为市场经济会促使生产要素集聚在大城市并产生规模效应,大城市经济活动效率高、集约化生产,可以实行规模经济、生产要素优化配置,从而减低成本、提高效益、技术创新和进步,人口集聚在大城市从长远来说更有利于区域经济协调发展和缩小收入差距(陆铭,2013 年)。大城市的城市病是可以通过科学规划得以解决的,而中小城市和小城镇的土地价值低,人口密度低,生产效率低,土地利用率低,规模不经济,同时不具备发展高效率城市轨道交通和公共交通的共享条件,造成土地、环境、资源的浪费,因此主张要走大城市群为导向的集约型城镇化道路(赵坚,2014 年)。应该说这两种关于城乡差距、区域平衡的观点都有道理,一种是认为当前的地区不平衡从长远和根本上可以促进地区之间、乡村之间的平衡;一种是注重当前采取措施来推进现实的平衡。应在实践中寻找两者相通的渠道,在尊重客观经济规律和城市聚集规律的基础上,来考虑小城市和小城镇的发展道路和发展定位问题。

在小城市和小城镇的发展上,我们要考虑的是一哄而上、遍地开花、孤立点状、乱铺乱建的小城市和小城镇,还是处于中心城市辐射网络中的小城市,依靠自己各自的功能定位,与大城市形成相互依托、相互补充的网络状辐射效应的小城市?同时,对小城镇的发展不是盲目的,应考虑它是否有自己的特色优势、可否、如何融进邻近的城市网络体系中、形成一体化效应?所以只能在培育和发展大城市群、区域城市、中心城市的前提下带动农村工业化和城镇化的发展,在此空间框架下发掘小城镇和小城市的特色、优势,寻找融合大城市体系的方式、路径和渠道,"离开大城市的带动,依靠中小城镇推动城市化的路径也难以持续"。①

党的十八大报告指出,要推动"工业化和城镇化良性互动、城镇化和农业现代化相互协调",走"中国特色"的新型城镇化道路。一部分乡村要依靠政府的外引内联作用、依靠政府加大基础设施投入、依靠技术和资金的支持,依托小城市、小城镇的辐射作用,运用乡村的资源特色和优势从事新型的工业、农业、服务业的"混合型"生产,比如生态有机农业、乡村手工业、乡村农副产品与加工业,新能源产业、乡村生态旅游业、休闲娱乐业、乡村养老服务业等,分散承担城市的生活供给、休闲娱乐、交通中转等功能,各自以自己的功能关联整合,实现城乡一体化发展。

(三)必须进行各种配套制度的改革

城市化过程是一个综合运程,它要受到政治制度、行政区划、土地、人口、社会保险、医疗卫生、住房、文化经营等制度的影响。如在当前有些地方还存在依靠行政控制的手段来管理城市化过程,缺乏民主程序和科学规划;我国的城市化过程中还受着行政区划的限制,还存在着各地的地方保护主义和行政壁垒,阻碍着相邻但属于不同行政区域的城市之间的整合效应;在城市中还存在着"半城市化"的城市二元化新结构,一部分农民工因为缺乏了城市户籍与城市居民在就业、收入、养老、住房购买、子女受教育上与城市居民存在着巨大差异……这些问题都影响着我国城市化的深度和质量,也引起资源浪费、效率低下的经济矛盾和贫富分化的社会矛盾,为此必须进行相关配套制度的改革。

第一,要进行城市管理制度的改革,改革城市"一把手"在城市建设上的过分集权方式,实行城市管理和规划的专业化,采用城市管理专家和城市规划、建筑专家的专业化意见,同时扩展基层民主,广开言路、听取人民群众关于城市发展的建议和意见,共同协商规划、管理城市。第二,要放松行政区划制度对城市化的限制,注重政府的宏观引导,而在具体管理上松绑,扩大工商业企业、建设项目的自主空间,充分运用市场手段来促进资金、技术、人口在城市群的跨区域聚集和向城市区域外层的转移和辐射过程。第三,进一步改革户

---

① 陆铭:《空间的力量——地理、政治与城市发展》,上海人民出版社2014年版,第37页。

籍制度,促进农民工的平等身份,进一步深化土地流转制度、完善廉租房、公租房等城市住房制度、优化农村人口的养老保险制度、完善农村人口的医疗卫生保险制度、子女在城市的受教育和考试等制度等;完善农民工在城市享用公共文化设施的规定,实现"有序推进农业转移人口市民化,努力实现城镇基本公共服务常住人口全覆盖"的目标。

(四)必须进行科学规划、稳妥推进

在城市化过程中一些地方政府依靠行政命令层层加码、级级考核城市化指标,于是在政绩冲动和套取国家扶持资金的冲动下,开展了一窝蜂式的拔苗助长的"伪城市化",大量的所谓新农村建设开发出重复建设、承载率低下的小城镇;农民土地被占用来建各种休闲项目、旅游项目,但是没有经过充分论证和科学规划,农民洗脚上岸但是这些项目却不能提供谋生的岗位,仍然只能靠外出打工谋生;而且很多项目成为烂尾工程,土地被长期空置;在城市中各类开发区、科技园区、产业园区、商业中心、休闲娱乐中心各种工程项目匆忙上马,但是缺乏资金投入、人流和技术支撑,成为闲置工程;在一些中小城市,也出现了匆忙建地铁、轻轨、城际铁路、机场等基础设施的热潮,但是超过了人口的出行需求,造成了极大的土地等资源的浪费。另外,还有的地方政府进行突击式建设,获取"国家卫生城市"、"文明城市"等称号,但是获取后后续建设缺乏。当前国家正在大力推进培育特色小城镇,使得全国各地建设特色小镇的热情不断高涨,各地都推出了自己的小城镇建设计划,但是这一过程中也出现了特色重复、特色不明显或捏造特色、制造特色等一窝蜂问题。

在城市化推进过程中,应按照中央城镇工作会议指出的"要稳妥、扎实"的要求,首先要合理规划一个区域内的中心城市和若干功能互补、特色定位清晰、相互依存、共同发展的小城市(镇),形成各层次的城市发展体系,并采取切实的举措来形成城市聚合效应;同时要合理规划城市的空间布局,按照城市经济发展水平和人口数量,听取各方意见、协调各方利益,根据人口的最大利益来规划城市的商业区、工业区、文化区等功能区、基础设施和文化设施;合理规划城市的未来发展方向,寻找城市特色和专业化功能、明确未来的发展方向,形成稳定一致的城市长期发展目标,不能搞一个领导人起一套"炉灶"的短视化的城市建设模式。

第六章　全球化和市场经济体制下
中国城市空间发展方向

　　"城市化是被一系列紧密联系的变化过程所推动的,这些变化过程包括经济、人口、政治、文化、科技、环境和社会等的变更"①,对中国来说,影响当前的城市化两个最相关的宏观变化过程,一个是全球化过程,即资本生产网络全球扩张的过程,这是一个推动中国城市化的外部环境,在全球化过程中中国的城市不同程度与世界经济网络产生了联系,与全球经济网络的连接程度不同导致不同城市经济聚集程度的不同,制造了中国城市间的不平衡的地理发展,在一些较发达城市地区也出现了"多核状"城市群趋势,这是世界城市发展的趋势,因此要把握趋势随势助推,提升中国各类城市的"全球性"程度;二是市场经济体制的建立过程,这是一个驱动中国城市化过程的内部动因,市场力量直接生产、改造、重塑了城市空间,城市空间也产生了内部空间结构的分异和多中心化、空间景观商品的资本化和符号化、空间肌理的等级化与阶层隔离化等空间特征及问题。本章着重借鉴了马克思恩格斯和新马克思主义城市学家的城市空间发展思想,探讨资本的全球扩张影响下中国城市发展的机制、途径以及未来走向,同时探讨市场经济体制下中国城市空间结构、空间景观、空间地形的变化趋势,并找准问题因势利导,实现"合理布局、公平有效、美善兼具"的城市空间价值目标。

---

　　① 保罗·诺克斯·琳达·迈克卡西:《城市化》,顾朝林等译,科学出版社 2016 年版,第 9 页。

第一节　资本的全球生产结构中中国
城市发展的空间趋向

如哈维、索亚和萨森所指出的,资本的全球经济结构正在以其特有的灵活化、分散化、一体化的方式重塑世界城市体系,制造了世界城市体系内部的不平衡发展。融入全球化过程的一部分城市发展迅速,一部分远离全球化过程的城市普遍处于衰退状态,中国正是抓住了资本的全球扩张中劳动分散化、国际化的历史机遇,顺势开放一系列的沿海港口城市,承接了发达资本主义在全球灵活转移的工业生产,通过国际劳动分工体系参与到资本的全球制造业生产的空间网络中,实行一条"出口导向型"的工业化发展道路,并以此为基础推进工业技术更新、建立新的工业部门、优化工业结构,寻找在全球经济结构体系中更高的定位。所以在融入全球化的过程中,一部分港口城市集聚了外资、人口和生产技术,取得了城市化的巨大效应,正在向集群化、圈层化的城市区域发展,这是中国城市发展的积极空间趋势;但同时也要看到一部分处于全球经济空间结构边缘的内陆城市和西部城市,其"全球性"程度较低,必须寻找优势、清晰定位、寻找途径融入全球经济体系中去。

一、资本全球生产空间重组与"多核"城市群出现

在福特生产方式遭遇到危机之后,全球资本主义采用了"灵活积累"生产体制,更"灵活地"在世界范围内重组生产空间,这一生产空间的重组过程表现为新的国际劳动分工的形成,这导致"过去第三世界主要部分的工业化以及同时的福特主义工业生产城市、区域的非工业化。"[①]正是这一"去工业化"和"再工业化"导致的"解中心"和"再聚中心"的辩证过程中,被资本注入的新的生产中心兴起、旧的生产中心衰退,发达资本主义国家、发展中国家包括中国的城市都在经历新的空间重组。对发展中国家来说,由于劳动力价值低、

---

①　Edward W.Soja:《后大都市——城市和区域的批判性研究》,李钧等译,上海教育出版社2006年版,第252页。

土地价值低,通过跨国资本的直接投资设厂、承担转包分包业务加入到全球制造业链条中,承接了较低端的产业和技术,"一方面新经济增长的核心转向由极少数世界性城市操纵,另一方面制造业等'过滤后'的产业的空间分布正向国际扩散"①,"支撑这种关系的国家劳动力分工从根本上影响了边缘地区的城市化模式和进程"②。亚洲的城市化进程非常迅速,1950—1995 年,亚洲的城市人口增长到原来的 4 倍,达到约 12 亿人口。到 2030 年,预计 50%的亚洲人口将居住在城市。③ 在这种"边缘城市化"模式中,制造业集聚在大城市,促进了工业化进程,国内外商业的发展使国家首都和主要港口城市快速扩张,形成了若干工业中心和城市中心,移民从乡村地区和更传统的乡村城镇迁入国家的主要城市中心,尤其是"国家首都和区域工业中心内部及周边的外围聚落"。④

中国正是抓住发达资本主义国家工业重组形成的产业转移、空间重组的有利时机,调整政策,推行改革开放,通过外资直接投资设厂、承担分包专包业务,利用农业劳动力丰富的比较优势,从发展劳动密集型产业开始,加入全球制造业生产,成为跨国资本的海外工业生产基地和代工产品加工基地,走出一条"订单式出口导向的"的外向型工业的道路,这深刻地影响了中国的城市化进程。从 1980 年开始,中国逐步创办了深圳、珠海、汕头和厦门四个经济特区、开放了大连、秦皇岛、天津、烟台、青岛、连云港、南通、上海、宁波、温州、福州、广州、湛江、北海 14 个沿海城市和长江三角洲、珠江三角洲地区、闽漳泉三角洲等经济开发区,充分抓住了发达资本主义国家工业转移所依赖的沿海地理优势,因为主要沿海港口的距离"决定了一个城市参与国际贸易的成本,对出口导向的加工制造业发展、外商直接投资的流入以及城市发

---

　　① 张京祥、罗震东等:《体制转型与中国城市空间重构》,东南大学出版社 2007 年版,第 9 页。

　　② 保罗·诺克斯、琳达·迈克卡西:《城市化》,顾朝林等译,科学出版社 2016 年版,第 201 页。

　　③ 保罗·诺克斯、琳达·迈克西:《城市化》,顾朝林等译,科学出版社 2016 年版,第 205 页。

　　④ 布赖恩·贝利:《比较城市化——20 世纪的不同道路》,顾朝林等译,商务印书馆 2012 年版,第 91 页。

展起重大作用"。①

　　沿海港口城市因为地理优势首先成为经济集聚的中心区域,并通过中心城市的向心辐射和离心分散,带动周围也成为制造业小中心,于是在一个区域内形成了若干个从事"专业化"分工的"多核"的城市"中心"点。"在经济核心区内,经济和人口又高度集聚在由主要核心城市和主要发展轴组成的枢轴地带。"②如珠三角城市群是世界知名的加工制造和出口基地,是世界产业转移的首选地区之一,初步形成以电子信息、家电产业等为主的企业群和产业群。珠三角城市区域以广州、深圳为中心城市,在周边一两百里的区域有着东莞、佛山、珠海、中山、惠州、江门、肇庆等新兴小城市。这些小经济中心各自拥有自己的制造业特色,如具有"世界工厂"之称的东莞电子信息、服装、家具、玩具等制造业,世界 500 强企业有 30 多家在东莞投资设厂,富士康、三星、杜邦、通用电气等跨国公司品牌聚集于此;佛山的陶瓷业非常出名,意大利、瑞士等知名品牌汇集于此,惠州支柱产业是大型电子信息企业,三星、LG、索尼等跨国大企业汇集于此……多"核"状的卫星城市各自以自己的专业化生产参与到全球的制造业生产体系中去,形成制造业生产网络上"多核"的小中心,并通过地域之间的功能分工和资金流、劳动力流、信息流、技术流,将整个地区联系起来,成为一个功能上的城市区域。珠三角城市区域面积为 24437 平方公里,不到广东省国土面积的 14%,人口 4283 万人,占广东省人口的 61%。2011 年,珠江三角洲地区 9 个地级市的国内生产总值(GDP)为 43720.86 亿元人民币,约占中国大陆经济总量的 8.4%。

　　中国处在国际劳动分工的半边缘地位,仍然承受着国际劳动分工中的资本剥削和压榨,沿海地区承接的大部分转移产业是劳动密集型产业、初级技术和较低端产品,收益低,而且随着沿海各城市的地价、房租、劳动力成本的上涨,跨国资本又在世界范围内寻找新的生产地点,实行再一次低端制造业的转移,所以沿海这些"多核"状的城市"中心"必须找准各自的专业化定位,凭借几十年制造业积累的人才、技术和资金,加速实现产业升级换代,比如有着

---

① 陆铭:《空间的力量——地理、政治与城市发展》,上海出版社 2014 年版,第 34 页。
② 张京祥、罗震东等:《体制转型与中国城市空间重构》,东南大学出版社 2007 年版,第 12 页。

"世界第一工厂"称号的东莞就规划了一幅产业发展图:用 10 年左右时间,打造先进制造业和现代服务业的"双轮并转"、高新技术产业和适度重化工业"两翼齐飞"、形成具有世界竞争力的现代产业体系,将东莞演化为金融、贸易和航运中心。

经济活跃的"多核"小中心之间由于生产集聚产生的集合效应会辐射到更大的空间范围,相邻的从事相关产业的小中心会不断增加,形成产业集聚乃至带状的城市集聚带,各小中心空间单元彼此间共享资源、技术、信息等要素,形成一种竞争合作、分工协作的互动式关联,形成整体的区域竞争优势。"核心城市与周边地区由于功能与空间高度联系而形成的紧密形态,如都市圈、都市区、城市群等,已经成为一个国家和地区参与国际竞争的基本空间单元。"[1]在中国沿海已经显现出"多核"的区域城市发展的趋向,我国城市空间发展的进一步趋势是大城市群,"是以特大城市或大城市为中心,在 1.5 万平方公里左右的区域内集聚和建设多个不同类型的城市和小城镇,容纳 2000 万到4000 万人口,并以 2000 公里左右的轨道交通(大部分是通勤铁路)支撑大城市群的运行,2030 年我国可能出现 20 个左右这样的大城市群,新增人口的 3亿城镇人口应因势利导地安置在大城市群内的不同类型城镇中,实现高水平的集聚经济"[2]。

2017 年的中国城镇化发展规划更提出将长三角城市群、珠三角城市群和京津冀城市群建设为世界级城市群的目标,这需要合理布局城市功能,推动城市非核心功能外移;进一步推动行政体制改革,取消行政规定、改革行政区划以消除区域内的市场壁垒和条块分割,形成生产要素在更大范围的流动、集聚和整合;合理布局产业、优化公共服务产品,还需要通过高效率的轨道交通顺畅大区域内部的城际交通,缓解大城市交通问题,又带动周边落后地区。如从2014 年起,提出京津冀城市群办同发展战略;2016 年,京津冀协同发展规划体系基本形成,规划主张将北京非首都功能外移到河北,有序疏解北京非首都功能、优化提升首都核心功能、减轻北京的城市病;以密布环绕的高铁、城际铁

---

① 张京祥、罗震东等:《体制转型与中国城市空间重构》,东南大学出版社 2007 年版,第1 页。

② 童大焕编:《中国大城市化共识》,东方出版社 2014 年版,第 15 页。

路、市域铁路、高速公路为骨架,建设多节点、网格状的密集轨道交通网络,打通整体区域,带动周边天津、河北 11 个地级市的协同发展,培育"多核"发展的大城市区域。从经济总量来看,2016 年京津冀城市群地区生产总值约为7.46 万亿元,占全国 GDP 的 10%。

在我国广大的西部和中部地区,在跨国资本新一轮空间转移中,交通便利、沿江沿河基础较好的大城市也要抓住机遇、寻找自己的特色定位,准备承接跨国资本和沿海企业转移的工业,并通过核心大城市这一集聚点的带动和辐射,通过在城市大区域内合理规划、围绕着既有的城市中心,继续培育若干"遍地开花"小的"中心",形成功能互补、专业化突出、整合效应的点联网、圈套圈的大型聚合型经济区域,逐渐培育区域城市群的整合效应。在中国正在形成十大城市群——京津冀、长三角、珠三角、山东半岛、辽中南、中原、长江中游、海峡西岸、川渝和关中城市群①中,其中山东半岛、中原、川渝和关中城市群就属于中部和西部。在成渝城市群的发展规划中,也突出打造"成都"和"重庆"的双核中心地位,各个周边小城市形成功能互补的集合体,带动周边城市联动发展。

二、资本生产空间的全球聚合与城市"全球性"的提升

在全球范围内重组生产空间,实质是跨国资本改变了生产组织的分工形式,将低端生产链条延展到发展中国家,反映的是一种垂直等级关系;另一方面,由于生产在空间地理上分散,跨国公司凭借信息网络技术对全球分散的生产进行"集中控制和管理",导致一个"由网络和都市节点组成的新地理学的诞生"②。萨森认为在全球化时代,绝大部分城市都是全球经济网络和劳动分工的一部分,但是因为与全球经济网络的"接合"的程度不同也区分出了"中心—边缘"的城市等级。中心层次的是作为全球经济网络"节点"的"全球城市",第二圈层的是具有"全球性"的城市,最边缘的是处在全球城市体系之外的那些城市。

---

① 张天勇等:《城市化与空间正义》,人民出版社 2015 年版,第 22 页。
② 曼纽文·卡斯特:《21 世纪的都市社会学》,《国外城市规划》2006 年第 5 期。

　　中国自从实行改革开放以来,对外开放程度逐步加深,一大批城市也融入全球经济网络中去,力求在全球经济中占据更有利的位置,城市的"全球性"程度也在加深,在国际经济中的地位越来越重要,如香港,萨森认为它已经是"全球城市",北京和上海直接服务于区域市场或次级国家市场,具有一定程度的"全球性",而中国还有大多数城市处在"全球城市体系"的边缘和之外,为此,要积极推进"全球城市"的建设,提升有条件的城市的"全球性",对一些国家区域性中心城市要根据条件提升"区域全球性",并以此为辐射提升边缘的小城市参与国际经济的"接入性",整体提升我国城市在全球经济空间结构中的位置、辐射力和经济效应。

　　萨森认为,全球城市和城市的"全球性"是随着城市与全球经济网络的"接合"程度的变化而处于不断发展变化之中,"全球城市是逐渐培养、发展和建设起来的。"①在 2016 年最新公布的《长江三角洲城市群发展规划》中首次提出"提升上海全球城市功能",因此我们需要认清中国城市的空间位置,寻找方向和时机,提升北京、上海、广州等具有全球性的城市在全球经济空间中的位置。萨森认为全球的经济网络圈是有许层次的、重重叠叠的,各个城市在与各个不相同的全球经济圈的连接中表现出专业化差异性,所以城市的"全球性"可从与多个圈的关系来体现。萨森指出,"它们各自与不同的圈(global circuit)相连接——不同的全球圈、不同的金融中心、不同的制造业中心和不同的地理环境。每个中国城市有多个全球圈,上海甚至有上百个。每个城市所在全球圈的其他城市以及全球圈所处的地理位置,决定了这个城市与其他城市的不同。"②

　　一些发展得较好的"多核"区域城市群,要将"多核"中心的功能互补整合形成区域整体力量,以整体加入全球经济圈层中,在不同的圈层中定位"区域特色"的专业化差异,具备不同圈层中自己独特的专业分工优势,为某些圈层提供独具的产品和服务,形成整体在不同经济圈层中的独特位置。如《上海

---

　　①　萨斯基娅·萨森:《城市的专业化差异在今天的全球经济中至关重要》,《国际城市规划》2011 年第 2 期。

　　②　胡以志:《全球化与全球城市——对话萨斯基娅.萨森教授》,《国际城市规划》2009 年第 3 期。

市城市总体规划（2015—2040）纲要》指出，"在 2020 年基本建成'四个中心'的基础上，到 2040 年将上海建设成为综合性的全球城市，国际经济、金融、贸易、航运、科技创新中心和国际文化大都市。"这就是在多种全球圈中如金融、贸易、航运、科技、文化圈中发展自己的专业化优势，是在把握城市未来发展趋势上提出的一个长期建设的目标和愿景。

一些在全球制造业圈层中占据专业化优势地位的城市，如珠三角、长三角中的诸多城市，通过承接发达资本主义国家制造业的"生产过程国际化"加入到了全球制造业生产中，形成代加工产业城市区域，成为国际工业经济圈中的重要一角，但是这些专业特色化的工业主要是服装、电子等劳动密集型企业，在不平等的国际劳动分工秩序下"议价"空间狭小，设计和销售环节的高附加值被国际资本拿走，受到国际大资本诸多的盘剥，生产的利润很低，在全球城市体系中的地位并不高。而且未来二三十年，全球的经济增长格局、产业分工格局会进行进一步的重塑，因此这些城市必须以现有制造业的国际圈为基础，加快产业升级，提升加入别的全球经济圈层的专业化优势，寻求加入国际区域性的经济圈的可能性，如东莞正在寻在找金融、贸易和航运等全球新经济圈中的新位置。在 2017 年 3 月 5 日的第十二届全国人民代表大会第五次会议上，李克强总理在政府工作报告中指出，"要推动内地与港澳深化合作，研究制定粤港澳大湾区城市群发展规划，发挥港澳独特优势，提升在国家经济发展和对外开放中的地位与功能。"在十九大报告中，习近平总书记指出，"要支持香港、澳门融入国家发展大局，以粤港澳大湾区建设、粤港澳合作、泛珠三角区域合作等为重点，全面推进内地同香港、澳门互利合作"①，这意味着要以港澳的国际开放性整合、提升广州、深圳、香港为核心的大珠三角地区城市的国际化程度。

一些西部城市在制造业的转移承接中比较晚，但是可以建设成区域内的国家经济中心，并通过与具有全球性、区域国际性城市的"接入"式合作，通过与发达城市建立经济联系间接加入全球经济圈中或者全球区域经济圈中，提

---

① 习近平：《决胜全面建成小康社会　夺取新时代中国特色社会主义伟大胜利》，人民出版社 2017 年版，第 55—56 页。

供差异化专业化的服务。如成都也提出了建设西部区域经济中心、科技中心、文创中心、对外交往中心的目标,一方面可以通过提升旅游业、特色文化产品加入全球旅游经济圈,另一方面可通过与发达城市的合作和联动,"以大城市远距离带动内陆城市发展、提升内陆城市的全球性路径",形成与发达城市的科技产业合作、特色产业的整合性国际竞争,以自己的专业化优势直接或间接服务于全球经济圈、"全球区域"性经济圈。

按照萨森的理解,全球城市体系中存在着"中心—边缘"的地理不平衡,而"边缘"外还存在"边缘之外"等层次,"处在这些城市的等级体系之外的那些城市和地带就容易变得边缘化了,或者说比以往更加边缘化了"①。如一些在计划经济时期依靠国家投资建设形成的门类齐全、相对集中的工业区域,称为老工业基地,如以沈阳、长春、哈尔滨为中心的东北老工业基地、以重庆为中心的西南老工业基地、以武汉为中心的华中老工业基地,在市场经济条件条件下,缺乏后续国家财政资金的支持和外来资本的"输入",在全球的制造业竞争中缺乏竞争力,遭遇在国家内部工业重组中与发达资本主义国家工业城市一样的城市衰退,如工厂倒闭、税收减少、服务业衰退、失业率增加、人口外迁等危机,基本处在全球城市等级体系之外的边缘位置。一些内地小城市也面临着投资不足、房屋空置、人口外逃等问题,被排除在全球城市体系和全球经济网络之外,发展空间窄化。对这些"边缘之外"的城市,只能通过产业转型,发展专业化的服务业和新技术产业,打造国内区域市场,通过"接入"地方中心城市的经济,间接参与全球区域性经济活动。

三、全球空间竞争与城市空间形象的优化

哈维指出,全球资本主义时期资本积累倾向于挑选具有"场所特质"的地方空间,"场所的特质由此在日益增强的空间的抽象之中处于被突出的地位"②,于是地方之间的空间竞争加剧,"积极地创造具有空间特质的各种场

---

① 萨斯基亚·萨森:《论世界型经济下的城市复合体》,《国际社会科学杂志》1995 年第 1 期。

② 戴维·哈维:《后现代的状况——对文化变迁之缘起的探究》,阎嘉译,商务印书馆 2013 年版,第 296 页。

所,成了地方、城市、地区和国家之间在空间竞争方面的重要标志。"①在当今世界各地的城市都在进行空间竞争,着力打造城市空间形象,力求凸显、塑造、重构自己独特的城市空间特质以"创造一种积极和高品质的"的城市空间形象,增强该城市在全球空间结构中的唯一性和可识别性。

城市空间形象包括了聚集在空间中的城市空间景观形象、历史文化形象、公共活动形象、城市精神风貌等形象,当前要凸显特质的城市空间形象:第一,活化历史资源、打造地方传奇形象,这是城市空间形象之"根"。"地方"的历史资源在全球框架中也成为与别的"地方"区别的标识物,地方的独特历史文化资源塑造着"地方"的传奇形象,因此要挖掘地方的独特历史文化资源,对具有历史和文化价值的建筑和城市街区的保护、甚至对大众日常生活记忆的保存,如对民宅、老字号商铺、电影院、剧院、码头、胡同的保护;同时要注重对历史文化资源进行意蕴阐释和意象提升,上升为整体的、综合的、含义深刻的总体城市空间形象。第二,组织公共文化活动,提升公共文化形象,这是城市空间形象的"心"。公共文化活动既反映市民的精神面貌,也反映着市民的社会关系状况。兴办公共文化活动,修建美术馆、图书馆、画廊、博物馆等诸如城市公共文化艺术机构,城市必须"在从金融、企业到博物馆、文化机构来说,要保持城市的特色化优势"②;同时以城市重大事件为契机,举办大型公共文化活动。第三,美化城市环境系统,优化空间景观形象。这是城市空间形象之"衣"。空间景观形象是一个城市具有象征性和不可替代的识别标志,反映一个城市的魅力、底蕴与内涵,它包括城市建筑艺术和风格、标志性建筑景观、城市雕塑和城市壁画、生活小区景观、城市园林景观、自然山水和民居景观等,来展示城市独特的象征性和不可替代的识别标志,反映一个城市的魅力、底蕴与内涵。

同时,城市空间形象还需要通过对外传播才能形成国际人群心目中的综合印象,将城市直观、生动、形象的特色要素凸显出来进行传播,"传播包括新

---

① 戴维·哈维:《后现代的状况——对文化变迁之缘起的探究》,阎嘉译,商务印书馆 2013 年版,第 370 页。
② 萨斯基娅·萨森:《城市的专业化差异在今天的全球经济中至关重要》,《国际城市规划》2011 年第 2 期。

闻发布会、座谈会、研讨会、城市形象表述词揭晓活动、游园会、公益广告大赛；公共关系传播和制作宣传品等"①。此外还需要在对外文化交流中进行国际化传播，运用大型国际体育赛事、重大节庆活动如国际饮食节、国际动漫节、世博会民俗节、旅游节等进行城市形象传播；充分利用国际对外友好城市、城市形象片在国外的推广、城市民间艺术品在国际的展出等来优化城市形象；组织民间艺术团体和协会到国外进行访问、展览、演出，组织和推动本城市学者在国外讲坛上的学术交流、在海外关于城市研究的专著出版，资助国内学者与海外学者的联合研究基地、联合研究项目等方式和途径，综合持续提升中国各个城市的国际关注度和城市空间形象。

第二节　市场经济体制下中国城市空间生产的趋向及问题

1978 年中央决定在广州试点允许外资进入，与此同时 1978 年中国共产党召开十一届三中全会，拉开了中国经济体制改革的帷幕，1992 年明确提出建立社会主义市场经济体制的目标。中国市场经济体制是在引入外资、承接国际企业转移、逐渐融入全球化的进程中逐步发育、成长并转型而来的。如果说全球化是中国城市化的外在动因，市场经济体制则是中国城市空间发展的内在驱动力。按照列菲伏尔的"空间生产"理论，每一种历史上的生产模式都会在地面上生成一种特定的空间形态，社会主义市场经济体制作为社会主义生产方式的调整也会"重构"原有的城市空间形态。市场经济体制下以市场机制来调节社会资源的流动、多种所有制和多种分配方式并存，一些具体制度如住房市场化制度、户籍制度、多种分配制度、土地有偿使用等配套制度改革，释放出巨大的资本投资需求和人的消费需求，地方政府和市场力量以极大的谋利冲动共同重构了新的城市内部空间形态，开启一轮城市空间生产的新热潮。

---

① 蒋丽：《城市形象的理论和实践——以广州为例》，世界图书出版公司出版社 2013 年版，第 144 页。

在计划经济体制下依靠行政力量形成的"均质、规则、秩序的"城市同心圈空间形态逐渐被打破。市场经济体制的自由性、灵活性、竞争性、开放性释放出巨大的空间生产力,迅速生成多中心的城市空间结构,促进了空间利用的类型化和效用化、生产了丰富的空间产品满足人们的多类型空间需要、建造了多样的空间景观,促进了城市空间生产水平的提升。但是由于市场经济体制存在的自发趋利性、盲目性、无序性,这一轮城市空间生产中也存在着空间产品资本化和符号化、空间景观同质化和表演化、空间地形多肌理化的特点、趋势及问题,这些问题既与发达资本主义的城市空间发展问题有着一些共同性,也有着中国城市空间发展的一些特殊性。在国家稳步推进城市化战略的进程中,城市成为越来越多人群的生存方式、日常生活方式和文化存在方式的空间场域,所以必须针对城市空间生产中存在的特征及问题仔细加以分析和考量,因为"空间生产如果不加限制地疯狂扩张,将在自然、生态、城市建设及人的存在等各个方面引起消极后果"①。

一、城市空间结构的分异和多中心化

计划经济体制的计划手段和公正原则生产出了"均质、规则、秩序"为特征的空间形态,1949—1987 年间,中国城市在国家优先发展重工业战略下,城市空间表现为"生产包围居住"模式和单位组团式的社区,体现为"小集中"(单位集中)与"大分散与混居"(不同单位间)。② 在空间结构上,呈现同心圈的空间结构,城市行政机关、政治广场是城市核心区、工业—居住区、休闲区和外围加工区呈同心圈分布,计划经济体制下中国"城市空间均质化、社会空间分异度小,以单位为半封闭区域进行居住。城市由四个同心圆构成,即老的城市核心区,工业—居住单元、绿带等开敞空间,食品、农作物和加工工业区"。③

改革开放后,在市场经济体制的作用下,中国大城市开始了"空间重塑",城市空间结构正在发生着重构与分异,各种力量包括国家政策、地方政府、开发商的市场行为、工业资本和商业资本的运作、个人居住选择等因素,构成了

① 车玉玲:《对空间生产的抵抗》,《学习与探索》2010 年第 1 期。
② 傅崇兰等:《中国城市发展史》,社会科学文献出版社 2009 年版,第 245 页。
③ 赫曦滢:《新马克思主义城市学派理论研究》,吉林大学博士论文,2012 年,第 89 页。

城市社会空间结构变迁的综合动力，城市新中心不断开拓、延展，旧中心不断重组、变形，由此"生产"出一个"扩散的"、"多中心"、"拼图状"的空间结构。

（一）城市向郊区环状化扩散

索亚认为资本的全球化和后福特方式"塑造了后福特方式工业大都市的结构"，在洛杉矶城市中心外围兴起许多与原有中心不融合的"多核"的"灵活"生产的郊区工业中心，城市边界模糊、郊区无限向外攀缘、索亚将这种城市空间类型称之"外围城市"、"外缘的都市化"、"后郊区"、"边缘城市"。与西方发达国家后大都市的城市空间结构有相似之处，我国的城市也出现了"外围城市"、"边缘城市化"、"后郊区"等状况，人口大量往城市聚集、设施增加，借助私人汽车、地铁、公交网络和信息技术，工业生产、商业中心、休闲娱乐中心、购物广场向郊区转移，"上演着城市空间扩散中增长极的角色"①。城市的发展呈现一种"摊大饼"式的圈层蔓延趋势，形成一圈一圈的外扩式的环状空间圈层，如"市中心"、内层郊区、郊区、外层郊区、城市边缘等圈层结构。

比如，北京市是一个标准的同心圈环状结构，通过环状道路进行划分，不断向外环延展，现在环状结构已经铺到了六环，七环环线高速也已经在动工了。成都也是一个环状同心圆式空间圈层结构，环状结构已经铺到三环和最外环。这种环状扩散式的空间圈层结构围绕着一个单中心，在城市发展的一定时期发挥了聚集发展作用，但是随着环状的更大外扩，容易出现城市中心物价昂贵、房价高企、人口过度拥挤、交通堵塞等问题，而外城又容易出现通勤时间过长、基础设施落后、生活不便等"城市病"。而在郊区边缘地带，"一些开发商、地方政府或农民自身等利益主体，以各种形式进行集体非农建设用地的非法或隐形交易以谋取暴利"，"城市边缘空间的演化愈加混杂无序，大多表现为离散连绵、紊乱不清的异质空间景观。"②

（二）城市新中心"点""轴"广展

在摊大饼式的宏观的城市空间结构中，还出现了另一种空间发展趋势，新

---

① 张京祥、罗震东等：《体制转型与中国城市空间重构》，东南大学出版社 2007 年版，第90 页。

② 张京祥、罗震东等：《体制转型与中国城市空间重构》，东南大学出版社 2007 年版，第63 页。

的城市中心点被布局、规划和设计出来,如开发新区、大学城、自贸区、专业化商贸中心等新的空间建设,催生了城市新的中心点,"以经济技术开发区、中央商务区、新型商业区等为代表的城市新产业空间大量涌现,并对原有的城市空间结构产生很大影响","促进原有的城市空间的多点、多核或多轴扩散"①,如北京在环状的宏观的空间圈层结构中,又形成"两轴—两带—多中心"的城市空间结构,随着北京非行政功能的外移,通州被确立建设为副行政中心,北京以后的空间结构将转变为一主、一副、两轴、多点型。

在城市新区建设中也在着一些问题,如各个城市大兴土木,在原有的郊区地带建设开发区,形成城市新城区;各地掀起修建大学城的热潮,在郊区兴建大面积的高校聚居群;不少城市正在实施中央商务区(Central Business District,简称 CBD)建设计划,大搞城市基础建设……但是在地方政府的政绩冲动和资本的谋利冲动下,有些开发区、大学城等新区变相成为地方政府与开发商获取土地出让金和发展房地产的策略,一些开发区闲置、土地浪费、效率低下、盲目跟风、重复建设,大学城配套设施不足、师生孤岛式隔绝,没有形成真正的集聚性、效率性的城市新中心。

关于 CBD 和商贸中心的城市核心区的建设,"开发一个适度规模的 CBD 成为我国特大城市参与全球城市竞争网络体系、逐步实现国际化的关键和途径"②,如北京已经建成 CBD,上海金融贸易 CBD 中央商务区与浦东新区的打造相辅相成,广州珠江新城 CBD 的建设强化了珠江新城城市新中心点的地位。但是有些城市违背客观条件盲目建设 CBD,形成一些有着宏大超高建筑、豪华城市广场、绿地、大尺度城市中轴线的造价昂贵、布局呆板、缺乏实效活动的"空中心"、"假中心"。

(三)繁乱的城市空间"拼图"

各种 CBD 中心、高档住宅、高档消费空间、大型购物中心与破败的城中村、老居民区、历史古街毗邻而居,但是由于土地分类形成的空间等级,形成一

---

① 张京祥、罗震东等:《体制转型与中国城市空间重构》,东南大学出版社 2007 年版,第80页。

② 张京祥、罗震东等:《体制转型与中国城市空间重构》,东南大学出版社 2007 年版,第85页。

块斑驳、繁乱的城市拼图。中国城市的典型边缘空间是"城中村",广州的"城中村"最为典型。因为城市发展过于迅速,原来的村庄还没有来得及转变为城市,留下了以原来行政村落为基本单位的"村庄",一块一块孤立地保留下来,形成一块块"孤岛"状的空间形态,城中村吸纳了大量初进入城市的流动人口、刚毕业的大学生、低层次服务业和制造业的就业人员,城中村为他们进入城市取得了初步的安身之处,但是城中村却缺乏科学规划和管理,存在房主的四处违章搭建的现象,造成"一线天"、"握手楼"这样的空间形态以及环境的污染和破坏。

如广州的"最具岭南水乡特色的古村"小洲村,2008 年还被授予果林型岭南水乡、广东生态示范村、广东最美丽乡村、广东自然生态类最美乡村旅游示范区,但由于一河之隔的广州大学城的建成和投入使用,随着大学城衍生的商业需求、服务需求和考试需求使得在 10 年间人口纷至沓来,小洲村已蜕变成典型的城中村,祠堂、古庙、古井、城墙遭受了相当程度的废弃和破坏,剩下的已经夹杂在一堆日渐扩张的高楼间,村中的成网状的管道河涌已经发黑,漂浮着一些生活垃圾,河底是黑乎乎的淤泥、散发着臭味;村里在大兴土木,青石板上堆着拆下来的残破建筑材料;建筑密度过大,形成"握手楼",楼与楼之间还有缺乏隐藏和规划的像蜘蛛网一样的电线网,楼与楼之间的小巷中缺少阳光、阴森可憎,楼宇的墙上贴着乱七八杂的招租广告……而在一河之隔的广州大学城,广东科技中心巍峨的大楼散发着现代科技的光芒,大学城内的三环状的道路宽阔气派、绿树成荫、花木繁盛、体育场馆高端大气、各种建筑现代气派,俨然形成了一个新兴的科技文化中心,但即使是在大学城内部,也还存在着四条自然村,由于大学城的投入使用迅速成为"城中村",道路坑洼不平、村中各种低端餐馆林立、农民建的各式出租房横七竖八、墙壁上四处可见的各类小广告、各类走鬼摊……这就是一个局部地方的空间拼图,杂乱、拼贴、不相融但是共存在同一空间区域中。

二、城市空间产品的资本化和符号化

与市场经济体制相适应的一些具体经济政策,如金融政策、房地产政策、土地政策的调整下,大量第二循环资本涌入城市建造环境的生产,从事房地产建设项目如旧城改造、开发区、高新产业区、大学城等建设项目,城市空间成为资本积累扩大再生产的生产领域,大量生产性设施建设和消费性设施建设项目全面展开,机场、地铁、高速公路、港口、高铁、轻轨、娱乐城、休闲中心、商业综合性大型超市等空间景观等被大量建造出来,城市空间面貌日新月异,给人们生活交通娱乐提供了极大便利。但是如果"空间生产"仅仅依照房地产业开发商、金融资本的投机冲动和地方政府的政绩冲动"合流"形成的"开发冲动"来驱动,就会带来空间的盲目生产,带来空间的资本化、符号化与碎片化等问题。

(一)空间产品资本化

列斐伏尔批判在资本主义社会资本将泥土、空气、阳光、海滩、位置等都纳入空间生产的原料范围,附加在空间产品如房屋、楼房、公寓、娱乐中心、大型超市、商铺中,于是空间作为一种"同质的"、"可交换的"商品被生产出来。这些空间中的自然要素被资本侵占、分割了,同样成为了可以交换的、"片段的"、"可计量的"商品,空间被碎片化。在当前中国城市的空间生产中,也存在空间碎片化和过度资本化的倾向。

少数地方存在着房产商和政府官员的私下权钱交易,经政府授权开发商取得了在城市的核心景观或风景区、具有优质自然资源的土地和公共空间的地段,运用行政命令和暴力将原居住地居民"腾移"出去,房产商将好的自然资源"圈占"以用来进行所谓的开发,在城市土地分类价值高的地段修建高档住宅、休闲娱乐中心、大型购物中心、写字楼,并且通过"门禁"、"私人保安"、"防卫社区"等,造成高档建筑物和风景区、自然景观的"领地化"、资本化、私人化。跨国资本、金融资本还在城市中建立自己的公司总部,修建自己的地标建筑、雕塑,用装饰灯光、颜色、图案等来标识和凸显自己的企业商标和商号,将空间资本化;此外,在当今中国各种商业资本也正在打造各类城市消费景观,商业中心、大型超市、娱乐城、休闲娱乐中心不断崛起,并运用各种户外广告牌、电线杆、墙壁、街道橱窗、霓虹灯光来制造人们对空间产品的消费欲望,空间中渗透着消费主义的逻辑,空间被异化为各类资本狂欢的新场域。

(二)空间产品的符号化

随着由单位分配住房制度的终结,住宅分配转向市场化,多种所有制和分配方式的并存也导致不同阶层人们的居住意愿和居住选择的多样化,这为房产资本生产"符号化"的空间商品提供了土壤。

一是,空间中的自然元素成为了被包装起来的"噱头"和"卖点",成为了承载"趣味、个性、身份、地位"等符号,成为区分富人和穷人身份、地位等社会差别的"代码"和"象征物"。在当前房地产商也大力通过广告培育、引导富人的住宅"趣味"和"个性",引导富人的住房象征化需求,辅之以临江临海临山等自然元素,打造所谓的高价的"尊贵"的"一流豪宅"和"别墅"。如杭州西湖边,拼命建高档住宅,使西湖几乎成了"死湖"。① 建筑和房地产商还在城市黄金地段打造"高档购物中心"和"娱乐休闲中心",以吸引富人和高收入者来消费;圈占大片的良土来建造"高尔夫球场",圈占海边资源兴建海滨度假村,以打造高档的休闲场所……

二是,通过对所谓的文化、美学、历史等要素的解释来制造房地产业商品的"独特性"和"特殊性",房产商、建筑商和旅游商通过垄断城市的集体记忆、习俗、传说等公共资源,并将进行包装、打造、改编和转换,制造具有"独特性"、"特殊性"和"专门性"的空间商品,以获得垄断地租,这就形成了一种新的被资本垄断的经济类型:"象征经济。"这些集体符号包括城市的集体记忆、神话、传说、文化传统、历史事件等,属于城市居民的群体性精神资源,但是这些集体资源也被房产商、旅游业商等通过制造所谓的"象征经济"来进行了垄断,并将这些文化记忆"围绕着一个特殊地点编织的叙事之网"②来经过变形、修饰或者编造,矫揉造作地拚贴在建筑、绿地、"旅游景点"等空间商品之上,打造象征"身份"、"地位"的高档住宅产品、生活空间和休闲娱乐空间,以便占有因为文化意涵形成的"垄断地租"。正如哈维指出,"资本对地方文化创新、对地方传统的振兴和创造在很大程度上与获取及占有垄断地租的愿望相联系。③ 写作《城市文化》一书的作者莎朗·佐京(Sharon ZuKin)也指出了传统

① 张鸿雁主编:《城市·空间·人际——中外城市社会发展比较研究》,东南大学出版社2003年版,第200页。
② Sharon ZuKin:《城市文化》,张廷佺等译,上海教育出版社2006年版,第7页。
③ 戴维·哈维:《后现代的状况——对文化变迁之缘起的探究》,阎嘉译,商务印书馆2013年版,第100页。

文化的商业化,"把民族传统转化为烹调标志的餐馆",各种民俗和民间音乐,在一定的高档表演场所、餐馆、收费式场馆上演;城市的传说成为了楼盘的雕塑、宣传故事,成为了大型商业活动的吉祥物,民间艺术被陈列在收费艺术博物馆中,历史上出名的手工业品产业也被私人资本垄断起来……,文化或被改编,变得面目全非,成为商品的附属物;或被资本垄断,慢慢脱离了大众的真实生活和集体记忆,因此正如佐京之问:"谁的文化? 谁的城市?"①

三、城市空间景观的趋同化和表演化

在一些快速的城市改造和城市建设项目中,大量城市的市政基础设施建设成为衡量地方政府官员政绩的重要标准,政府官员关注的是自身的短期"政绩冲动",开发商只图取得自己的短期"投机冲动",正是在这样"合流"的短期冲动下,高端、大气、整齐成为了空间景观的总体要求,但同时在趋同性的整体空间景观中,也"点缀"着一些"风格迥异"的"表演化"的具体空间建筑景观,"面"的趋同化与"点"的表演化就成为空间景观中的矛盾形态的统一。

(一)空间景观的整体趋同化

在中国城市空间建设上存在盲目追求"高尚"、"完美"、"国际化"的城市建筑和基础设施的倾向,城市越来越"气派"、"宏大"、"规整",如《新京报》2004 年 9 月 26 日报道,全国 662 个城市、2 万多个建制镇中,约有五分之一城镇建设存在形象工程,大建宽马路、大广场、豪华办公楼。许多城市的特色历史建筑、古老街区和历史遗存、文化古迹被认为是"过时的"、"落后的"、需要给新建筑"腾移"空间而被一拆了之、黯然离场。

旧城区被成片拆除后新建,代之以现代的商业建筑、住宅小区、休闲娱乐中心、写字楼,建筑和基础设施讲究"气派"、"整齐"、"美观"这样的"面子要素"和"形象要素",而缺乏了可"识别"、可区分的特色历史底蕴和历史记忆,造成空间景观千篇一律、简单类同。缺乏了内涵意蕴的各个城市的景观都是高楼林立、高架桥蜿蜒密布、越来越宽的马路、大型的航空港、绵延的汽车流;建筑上,大型的商业设施、娱乐设施、成片的相似的住宅小区及相似的建筑和

---

① Sharon ZuKin:《城市文化》,张廷佺等译,上海教育出版社 2006 年版,第 1 页。

装饰风格,相似的步行街、相似的城市广场、模仿的城市雕塑,诉说的是同一个资本化、商业化的所谓"现代化"的城市外观叙事。"很多城市建设可谓'千城一面',如火柴盒式的房屋、线条式的立面、同样的窗户、同样的屋顶、同样的结构、同样的颜色等等,形成了城市建设的'城市形象危机',有的城市形象和相关建设被称为'建设性破坏'。"①城市原有多样性的建筑特色以及依托在建筑之上的特色街区逐渐衰微、消失,城市历史文脉断裂、历史记忆丧失,"建筑文化和城市文化出现趋同,特色危机已经开始呈现"。②

(二)空间景观的点状表演化

但是在整体同质化的空间景观中,也存在一些具体空间点上空间景观的"表演化"和"特异化"现象,按哈维所说,在全球的地理不平衡结构下,城市空间景观呈现"拼贴化"、"表演化"等后现代特征,同时在这些"表演性"建筑中不断上演各种"昙花一现"的如奥运会、花园节、交易会等表演性事件,目的都是为了打造空间特质、提升城市形象,以"吸引投资与旅游者的金钱"。在当前,中国各个地方政府都在推进各种各样的城市营销战略,以争取建立城市新形象,吸引产业移入、吸引外资和旅游人群的到来,打造所谓的城市光鲜形象。在城市形象的打造中,地方政府建造了各种极具"视觉感"和"表演化"的城市建筑景观,如设计看起来独特迥异的地标建筑、大型剧院、博物馆、体育馆、桥梁,重建城市遗迹、重建仿古街等,运用各种广告语言、公共文化活动、各种媒介活动、借助各种城市事件来进行城市形象提升,这对塑造城市、国家的国际形象和提升全球知名度、带动相关酒店、餐饮、观光旅游等附加经济的发展,是有好处的。

但在这一过程中,也出现了急功近利、大搞面子工程,过度美化城市空间、打造缺乏人气的"伪"地方特色的问题,如全国各地涌现的仿古街、步行街、豪华商业中心、地方美食城等,高度雷同、内涵简单、形式单一,缺乏生机,而忽视了居民的真正利益、资源的集约利用和城市的未来可持续发展。同时,城市外

---

①　张鸿雁:《城市形象与城市文化资本论——中外城市形象比较的社会学研究》,东南大学出版社 2002 年版,第 103 页。

②　刘合林:《城市文化空间解读与利用——构建文化城市的新路径》,东南大学出版社 2010 年版,第 8 页。

在景观作为面子工程、形象工程作为评价考核的主要政绩往往得到优先发展，而城市地下空间如城市排水系统、地下管网、不易觉察的污染源治理等地下"里子"工程"往往不被关注和作为评价考核指标，发展往往滞后"。"这就导致大城市漂亮的新区、引人注目的地标性建筑与滞后的地下基础设施形成巨大反差。"①

四、城市空间肌理的等级化与隔离化

相比恩格斯发现的早期大工业城市中"同心圈"状的阶级空间分异的地形图，索亚发现发达资本主义国家"后大都市"阶层隔离形成的空间肌理更为多样，劳动力市场上出现了庞大的"新的专业人士、管理人员、各类代理商"等"新贵资产阶级"，以及从事"兼职的"和"非正规"就业的移民劳动力、移民后裔、有色妇女和儿童劳动力等"边缘无产阶级"，因此依照不同的社会地位、收入差异、生活方式、职业、移民身份等因素形成一种"愈益专门化的居住区隔离"，这些空间区隔显示的"纹理"比过去按阶级分割的城市肌理更加细密，显示出更复杂的阶级关系和社会关系。

在我国，在计划经济体制下形成的城市空间秩序具有相对公平性和规划性，一方面根据行政指令来建设城市的标志性建筑，广场、雕塑、各功能区，另一方面，根据工矿企业单位的分布形成条块分割的空间格局。但是随着市场经济体制下户籍制度、土地制度的改革，大量农村剩余劳动力快速流入城市，成为在城市中从事"非正规就业"的低端服务业工人、物流业工人、低端制造业等"边缘劳动力"，他们被迫在城市边缘地带居住，形成"城中村"、"棚户区"、"廉租房"这样的居住空间形态；同时，由于多种所有制、多种经济方式和多样分配方式的并存，一部分人成为了"新贵阶层"，如跨国公司和本土公司的高层管理人士、高级专业人士、企业主、各类代理商等，有着住宅高档化的强烈消费意愿，房产资本的趋利性决定了其愿意向富人阶层提供更高档的住宅，如别墅区、豪宅、高档小区、高档公寓层出不穷。正是人口的快速分化和住房的市场化深刻地改变着城市的空间地形，使得中国城市空间也愈以呈现出类

---

① 刘荣增：《中国城市化：问题、反思与转型》，《郑州大学学报》2013 年第 3 期。

似西方城市空间的多"纹路"和多线区隔,这是城市社会关系复杂化的空间地理表达。

(一)空间的"混合型"居住形态

中国的城市大多还没有像西方城市一样形成明确的依据身份划分的"内城—外城——缓冲区"的居住区域的严格分界,形成的是一种"贫富混合型"的居住空间形态,穷人住宅区和高档公寓往往是一路或一街之隔,"新社区与棚户区相毗邻,高档社区与衰败社区相交错"①。

不同于索亚讲到的"种族拼花被"状的空间地形,虽然中国的大城市比如广州也出现了广州火车站一带的"黑人聚居区",但是依据种族聚集不是空间聚集的主要形式,在广州、北京的城市存在着一种特殊的外来工的"老乡聚居区"的空间肌理,比如在广州来自不发达地区的农民工组成的如"河南村"、"四川村"、"湖南村"这样的聚居区,在北京城中存在的"浙江村"这样进行服装加工的聚居区。这些"聚居在一起的老乡"又类似索亚描绘的从事低端的"专业化分工",采取老乡传、帮、带的方式,从事着同一类或相邻类别的低端工作,如建筑业零工、小作坊式的制造业和修理小铺如裁缝小铺、配钥匙店、家庭作坊式服装加工业、低端饮食服务业、家政服务业、廉价地摊商业、捡拾垃圾业、收破烂业、鸡鸭鹅屠宰业、甚至性服务业等"地下经济"或"非正规就业",这些从事非正规经济的人口以所流出地地域聚集起来,在城市空间中与高档住宅混在一起,形成一块块"补丁状"的"褶皱"区域。

这些"肌理"和"褶皱"不是完全分隔的,它们之间有交叉和相容,这是中国城市空间地形的一大特色,显示着一定程度的城市包容性。在当前中国的大城市,"穷人社区和富人社区是以小社区而非大社区来相对分隔的",但是如果政府不强化自身应尽的责任,听任着空间两极化的发展,也可能会出现像西方发达国家大城市那样的"以富豪、中产阶层和低收入者为'界'的大社区分层模式,同样也会'移植'到发展中国家的大城市",②那就是恩格斯描述的最极端化的阶级空间分隔状况,这绝不是危言耸听,必须引

---

① 赫曦滢:《新马克思主义城市学派理论研究》,吉林大学博士论文,2012年,第92页。
② 张鸿雁:《城市·空间·人际——中外城市社会发展比较研究》,东南大学出版社2003年版,第197页。

起我们高度的警觉。

（二）公共设施空间分布的不公平

卡斯特尔斯提到福特主义时期资本主义国家的政府提供"集体消费品"，如对公共住房、学校、地铁、公共汽车和火车、医院等进行城市空间布局干预，安抚了劳动力、缓和了阶级矛盾，所以政府对底层大众提供"集体消费品"是非常重要的。

但是在当前中国的快速城市化进程中，一些大城市的富人住宅区和穷人住宅区的公共设施和公共产品的分布是不平衡的，底层民众和农民工居住的"皱褶"中地铁、公交线路、商店、超市、学校、医院等公共设施缺乏，农民工及其子女缺乏教育、医疗等公共服务产品，正如李克强批评的"城市这边是高楼大厦，那边是棚户连片；这边霓虹闪烁，那边连基本的生活条件都不具备"。[1]即使是政府出资建设的"廉租房"、"经济适用房"数量少，而且也远在城市郊区，由享受财政补贴的开发商快速建成，甚至缺乏水、电、燃气等基础设施、交通、医院、商店等配套设施缺乏，而且"廉租房"、"经济适用房"还通过许多限定性政策（如户口、收入等限制）将农民工、最贫穷人员排除在外。在中产阶级居住的小区中，开发商和政府有关人员勾结，修改房屋建造密度，"超出规划强度的商业地产开发导致周边的基础设施容量不足、居住环境恶化"，"城市化变相为地方财政与开发商攫取经济利益的工具，城市化某种程度上被扭曲了，现代城市所应具备的综合性服务功能未得到充分落实"。[2]

（三）空间隔离中的城市社会关系隔离

哈维批评发达资本主义国家的城市改造项目中，通过城市政府的财政管理、土地市场、房地产投机以及在"最高产出和最好使用"的旗号下，依据对能否产生最高经济回报的标准对"土地进行分类"，能获得最高产出的土地被用来兴建购物中心、高档住房、办公楼、信息总部等，提升城市空间的高档化，而原本居住在这些地方的民众被驱赶出去，形成新的空间剥夺方式，如在曼哈顿和伦敦中心城区，"土地产出最大化的政策"已经把低收入甚至中等收入的

① 李克强：《不能让城市这边高楼大厦那边棚户连片》，http://politics.people.com.cn/n/2013/0205/。

② 刘荣增：《中国城市化：问题、反思与转型》，《郑州大学学报》2013年第3期。

家庭赶出了中心城区,"加剧了社会分化,并给弱势群体带来了灾难性的后果"①。哈维指出:"被迫搬迁和剥夺是出现社会冲突事件的重要原因之一。"②

首先,空间隔离意味着空间驱赶。原来被城市贫民占据的市中心、被外来工占据的"城中村"、被拾荒者、"非正规就业人员"以及农户占领的郊区"棚户区"在新的一轮城市改造中被政府和开发商"驱赶"离开,所空出来的土地被规划成富人的高尚住宅区、高档娱乐场所、商业中心,原有弱势人群被"驱赶"或者被用少量货币赔偿而被"请走",丧失了居住的空间——哪怕是配套极差、生活极不便的空间!

同时,空间隔离意味着空间控制。正如索亚所批判的富人居住区的"领地化"、"堡垒化"和"孤岛化",在中国高档社区也大量存在运用报警器、摄像监视头、安保人员、门禁系统来进行的空间分隔,以保护富人的安全。正如哈维控诉的,"这种不断加强的贫富和权力的极化必将深刻地影响我们城市的空间形式,不断出现堡垒式分割、封闭型社区,以及终日处于监控中的私有化的公共空间。"③这样一种空间上的分割和不公平,必然会带来城市人群的分裂,造成心理上的隔膜、敌视、冲突,人们之间互相防备、提防,各种社会报复、仇恨事件容易发生,冲突矛盾的发生又会使安保系统更为严格,空间分配与使用更进一步固化,造成无论是富人还是穷人深层的焦虑感、压迫感和控制感。

第三节　新时代优化城市空间建设和提升城市空间正义

对实行社会主义制度的中国来说,由于全球化和市场经济体制的相互作用,城市化正处于高速发展中,出现了城市集群和城市全球性的趋势,当然也

---

① 戴维·哈维:《叛逆的城市——从城市权利到城市革命》,叶齐茂等译,商务印书馆2014年版,第29页。

② 戴维·哈维:《叛逆的城市——从城市权利到城市革命》,叶齐茂等译,商务印书馆2014年版,第61页。

③ 戴维·哈维:《叛逆的城市——从城市权利到城市革命》,叶齐茂等译,商务印书馆2014年版,第16页。

存在着不同地区城市发展不平衡的问题,这是中国城市化的宏观整体空间状况。在城市内部空间发展上,大部分城市的空间处于高速"重构"中,出现了一些如空间区隔化、空间商品象征化、空间自然资源和公共空间过度资本化、底层群众空间权利的剥夺与缺失、空间资源浪费等城市空间不正义问题。这些西方城市空间发展中出现的问题也在中国城市空间发展中变形式地出现,但是中国城市化的动因和制度路径与西方是不同的,中国是社会主义制度的国家,政府是城市化的主导力量,"政府始终在这些生产组织方式调整、资源配置及财富转移、分配中起着决定的作用"①,我们要充分利用制度优势和政府的主导力量,科学地规划城市内部各生产中心点和生活功能区、合理限制、约束和规范资本的空间生产权力、保存城市具有标识性的历史文化空间场域、推动空间治理的基层化和自组织化、改善流动农民工的城市空间权利……,实现"合理布局、公平有效、美善兼具"的社会主义空间价值目标,实现人民群众在"美观、公平、和谐、绿色"的城市空间中幸福地栖居!

一、城市空间建设的新时代发展目标

马克思恩格斯认为,打碎资本主义生产方式、进行制度变革,才能实现城市制度层面的正义和社会关系正义。中国是社会主义国家,具备了自觉进行制度调整的条件,一方面,可以通过宏观政策来缓解城乡的二元对立,如调整"包括城市偏向的教育经费投入政策、农副产品价格管制、不合理的税费负担、城乡劳动力市场分割、歧视性的社会福利和社会保障政策等。"②另一方面,在微观的城市空间生产建设上,可以依靠制度的优势自觉地进行城市的规划、管理、设计和组织活动,以实现城市内部的环境正义和社会正义,实现人民群众心目中"美丽、公平、和谐、绿色"的城市空间意象。

党的十九大报告指出中国特色社会主义进入了新时代,"我国社会主要矛盾已经转化为人民日益增长的美好生活需要和不平衡不充分的发展

---

① 赵杰:《压缩与叠加:1978 年以来中国城市化与"生产政治"演化的独特路径》,复旦大学出版社 2014 年版,第 77 页。

② 陈斌开、林毅夫:《发展战略、城市化与中国城乡收入差距》,《中国社会科学》2013 年第 4 期。

之间的矛盾",要"更好满足人民在经济、政治、文化、社会、生态等方面日益增长的需要,更好推动人的全面发展、社会全面进步"①,"在发展中补齐民生短板、促进社会公平正义,在幼有所育、学有所教、劳有所得、病有所医、老有所养、住有所居、弱有所扶上不断取得新进展","加快建立主体供给、多渠道保障、组购并举的住房制度"②,这意味着政府和社会需要公平合理地提供住房、绿地、广场、文化、医院、学校、体育设施等空间公共产品;还要满足人民群众对空间绿色产品的需要,"要提供更多优质生态产品"③。因此,在城市空间建设上,也形成了新的发展内涵和发展目标,以满足生活在城市中的人民日益增长的美好生活需求、政治需求、精神需求和生态需求。

城市空间建设的发展目标是满足人民需要体系的一个具体目标层次,围绕着社会主要矛盾的变化,满足人民群众城市中的政治、文化、生态等各项美好生活的权利和需求。这一发展目标包括:一是,美好生活需要下空间产品的满足。人们的美好生活需要也包括空间产品的需要,如公平合理地享有住房、绿地、广场、文化体育设施、公交线路等空间产品。二是,社会全面进步中空间权力的享有。大众能够通过民主协商方式享有城市空间的布局、规划、设计、治理、建设以及处分收益等空间权力。三是,人的全面发展中空间关系的和谐。城市人群能够普遍参与城市的公共文化活动和交往活动,在交流中增加才智、促进精神发展、人际和谐。四是,人与自然和谐中生成空间绿色感。通过营造城市空间的绿色、自然、传统等环境要素,保持城市自然空间和建造空间的合理平衡,使人在城市空间中获得绿色感、和谐感和安全感。

城市空间建设的机制是"共治共建共享"机制,通过"共治共建共享"机制调动各方主体参与城市空间建设的积极性、创造性。习近平总书记指出,要创

---

① 习近平:《决胜全面建成小康社会　夺取新时代中国特色社会主义伟大胜利》,人民出版社 2017 年版,第 11—12 页。
② 习近平:《决胜全面建成小康社会　夺取新时代中国特色社会主义伟大胜利》,人民出版社 2017 年版,第 23 页。
③ 习近平:《决胜全面建成小康社会　夺取新时代中国特色社会主义伟大胜利》,人民出版社 2017 年版,第 39 页。

新社会治理体制,把资源、服务、管理放到基层,把基层治理同基层党建结合起来,拓展外来人口参与社会治理途径和方式,加快形成社会治理人人参与、人人尽责的良好局面,社会治理包括了对城市空间的治理,城市空间治理也要通过多主体的"共建共治共享",形成城市空间建设的动员力、组织力和合力。第一,"共建"扩宽了城市空间建设的多元主体,通过购买环境生态文化服务、健全激励补偿机制、培育社区组织等办法,形成政府、企事业单位、社会组织、人民群众多方协同的治理主体,共同建设城市公共空间、绿色空间、文化空间。第二,"共治"形成了城市空间建设的合力机制。完善党委领导、政府负责、社会协同、公众参与、法治保障的城市空间建设机制,形成有领导核心、组织保障、人员整合的治理和建设合力。第三,"共享"指明了城市空间建设的动力机制。通过基层党组织建设,发挥基层党组织的组织、凝聚、动员功能,将基层群众团结起来,共同参与社区空间共建工作,实现基层人群包括外来人口在社区改造、公交线路、健身器材、公园和广场修建等治理事务中的共建共治共享权利,人民群众共同享有城市空间治理的产品、空间治理权利和空间环境等治理成果,会激发参与城市空间治理与建设的积极性和活力,形成人人参与、人人尽责的局面。

在城市空间建设中,必须"以人民为中心",以"市民为本",从城市的空间文化、精神文化、日常交往文化等方面采取积极措施,围绕着"公平正义"的社会主义价值目标,以解决社会主要矛盾为抓手,建构起人们心理体验层面的"美意善"的城市意象,让市民在公平、合理、美观、绿色的城市环境中平和满足地栖居!

二、"意蕴美观"的城市空间文化形象建设

新时代满足人民群众空间需要的城市空间建设目标最终必须落脚在人民群众在城市空间中的空间感受、空间体验上,也就是必须落脚在市民心理层面上,在市民心理感受、体验和评价层面上形成的"美意善"的城市意象。按照城市设计学著名学者凯文·林奇(Kevin Lynch)的城市意象理论,城市意象"是个体头脑对外部环境归纳出的图像,是直接感受与过去经验记忆的共同产物","一处好的环境意象能够使拥有者在感情产生十分重要的安全感,能

由此在自己与外部世界之间建立协调的关系"①。城市意象是聚合了形态、意义、想象和评价态度的文化形象,是人在对城市的感知和体验之上形成的心目中的城市形象。"美、意、善"意象是城市空间建设应有的内在逻辑,它包括了空间文化的美观绿色逻辑、精神文化的情感归依逻辑和日常交往文化的和谐互动逻辑,全方位构成城市空间建设的空间意象目标。

　　凯文·林奇指出城市环境意象包括了"个性、结构和意蕴",应该具备"易识别性(legibility)"和"可意象性"(imaginability),认为"一个高度可意象的城市(外显的、可读或是可见的)应该看起来适宜、独特而不寻常,应该能够吸引视觉和听觉的注意和参与"。② 城市意象是指能表现城市过去的历史风貌与文化脉络、现在的生存状态与实践意义、将来的发展方向和创新理念的感性综合形象。③ 但在当前中国一些城市的建设中,盲目追求高尚、完美、国际化的城市空间设计,造成了诸多问题:一是,空间设计千篇一律,缺乏"可识别性";简单、雷同、潮流化,缺乏个性、缺乏"可意象性"的文化内涵和深度。二是,盲目拆除了城市的历史建筑、街区和遗迹,城市缺乏"可识别"的历史底蕴和历史记忆。三是,过分追求城市的美观、整齐、大气,城市底层平民被迫让出居住的空间,被挤出城市中心地带,加重了城市人群间的隔膜、陌生、暴力和冲突等问题。针对以上诸多种现象,在城市空间意象的塑造上,要建构公平合理的空间布局,实现空间规划设计上独特的"可识别"和"可意象"的审美意蕴。

　　一是,在城市空间建设理念上,应保护城市空间的环境和生态平衡。应平衡城市和其中的自然乡村之间的关系,合理规划城市空间中的绿地、自然山水、湿地与建筑物布局,实现人与自然在城市空间的和谐共处、宜居生存。要挖掘历史建筑、古街区、习俗、传统节日中的生态维度以及保护历史文化资源中如何贯穿生态、环保、简约的维度;在生态园、湿地公园、绿道的建设中,注重采用因地制宜、调动生态自循环系统、恢复生态原貌。注重坚持建筑物、公园、广场、雕塑、博物馆的建筑材料、颜色、灯光的生态、环保、自然的原则。

　　二是,尊重大众享有对空间的分配和享用权力。政府应设计合理的公共

　　① 〔美〕凯文·林奇:《城市意象》,方益萍等译,华夏出版社 2001 年版,第 3 页。
　　② 〔美〕凯文·林奇:《城市意象》,方益萍等译,华夏出版社 2001 年版,第 7 页。
　　③ 陈超南:《都市审美与上海形象》,上海社会科学院出版社 2010 年版,第 9 页。

住房政策,为农民工、城市平民等提供公共住房、"廉租房"、"流动房"、教育、医疗等公共的"集体消费品";应对房地产资本进行政策引导、规范和干预,遏止资本在城市空间的自发驱动,强调在城市规划、建筑设施规划中大众的民主参与和民主协商;在"城中村改造"和动迁中,给予被迁群众平等、自由市场化选择、谈判的权力;对城市的物质形态如建筑、住房、交通、街道、公园等进行合理的空间规划和设计,广泛征求各方意见,合理布局城市的各功能区,实现居民合理的居住空间、公共绿地、公园、广场等生活空间和休闲空间。建立对弱势贫困群体的空间倾斜机制和政策帮扶机制,不能为了空间景观的美化、大气、整齐而消灭那些弱势群体生存、栖身的多元异质的空间,如流动摊贩、流浪人员、乞讨人员、地摊小贩、街头卖艺人员、拾荒人员的空间,这些空间是多元的闹腾的,不仅显示了城市的包容和活力,而且也是底层人群创造的空间形式,要改变管理和思路,学会如何与这些异质空间和谐共处,学会"疏"、"引"而不是一味地"禁"和"堵",如采用划定一片区域、增设简易摊位、大桥底下放置简易棚等方式,给失业人员、下岗人员、弱势的流浪人员、乞讨人员、流动摊贩以一定的城市生存空间。

三是,打造标识性、可感性的空间景观。要保存本城市历史文化中具有标识性的城市街区和建筑物,延续城市独特的空间—历史意象;要赋予新的建筑,如纪念碑、雕塑、广场、博物馆、书城、美术馆等空间设计新的价值理念,塑造独特的审美意蕴和"可意象"的文化象征意义,要注意建筑的视觉可识别性和意蕴,引起大众视觉和听觉的注意和参与,这需要设计到审美的空间和距离。建筑视觉的审美涉及两类审美原则:一是分离,二是距离。"沿道路的事物和特征,比如标志物、空间变换、动态感受等,共同构成一条富有韵律的行程,经过感知、意象、组成需要一定时间间隔来体验的姿态。"①因此,在雕塑和公园、文物遗址等空间景观中,要预留足够长度的体验性、观赏性的道路以及道路的迂回设计,通过空间距离和空间位移形成感知、识别和综合,体味其中蕴含的象征和审美含义。在城市空间景观的塑造中,要凸显体验的维度,注重道路景观、江河景观、地标建筑、公共广场、绿地、公园等空间景观与大众之间

---

① [美]凯文·林奇:《城市意象》,方益萍等译,华夏出版社 2001 年版,第 76 页。

的联系程度、大众的参与和体验程度,大众主体性活动的发挥程度,注重打造大众对景观感知、体验的途径、方式和平台。

三、"活化记忆"的城市精神文化建设

一个城市的精神文化既包括了城市的历史记忆、城市文化遗迹等历史遗存,也包括了城市精神、城市价值观、城市生活方式等当下城市的现实生活,城市文化意象是城市居民将对城市的这些方面的感知和记忆糅合在一起,形成心理上的城市文化意象。因此,要处理好城市历史文化遗产、城市历史记忆和人们现实生活之间的关系,搜寻城市的历史文化脉络,找寻散落的城市历史记忆,把握城市的现实生活,提炼城市的当代精神,在"记忆"和"现实"中书写城市的连续性和当代性。

城市的精神文化资源分为三大类:一是历史文化资源,承载着城市的"集体记忆、神话、传说、文化传统、历史事件"等,是历史上长期积淀而凝结成的具有特色的地方文化,属于城市居民的集体精神资源,具有群体归属价值;二是民间生活资源,包括节日习俗、风土人情、地方艺术等,具有群体凝聚价值;三是改革开放以来的时代资源,包括现代演艺中心、知名企业、地标广场、模范人物、新型村落等现时代资源,具有群体激发价值。这些历史文化、生活文化、改革文化展示了城市人群和谐友爱、生动活泼的精神面貌,反映了团结一致、抵御外辱、积极求变的爱国精神以及革故创新、积极进取的改革精神……但是在当前的城市建设中,城市的文化脉络随着历史建筑、古迹的消亡或者被"连根拔起",弃之如履;集体文化记忆或者被少数资本所垄断而改造、变形被商业化,与大众生活日益隔膜;城市精神文化荒芜,丧失了"历史之根"和现实之"源"。因此,在城市精神文化建设上,既需要"活化"城市的历史符号,又需要"引领"和"活跃"人们的现实生活。

第一,活化城市的历史记忆。城市的历史文化资源是城市精神文化意象的主线,为城市历史集体记忆的积淀提供历史依据,为人们提供城市"心理定位"的线索,是传承城市文化、帮助人们整合城市文化意象、留存美好精神意象的关键所在。应组织和引导历史学、文化学、社会学的研究人员梳理城市的历史文化脉络、整理城市的历史记忆遗产,寻找散落的历史建筑、遗迹、节日、

习俗、礼仪等文化符号;凸显城市独特的空间-历史场域以及城市的"传奇地方",探索运用城市历史博物馆、民俗展览馆、革命纪念馆、故居馆、遗址馆等特定场所塑造和再现国家集体记忆的形式、途径和机制,如增设参与体验区、开设观赏表演区,以舞台剧、话剧等方式重现城市历史,表现城市"共有的经历、悲伤、辉煌与灾难"①;要关注挖掘大众的日常生活记忆类资源,研究如何将城市的历史文化资源和大众当下的现实生活连接起来,在保护历史遗迹和大众生活之间找到"相容"的空间场域、依托载体和平台,使历史生活符号印记、践行在当代市民的生活实践中。

第二,组织城市公共文化活动。在城市公共文化活动中,也应调动大众的自组织力量,尊重大众自创的文化活动形式,包容公共空间中各种自发的没有危害公共秩序的文化活动,包括地铁乞讨人群的演唱、广场公园的民间艺术流动小摊、地方剧种演唱会等。组织城市民间文化活动,如重阳登山、灯谜活动,兴办庙会、花市等民俗活动,推进地方曲艺"进社区"、"进校园"、"进工厂"等形式。大力发展城市文化产业,完善公共文化服务体系、实现公共文化服务的普遍化,打造一批文艺精品、文化名牌和活动基地如博物馆、图书馆、艺术馆、展览厅等,开展如学术讲座、论坛、民俗节、读书节等活动,开展各种形式的对外文化交往活动如国际博览会、艺术节、服装节等活动形式。

四、建设"包容、和谐"的城市社会关系

在当前,城市人群更加异质、多样、流动,城市分工更加具体多样,各阶层在城市内的关系形态更加复杂,各种性质的城市冲突也时有发生。党的十九大报告指出,"加强社区治理体系建设,推动社会治理重心向基层下移,发挥社会自组织作用,实现政府治理和社会调节、居民自治良性互动。"②因此在社区治理中,在城市社会关系中要营造和谐、包容的城市日常生活交往样态,倡导健康和谐的生活方式和交往方式,促进人们尤其是外来人口对城市的情感

---

① 李彦辉、朱竑:《地方传奇、集体记忆与国家认同——以黄埔军校旧址及其参观者为中心的研究》,《人文地理》2013 年第 6 期。

② 习近平:《决胜全面建成小康社会　夺取新时代中国特色社会主义伟大胜利》,人民出版社 2017 年版,第 4 页。

归属、市民身份认同和精神素养的提升。

在城市管理和社区管理中:一是,在交往理念上,通过报纸、电视、杂志等传统传媒和网络、微博等新兴传媒宣扬平等、包容、和谐的城市交往理念,营造各阶层人群的和谐交往氛围。二是,在交往平台上,团委、工会、妇联、社区管理部门等要兼顾各层次人群的精神需要,打造一批交往平台和渠道,如志愿者服务平台、公益活动平台、网络交往平台;提供交往活动场所,如市民文化俱乐部、社区活动中心、"打工者之家"等活动场所;政府和文化机构、民间组织协同,以社区为依托,构建农民工社区参与平台,开展创新性的社区文化活动,如建立社区舞狮博物馆、鼓乐队,开展讲古堂、键球比赛、赏月表演、小区文艺联欢、书法绘画展、环保创意活动等,组织各种形式主题交往活动,如读书活动、社区辩论赛、巧手活动、环保创意活动等,吸引和引导农民工参与各种社区活动;免费为市民尤其是农民工等弱势群体提供各种休闲文化产品和公益性文化活动,如免费开放博物馆、美术馆、图书馆、公益电影、艺术展等。三是,优化针对外来工的各项制度,如农民工的工伤保险制度、失业保险制度、医疗保险制度的改革,探索建立农民工的最低生活保障制度;以高职高专院校为阵地,联合工厂,开展对农民工的短时和长时的免费职业技能培训;社区设立外来人员心理咨询工作室,形成疏导干预机制,开展对外来农民工及其子女心理健康的咨询、讲座等活动,帮助他们纠正心理偏差,缓解心理压力,树立健康向上的生活状态,积极融入城市生活。

在当前全球化的浪潮中,中国的城市也在经历资本主义全球空间生产的结构性波及和自身城市化进程带来的双重影响,城市空间重组、城市文化变迁和城市社会关系形态变迁也引发了一些城市问题,也出现了"空间消费化"、"空间过度生产"、"房地产业投机"、"集体消费品分配不公"、"监禁社区"、"底层人口的非正规就业经济"等问题,出现了一些城市空间的反复"腾移"和"改造"、房地产业的投机导致住房的短缺和空置并存、城市公共空间的私有化、符号化和消费化、城市集体记忆的资本化,城市公共空间的分配、居住、使用权的不公平、穷人和富人空间的两极化分野以及由于空间权力的不同造成的人际冲突和社会不和谐等问题;同时还出现了诸如开发区等特殊的空间结构、城中村、老乡聚居村落等特殊的城市空间地形,以及城乡二元社会结构等城市化的宏观结构问题……中国是社会主义国家,具备了恩格斯视野中自觉进行制度调整的条件,可以通过科学规划、集体决策、制度调整自觉纠正城市化过程中的错误、偏差和弊端,朝着"美、意、善"的城市化的社会主义价值目标前行!

结语　改革开放下中国城市的空间发展样本:广州

　　广州,一座南国的花城,是改革开放春风最早吹绿的城市,是全球工业空间重组中跨国资本最先青睐之地,也是全国各地的农民工蜂拥而至的"梦想之地"……经过40多年的发展,广州已经成为一座经济发展、文化繁盛、生活宜居的国际化的大都市。2017年3月11—17日,以《花开广州·盛放世界》为名的广州城市形象宣传片正式亮相美国纽约时代广场,在"中国屏"24小时循环播放,木棉花、海珠湖花海、以世界知名的地标建筑广州塔为核心的广州城市新中轴CBD、规模世界第一的琶洲国际会展中心、超大港口、全球最先进的无人机灯光编队表演、世界第一款能够实现无人驾驶的超跑概念车……通过一系列的广州特色元素形象,在这个"世界十字路口"向世界展现广州全方位开放发展的城市形象。① 2017年3月,李克强总理在《政府工作报告》中提出制定粤港澳大湾区城市群发展规划,广州面临着新的一轮腾飞机遇;2017年10月全球化与世界城市研究组织(GAWC)发布的《全球城市竞争力报告》中,广州竞争力方面排名全球第15位,在可持续发展方面,排名全球36位,广州全球"能见度"得到提升。

　　作为我国重要的中心城市、国际商贸中心和综合交通枢纽,广州在多领域成为中国城市的典范,正以全新的城市形象处在国际舞台上,这是在"开放、创新、包容、进取"的广州精神激励下40多年间城市经济发展和城市建设的

---

　　① 《广州形象宣传片〈花开广州·盛放世界〉亮相纽约时代广场》,《广州日报》2017年3月13日。

突出成就的展示。当然广州也仍然存在着一些城市发展问题,如城市房价上涨、人群拥挤、交通堵塞、孩子入学困难、农民工以及新生代农民工的居住、医疗、保险、教育培训问题……但广州以自己的特殊优势走出了一条城市发展的道路,其中有着许多有益的经验。我们以广州作为一个城市空间发展的样本进行分析,分析其空间结构的演变、空间景观的建设、空间文化活动的开展,以期能总结经验、把握趋势、展望未来,并为后发展的中国其他城市所借鉴。

一、改革开放以来广州空间结构的演进

"城市空间结构的形成和变化是城市内部、外部社会、经济、政治力量相互作用的物质空间反映。城市空间的变化主要反映在数量和形态方面,是各种资源或影响力的力量,在相互作用之后的合力的物化。"①广州作为改革开放的前沿阵地,最早参与到经济全球化的进程中,其空间结构的演进跟广州外资进入、产业结构调整、外来人口涌入、城市规划、技术进步、房地产市场发展等因素的综合作用相关。空间结构的演进分为两条路径:一条路径是在空间形态上的地理扩展,即城市区域空间面积扩大(表1:广州市不同时期的建成区面积);另一条路径是各空间部位的相互关系的演化,即内部中心点的分化、分散和各空间部位的内部联系组成的空间结构。从这两条路径分析广州城市空间演进的过程和特点,把握广州城市空间结构演进的动力、趋势和规律,寻找经济、科学、平衡的空间结构形态,为其他大城市和后发展城市进行城市规划和城市建设提供一个参考样本。

表1　广州不同时期的建成区面积②　　　(单位:平方千米)

年度	1979	1990	1996	1998	2000	2004	2015
面积	156.90	227.20	463.39	476.50	491.76	542.76	1237.55(含增城、从化)

---

① 王国恩、邓楠:《1990年代以来广州城市空间拓展动力》,载《规划50年——2006中国城市规划年会论文集(中册)》,第117页。
② 牟凤云、张增祥等:《广州城市空间形态特征与时空演化分析》,《地球信息科学》2007年第5期。

(一)广州空间的圈层式和轴线扩展

广州是建成 2200 年的古城,秦设南海郡,面积约 0.2 平方千米,为古代戍边军镇。汉初南海都尉将城区面积扩大 10 倍,面积约 1.5 平方千米。宋代三百年间,广州城垣扩建达十多次,面积增加到 5 平方千米左右。清代时广州城区向东、西、南等方向扩展,形成荔湾、越秀、东山、海珠四个旧城区,总面积 15—20 平方千米。1949 年以后,广州逐步成为华南轻纺、对外贸易中心城市,历经十余次总体规划和长期建设,形成以旧城区为中心,沿珠江北岸向东发展的空间格局。[①] 改革开放前,广州的旧城区在越秀区,形成以北京路为城市商业中心的空间格局,传统的城市中轴线是:越秀山的中山纪念塔——中山纪念堂——市政府——人民公园——起义路——海珠广场及海珠桥,贯穿旧城区的南北。

由于处在改革开放的最前沿,外资投资设厂、城市基础设施建设、土地承包制度和户籍制度的改革等原因,大批农村剩余劳动力涌入,广州的城市空间在改革开放之后进入了迅猛发展阶段,广州市城市空间扩展主要表现为“圈层式”和“轴向式”扩展的空间特征。圈层式模式是城市早期阶段自发扩展的主要模式,轴向式模式是在圈层式模式基础上的进一步发展。[②]

第一,圈层式发展。广州城市空间先是按圈层式向外扩展,以广州的老城区(荔湾、越秀、海珠、东山)为中心向外延伸扩展,形成圈层式外扩结构。1987 年,由于东部天河体育中心的建立带动了天河区的发展。1984 年,经济技术开发区在东部萝岗区(现黄埔区)建立,因此形成以旧城区为城市中心区第一组团、以天河体育中心为中心的第二组团和黄埔地区第三组团等城市三大组团连接成片,由此形成了广州东西走向的带状城市结构雏形。[③] 1980 年广州城市建成区面积为 136 平方千米,1990 年达到 182.3 平方千米,1999 年达到 285 平方千米。2000 年,番禺、花都撤市设区后,广州城市建成区面积更

[①]　牟凤云、张增祥等:《广州城市空间形态特征与时空演化分析》,《地球信息科学》2007 年第 5 期。

[②]　马跃良:《广州市城区空间扩展遥感监测及驱动力分析》,《国土与自然资源研究》2009 年第 3 期。

[③]　牟凤云、张增祥等:《广州城市空间形态特征与时空演化分析》,《地理信息科学》2007 年第 5 期。

达到 431 平方千米,市区人口增加到 718.8 万人,市域人口达到 1000 万。①

第二,轴线式扩展。在圈层扩展形成大的空间结构基础上,广州的内部空间沿轴线发展,形成了两条轴线——东移轴和南拓轴。2001 年,广州开始实施《广州城市发展总体战略规划》,实施广州"东进南拓西联北优"城市发展战略,在"西联"和"北优"方面都是加强空间部位之间的联系和优化,只有向"东进"和"南拓"是在地理空间上的拓展。2000 年,确定了广州新城市中轴线的方案:经火车东站——天河体育中心——珠江新城轴线——跨越珠江和珠江交汇,然后再继续向南延——通过珠江电影制片厂文化聚集区——再往下到海珠湖——然后到中轴线南段地区——直到海心沙,沿着这一条城市中轴线,天河区、海珠区得到了发展。另一条是"南拓"轴线,是向南部的番禺和南沙拓展,政府在番禺建设了地铁三号线和四号线、广州大学城、广州新城、亚运新城、广州南站等大型项目,带动了南部番禺的发展,加快了南沙港、南沙开发区的发展,旨在将南沙地区打造成为广州乃至整个珠三角的新增长极。② 2010年,广州的城区面积 3843.43 平方千米,城区建成面积 549 平方千米。2014年,广州撤销黄埔区、萝岗区,设立新的广州市黄埔区,撤销县级从化市、增城市,分别设立广州市从化区、增城区,新广州市辖面积由 3843.43 平方公里扩大到 7434.4 平方公里,市辖总面积超过上海。

(二)广州"多中心"、"组团式"的空间结构

在城市空间地理扩展基础上,广州的城市空间从外延式"拓展"向内涵式的"优化与提升"转变,对空间结构进一步进行整合和优化。

2012 年,广州市政府公布的《城市功能布局规划》,明确提出将广州建设"一个都会区、两个新城区和三个副中心"的空间布局,通过以各中心带动建设区域内小城镇、再带动农村的城市化,新的城市功能布局规划将使广州逐步走向多中心、组团式、网络型的理想城市空间结构。"一个都会区"包括越秀区、荔湾区、海珠区、天河区、黄埔区、白云区南部、萝岗区的南部地区和沙湾水

---

① 王国恩、邓楠:《1990 年代以来广州城市空间拓展动力》,载《规划 50 年——2006 中国城市规划年会论文集(中册)》,第 117 页。

② 张京祥、罗震东等:《体制转型与中国城市空间重构》,东南大学出版社 2007 年版,第146 页。

道以北地区;"两个新城"是南沙滨海新城,包括南沙区和番禺区在沙湾水道以南地区;东部山水新城,包括萝岗区的北部地区和增城市的中新镇、朱村街道;"三个副中心"则是指花都副中心、增城副中心、从化副中心,加强对粤北、粤东地区的辐射和带动。① 2016年,又在既有空间框架下,在白云、花都、增城、从化、黄埔、番禺规划了30个"宜居、宜业、宜游"的特色小镇(村),形成星星点点之势,以此来带动周边农村地区的生态旅游、休闲业、农副产品加工业的发展,将更广大的农村空间整合进空间结构中来,逐步实现城市化。2015年,广州抛弃了增城、花都、从化"副中心"的提法,将其提为"卫星城市",这更符合三地与广州城区在地域上的一体化联系,同时各区域之间的轨道交通、功能定位、产业布局正在有序推进。2016年,又将南沙滨海上升为城市的副中心,2017年3月,李克强总理在《政府工作报告》中提出要推动内地与港澳深化合作,研究制定粤港澳大湾区城市群发展规划,粤港澳大湾区内的香港、澳门和9个珠三角城市地区生产总值达到1.3万亿美元,是旧金山湾区的2倍,接近纽约湾区1.56万亿美元水平;进出口贸易额约1.5万亿美元,是东京湾区的3倍以上。而南沙所处的地理位置可以方便连接港澳,因此被打造成广州的又一"中心",承担起连接广州与周边城市、广州与港澳、广州与世界的枢纽作用,粤港澳城市协同发展战略将推动广州城市空间结构向枢纽型网络城市进一步演进。

(三)广州空间结构的进一步优化

在广州城市空间呈现出"圈层扩展——沿轴线延展——多中心优化"的空间演进趋势,这既有宏观层面上城市发展战略、新的行政区划、城市定位的影响,也有新的交通要道、大型城市建设项目、新城市中心的建设产生的空间扩展的动力,以及工业布局、产业调整带来的城市空间结构的变化。与西方国家城市空间发展相比,表现出政府更强的对空间的组织性和规划性。在当前广州已经基本形成了"双中心"的区域城市带和城市团,并通过小城镇建设辐射、带动周边农村城市化。这一空间结构优化的方向是正确的,有助于形成组团集聚、功能互补、点网连接的生产效率高、生态环境美、布局均衡的空间结

---

① 《广州打造一个都会区两个新城三个副中心》,《南方都市报》2012年11月5日。

构,这一大的空间结构框架已经形成。

随着广州新的城市定位,如在 2012 年 9 月颁发的《中共广州市委、广州市人民政府关于全面推进新型城市化发展的决定》中指出,广州以"国际化、高端化、特色化"为导向,要建设成国际商贸中心,为配合这一城市新定位,广州城区内部的空间小结构还需要进行进一步优化和调整,以配合主体功能的实施,如珠江新城的 CBD 的空间打造、琶洲会展地块的空间优化、花都航空板块的空间集聚、南沙港口空间地段的空间优化,广州的空间结构中还将成长出更繁杂、更多层、更集聚式的组团块小空间,形成更复杂、更多层次、更有效率的空间结构。

二、近年来广州城市空间景观的美化

城市景观包括道路、区域、边界、节点、标志物等,广州借举办 2010 年亚运会为契机,进行了道路景观设计(包括上下九路商业步行街和北京路商业步行街的整治和改造,恢复了骑楼、展现了传统的西关风情,在北京路增加了"五羊"雕塑群、烘托了千年古道)、进行了区域景观设计(如十三行商圈、北京路商圈、天河商圈、珠江新城、猎德村)、城市边界设计(珠江景观、东濠涌景观)、城市标志物设计(城标、地标、地方建筑)、城市节点设计(花城广场、海心沙设计)。①

近年来,广州的绿化得到大幅度提升,对立交桥进行了绿化覆盖,形成花草繁盛的立交桥廊道类生态景观,开拓了大量的生态绿道供游人骑行,构成城市景观的线条;还形成瀛洲生态园为中心点的万亩果园生态区,与海珠湖、海珠湿地成为一道生态园区,在沿线"镶嵌"了众多公园,如琶洲塔公园、赤岗塔公园,形成了镶嵌类景观;以北起燕岭公园,向南经火车东站、体育中心,穿越珠江新城林荫大道、海心沙,越过赤岗塔继续向南延伸的城市新中轴线为线路,在城市节点"镶嵌"了一批标志性建筑,如中信大厦、双塔、广州第二少年宫、广州图书馆、广州歌剧院、广东省博物馆,与广州电视塔隔江相望,以造型

---

① 蒋丽:《城市形象的理论和实践——以广州市为例》,世界图书出版公司 2013 年版,第 113—143 页。

优美、线条简洁诠释了广州的建筑风格,形成"点睛"之点,汇聚了由珠江新城中央广场、博物馆前广场、海心沙市民广场、赤岗塔广场、东风生态公园、新客港广场构筑的广场带;镶嵌类景观包括雕塑,是城市的眼睛,广州在原有的孙中山纪念像、五羊石塑、广州海珠广场广州解放纪念像等雕塑群的基础上,修建了西汉南越王博物馆外墙的大幅浮雕、星海音乐厅的群雕以及雕塑公园、潘鹤雕塑艺术院、曹崇恩雕塑公园,2015 年《广州城市雕塑总体规划(修编)》征求公众意见中指出广州拟建 10 处标志性建筑,选取广州新城市中轴线作为广州公共艺术交流中心,以广州雕塑公园、大学城、广钢公园、广州金融城和北京路作为五大公共艺术展示平台,未来要建设 10 处标志性城市雕塑并进行 12个重点区域的城市雕塑建设。①

广州城市的基质景观空间布局特色在于:一是以城市新中轴线的建设为线路,打造了一批标志性的建筑景观轴线;二是以越秀山孙中山塑像——中山纪念堂——市政府——市中心文化广场——海珠广场的历史名城景观轴线;三是珠江两岸珠水风情游览轴线,已经初步形成了有重点、有区隔的城市景观群落、标志性节点景观和镶嵌景观构形。

三、近年来广州城市空间文化面貌的建设

广州有着丰富的历史文化遗产资源,主要分为南越国史迹文化资源、近现代革命文化史迹资源、历史商都文化资源、古建筑文化资源、民俗和工艺品资源,正是这些资源形成了广州独持的历史意蕴和文化品格,也勾勒广州独特的历史文化风貌,近年来广州非常重视对历史文化资源的保护和建设。广州在1999 年颁布了《广州历史文化名城保护条例》、2008 年颁布了《历史文化名城名镇名村保护条例》,2013 年,出台了《广州市历史建筑和历史风貌区保护办法》、2015 年通过了新的《广州市历史文化名城保护条例》,提出历史文化名城的保护对象包括历史城区的自然格局和传统风貌、历史文化街区、历史文化名镇、历史文化名村,以及历史建筑、历史风貌区、传统村落,古树名木、传统地名、文物和非物质文化遗产等;提出历史文化名城的保护应当遵循科学规划、

---

① 《广州拟建 10 处标志性雕塑》,《南方日报》2015 年 10 月 30 日。

分类管理、严格保护、合理利用的原则,维护历史文化遗产的真实性和完整性,保护与其相互依存的自然和人文景观,保持、延续历史文化名城的传统格局和风貌。

在广州城市的空间风貌的优化上,一是注重对历史物质资源的重视和发掘,对具有历史和文化价值的建筑和城市街区的保护、甚至对大众日常生活方面记忆的保存,如对民宅、老字号商铺、电影院、剧院、码头、胡同的保护。二是注重对历史文化资源进行意蕴阐释和意象提升。越秀区打造了北京路千年古道历史文化商贸圈及旅游区、东濠涌历史水公园、荔湾区的西关风情历史街区、陈家祠建筑博物馆,海珠区正在打造黄埔古港、天河区打造了猎德龙舟民俗文化、珠村乞巧民俗等文化名牌……并且将古树名、传统地名、非物质文化遗产如习俗等纳入保护范围。在保护理念上,突破了原来对历史"点"的保护,扩大对"貌"的系统整体保护,力图形成风格一致、结构一致的风貌区。26片历史文化街区传统风貌建筑较多的地区将升格为历史风貌区或历史文化街区,如南华西街的历史街区对岭南近代建筑艺术的保护,如东山近代欧陆建筑群历史文化街区就是这种风格一致的街区,如北京路步行街也将打通各条里巷、"串"起周边大大小小的文物古迹,形成一个连通的、整合的历史风貌区和现代购物区。如越秀、荔湾两个区将建设"老字号"一条街,建立广州传统工艺美术中心,荔湾区以着力打造泮塘路守信一条街,将普通大众关于城市的历史印象活化,以及重新将记忆融入现实生活。

广州在推进新型城市化的发展文件中提出要精心打造"海上丝路"、"十三行"、"广交会""北京路"、"广州花城"和"食在广州"6大城市文化名片。近年来也新建了一批博物馆、剧院、音乐厅,如在珠江新城中心地带打造了广东省博物馆、广州大剧院、星海音乐厅、广东省图书馆等公共文化设施,打造了南国书香节、南国讲坛、羊城学堂等一批城市公共文化品牌,开展了丰富多彩的如花市、庙会、龙舟赛等地方文化活动。如海珠区依托海珠湿地和海珠湖举办了国际性花卉及园林博览会,越秀区打造了庙会这一广府民俗文化特色活动品牌、天河区打造了珠村七巧节庆活动品牌,天河猎德打造了龙舟文化活动品牌,这些活动极大的繁荣了人们的精神文化生活,广州正在计划打造花城名片,建设花市牌楼和花市博物馆,推进"迎春花市"申报国家级非物质文化遗产工作。

在 2012 年 9 月颁发的《中共广州市委、广州市人民政府关于全面推进新型城市化发展的决定》中指出，预计 2015 年，广州基本形成现代服务业发达、内外贸融合、货物贸易与服务贸易并重发展的商贸格局，国际商贸中心功能明显提升；到 2020 年要成为会展中心、购物天堂、贸易枢纽、采购中心和价格形成中心、物流航空航运中心、区域金融中心、电子商务中心、美食之都等主体功能完备的国际商贸中心。广州在全球空间中的专业化功能定位更为明确，正在形成枢纽状的与全球空间相连的网络状空间结构，同时广州城市空间景观建设和地方文化活动取得了很大的进展，不断提高城市人群的生活品质，广州正在成为"开放"、"先进"、"绿色"、"包容"的宜业、宜居、宜旅的代表性城市，是中国城市提升"全球性"的一个空间样本。

广东是最早实行改革开放的地区，外来人口大量移入造成的人口拥挤、住宅低劣化，另一方面是政府依赖的"土地财政"与开发商的趋利动机相结合造成的房价高企、高端住宅象征化符号化，各种老的空间与新的空间混杂。同时，由于所移入人口的多地域、多民族，也造成了城市中多样的空间地形，既有从事国际贸易的黑人聚居区、又有来自各个省份、地域的人口组成的人口的相对聚集区，如湖北村、湖南村、四川村、新疆村，还有随着网络经济兴起形成的"淘宝村"等，形成了诸多的城市空间"肌理"和"褶皱"，这是广州具有包容精神和平民精神的又一例证。由于城市化的速度过快，广州的城市化更加"压缩"和"叠加"了城市发展各阶段各种形式的城市矛盾，外来人口包括流动农民工众多、城市化速度又非常决出现了拆迁搬迁中的矛盾、土地资源的分配、使用和享用不公问题、老旧城市社区和新城市社区的资源、服务和公共设施布局不平衡问题、人口高度集聚导致的交通问题、各种社会心态问题、社会综合治安问题……近年来，广州开创了很多社会治理的新途径和新方法，为城市化进程中其他地区提供了经验和范本。

随着粤港澳大湾区这一国际一流湾区和世界级城市群的建立，也给广州带来新的发展机遇，使得人口进一步集聚，公共交通、公共资源、服务和设施、公共空间的布局更考验科学性、环境和资源的治理更考验持续性、人群的社会交往和社会关系的营造更考验和谐度，这也提出了城市社会治理的新问题和新考验。习近平总书记在参加十三届全国人大一次会议广东代表团审议时指出广东是改革开放的排头兵、先行地、实验区,提出广东要"走在四个前列","四个前列"包括了在"营造共建共治共享社会治理格局上走在全国前列",在这一要求下,作为粤港澳大湾区的"核心城市"的广州也必须探索新的历史条件下进行城市的社会秩序治理、空间布局治理、环境美化治理、社会心态治理、文化活动建设的新思路、新方法和新举措,在城市社会的治理和建设上走在全国前列,为其他城市建设提供鲜活的样本和成功的示范。

主要参考文献

一、经典文献

《马克思恩格斯选集》第 1—4 卷,人民出版社,1995 年。

《马克思恩格斯文集》第 1—3 卷,人民出版社,2009 年。

《马克思恩格斯全集》第 1 卷,人民出版社,1960 年。

《马克思恩格斯全集》第 2 卷,人民出版社,1957 年。

《马克思恩格斯全集》第 3 卷,人民出版社,1956 年。

《马克思恩格斯全集》第 18 卷,人民出版社,1964 年。

《马克思恩格斯全集》第 19 卷,人民出版社,1963 年。

《马克思恩格斯全集》第 20 卷,人民出版社,1973 年。

《马克思恩格斯全集》第 21 卷,人民出版社,1965 年。

《马克思恩格斯全集》第 23 卷,人民出版社,1972 年。

《马克思恩格斯全集》第 24 卷,人民出版社,1972 年。

《马克思恩格斯全集》第 25 卷,人民出版社,1974 年。

《马克思恩格斯全集》第 46 卷(上),人民出版社,1979 年。

《马克思恩格斯全集》第 46 卷(下),人民出版社,1980 年。

《马克思恩格斯全集》第 47 卷,人民出版社,1979 年。

马克思:《资本论》第一卷,人民出版社,2004 年。

二、外文文献

Andrew Merrifield. *Metromarxism*:*A Marxist Tale of the city*, London:Routledge,2002.

Peter Saunders.*Social theory and the urban question*, London：Hutchinson E-duction Ltd,1986.

Henri Lefebvre.*Production of space*, Translated by Donald Nicholson-Smith, Maiden：Blackwell Publishing,1991.

Henri Lefebvre.*The Urban Revolution*, Translated by Robert Bononno, London：University of Minnestita Press,2003.

Henri Lefebvre. *The survival of Capitalism*, Translated by Frank Bryant, London：Allison &Busby,1976.

Henri Lefebrve.*Everyday Life in the modern* World, London：Penguin,1971.

Henri Lefebrve,*Introduction to modernity*, London：Verso,1995.

Mannel Castells.*The Urban Question：A Marxist Approach*, Translated by Alan Sheridan, Edwaed Arnold Ltd,1977.

Mannel Castells.*City, class and power*, translation supervised by Elizabeth Lebas, The macmilan Press Ltd,1978.

Mannel Castells.*city and grassroot-A cross-culture theory of urban social movements*, University of California Press,1983

Kieran Mckeoen.*Marxist Political Economy and Marxist Urban Sociology*, the Macmillan Press LID,1987.

Ira Katznelson.*Marxism and the city*, Oxford university,1992.

Harvey David.*The urbanization of capital*, Oxford：Basil Blackwell Ltd. 1985.

Harvey David. *Consciousness and the Urban Experience*, Oxford：Blackwell,1985.

David Harvey.*Social Justice and the city*.London：Edward Arnold,1973.

三、中文文献

苏联中央执行委员会附设共产主义研究院编:《城市建设:马克思列宁主义参考资料》,中华人民共和国建筑工程部城市建设总局译,建筑工程出版社,1955年。

［美］艾拉·卡茨纳尔逊:《马克思主义与城市》,王爱松译,江苏教育出版

社,2013 年。

　　[美]戴维·哈维:《叛逆的城市:从城市权利到城市革命》,叶齐茂等译,商务印书馆,2014 年。

　　[美]戴维·哈维:《后现代的状况:对文化变迁之缘起的探究》,阎嘉译,商务印书馆,2013 年。

　　[美]大卫·哈维:《巴黎城记》,黄煜文译,广西师范大学出版社,2010 年。

　　[美]戴维·哈维:《正义、自然和差异的地理学》,胡大平译,上海人民出版社,2010 年。

　　[美]大卫·哈维:《希望的空间》,胡大平译,南京大学出版社,2006 年。

　　[美]道格拉斯·凯尔纳:《媒体奇观——当代美国社会文化透视》,史安斌译,清华大学出版社,2003 年。

　　[美]爱德华·W.苏贾:《后现代地理学——重申批判社会理论中的空间》,王文斌译,商务印书馆,2007 年。

　　[美]Edward W.Soja:《后大都市——城市和区域的批判性研究》,李钧等译,上海教育出版社,2006 年。

　　[美]Edward W.Soja:《第三空间:去往洛杉矶和其他想象地方的旅程》,陆扬译,上海教育出版社,2005 年。

　　[英]约翰·厄里、德雷克·格里高利编:《社会关系与空间结构》,谢礼圣等译,北京师范大学出版社,2011 年。

　　[法]居伊·德波:《景观社会》,王昭凤译,南京大学出版社,2007 年。

　　[法]居伊·德波:《景观社会评论》,梁虹译,广西师范大学出版社,2007 年。

　　[法]亨利·勒菲弗:《空间与政治》,李春译,上海人民出版社,2008 年。

　　[美]刘易斯·芒福德:《城市文化》,宋俊岭等译,中国建筑工业出版社,2009 年。

　　[美]刘易斯·芒福德:《城市发展史:起源、演变和前景》,宋俊岭等译,中国建筑工业出版社,2005 年。

　　[美]Michael J.Dear:《后现代都市状况》,李小科等译,上海教育出版社,

2004 年。

[法]让·鲍德里亚:《消费社会》,刘成富等译,南京大学出版社,2008 年。

[美]莎朗·佐京:《购买点——购物如何改变美国文化》,梁文敏译,上海书店出版社,2011 年。

[美]Sharon ZuKin:《城市文化》,张廷佺等译,上海教育出版社,2006 年。

[美]戴维.鲁斯克:《没有郊区的城市》,王英、郑德高译,上海人民出版社,2011 年。

[德]瓦尔特.本雅明:《本雅明文选》,陈永国等编,中国社会科学出版社,1999 年。

[美]安东尼·奥罗姆、陈向明:《城市的世界——地点的比较分析和历史分析》,曾茂娟、任远译,上海人民出版社,2005 年。

[美]马歇尔·伯曼:《一切坚固的东西都烟消云散了》,徐大建译,商务印书馆,2003 年。

[美]丝奇雅·沙森:《全球城市——纽约、伦敦、东京》,周振华译,上海社会科学院出版社,2005 年。

[美]萨森:《全球化及其不满》,李纯一译,上海书店出版社,2011 年。

[美]布赖恩·贝利:《比较城市化——20 世纪的不同道路》,顾朝林等译,商务印书馆,2012 年。

[美]保罗·诺克斯、琳达·迈克卡西:《城市化》,顾朝林等译,科学出版社,2016 年。

李春敏:《马克思的社会空间理论研究》,上海人民出版社,2012 年。

包亚明主编:《现代性与都市文化理论》,上海社科院出版社,2008 年。

汪民安主编:《城市文化读本》,北京大学出版社,2008 年。

向德平主编:《城市社会学》,高等教育出版社,2005 年。

包亚明主编:《后大都市与文化研究》,上海教育出版社,2005 年。

包亚明主编:《现代性与空间生产》,上海教育出版社,2002 年。

孙江:《空间生产——从马克思到当代》,人民出版社,2008 年。

薛毅主编:《西方都市文化研究读本》第 1—4 卷,广西师范大学出版社,

2008 年。

李翔宁:《想象与真实——当代城市理论的多重视角》,中国电力出版社,2008 年。

张鸿雁主编:《城市·空间·人际——中外城市社会发展比较研究》,东南大学出版社,2003 年。

张鸿雁:《城市形象与城市文化资本论——中外城市形象比较的社会学研究》,东南大学出版社,2002 年。

刘合林:《城市文化空间解读与利用——构建文化城市的新路径》,东南大学出版社,2010 年。

薛凤旋:《中国城市及其文明的演变》,世界图书出版公司,2010 年。

孙逊主编:《城市史与城市社会学》,三联书店,2013 年。

张一兵:《文本的深度犁耕》,中国人民大学出版社,2008 年.

高鉴国:《新马克思主义城市理论》,商务印书馆,2007 年。

许英:《城市社会学》,齐鲁书社,2002 年。

张敦福主编:《现代社会学教程》,高等教育出版社,2004 年。

傅崇兰等:《中国城市发展史》,社会科学文献出版社,2009 年

张京祥、罗震东等:《体制转型与中国城市空间重构》,东南大学出版社,2007 年。

陆铭:《空间的力量——地理、政治与城市发展》,上海出版社,2014 年。

张天勇等:《城市化与空间正义》,人民出版社,2015 年。

童大焕编:《中国大城市化共识》,东方出版社,2014 年。

蒋丽:《城市形象的理论和实践——以广州市为例》,世界图书出版公司,2013 年。

四、中文期刊论文

[美]曼纽文·卡斯特:《城市意识形态》,《国际城市规划》2006 年第 5 期。

[美]曼纽尔·卡斯特:《一个跨文化的都市社会变迁理论》,《国外城市规划》2006 年第 5 期。

［美］曼纽尔·卡斯特:《发达资本主义国家的集体消费和城市矛盾》,《国际城市规划》2009 年增刊。

［美］曼纽文·卡斯特:《21 世纪的都市社会学》,《国外城市规划》2006 年第 5 期。

［美］曼纽尔·卡斯特:《都市理论和中国的城市化》,《国外城市规划》2006 年第 5 期。

［英］戴维·哈维:《马克思的空间转移理论》,《马克思主义与现实》2005 年第 4 期。

［美］爱德华·索亚:《以空间书写城市》,《苏州大学学报》2012 年第 1 期。

［美］萨斯基娅·萨森:《新型空间形式:巨型区域和全球城市》,《国际城市规划》2011 年第 3 期。

［美］萨斯基亚·萨森:《论世界型经济下的城市复合体》,《国际社会科学杂志》1995 年第 1 期。

［美］萨斯基娅·萨森:《全球城市:战略场所、新前沿》,《国际城市规划》2011 年第 2 期。

［美］萨斯基娅·萨森:《城市的专业化差异在今天的全球经济中至关重要》,《国际城市规划》2011 年第 2 期。

［美］萨斯基娅·萨森:《世纪之交的城市社会学前沿》,《国际城市规划》2011 年第 2 期。

［美］萨斯基娅·萨森:《在全球数字化时代解读城市:地貌表征的局限性》,《国际城市规划》2011 年第 2 期。

胡潇:《空间的"生产性"解读》,《哲学动态》2012 年第 9 期。

俞金尧:《权势创造城市——论农业时代的城市起源》,《杭州师范学院学报》2012 年第 5 期。

仰海峰:《德波与景观社会批判》,《南京社会科学》2008 年第 10 期。

庄友刚:《西方空间生产理论研究的逻辑、问题与趋势》,《马克思主义与现实》2011 年第 6 期。

张应祥:《资本主义与城市社会变迁》,《城市发展研究》2006 年第 1 期。

王慧:《新城市主义的理念与实践、理想与现实》,《国际城市规划》2002年第 3 期。

罗丽:《中国古代城市起源动力及类型》,《延边大学学报》2007 年第 2 期。

高鉴国:《马克思恩格斯城市思想探讨》,《山东大学学报》2000 年第 3 期。

李春敏:《马克思恩格斯论资本主义空间生产的三重变革》,《南京社会科学》2011 年第 11 期。

李春敏:《城市与空间的生产——马克思恩格斯城市思想新探》,《中共福建省委党校学报》2009 年第 6 期。

孙乐强:《〈资本论〉与马克思的空间理论》,《现代哲学》2013 年第 5 期。

刘怀玉:《索亚:后现代地理景观的空间本体论批判》,《南京大学学报》2004 年第 5 期。

胡以志:《全球化与全球城市——对话萨斯基娅·萨森教授》,《国际城市规划》2009 年第 3 期。

苏宁:《世界城市理论综述与启示》,《上海商学院学报》2010 年第 2 期。

赫曦滢:《新马克思主义城市学派理论研究》,吉林大学博士论文,2012 年。

后　记

　　2009 年,我在阅读恩格斯的《英国工人阶级状况》时发现了对恩格斯的早期城市社会学思想进行研究的相关文献,并由此接触到列菲伏尔、哈维、卡斯特尔斯等新马克思主义者的城市思想,我欣喜地发现这一片学术宝藏并俯身其中乐此不疲。城市是我们重要的生存场所,是与我们的生活息息相关的场域、言说的语境和情感的指涉,那么它们是如何在规定、制造、改变着我们的情感、交往以及生活方式,在这背后其变迁的动力、机制和形式是怎样的? 新马克思主义城市学者敏锐地捕捉了 20 世纪 70 年代以来西方城市的景观特质、内蕴风格、城市阶级关系状况的变化,并将城市的空间发展变化放在生产方式变化的框架中来进行理解和阐释,这种理论分析的透彻性与现实关注感深深吸引了我,我开始观察周围的城市现象,并在自己的城市生活中找到了点点印证,由此我思索这些思想对中国城市发展有着何种意义和价值,作为学者,我们如何在中国城市化场域中采撷、汲取、转化、加工新马克思主义城市理论资源,使其有益于中国的城市化进程和城市的优化发展。

　　此后,我用"新马克思主义的城市空间思想研究——兼论中国城市化发展中的空间问题"为题,申报了国家社科基金,后经评审专家将题目改为"马克思主义关于城市发展理论及中国城市化研究"并立项,这一题目大大超过我先前题目的范围,转移了我的研究聚焦点,所以在研究过程中发现时间跨度非常大,人物众多,涉及地域广阔,几易其稿,殚精竭虑,最后清理出一条西方从"原始初城"——奴隶制古典"城邦城市"——到封建"政治城市"——"工场手工业城市"——资本主义早期"大工业城市"——"垄断城市"——"全球城市"的城市发展线索,再到社会主义苏联、中国的城市空间发展状况,最终落脚在中国城市空间发展的未来方向和目标上。在这一研究中将马克思恩格斯的城市发展理论、新马克思主义的城市发展理论和中国化的马克思主义城市化论述作了一个比较、连接和整合,这对处理繁杂文献的能力、比较和综合能力都是磨炼和提升,但坦率地讲,自己现有的研究还是比较粗线条、有些历史划期还具有僵硬性。另外,在这一研究过程中我逐渐聚焦了自己下一步的研究方向:城市的空间正义问题,并于近日获批了广东省社科规划项目"基于城市空间正义的新时代城市空间治理研究",未来两年的研究内容也是我这本书稿的延续和伸展,我将在未来的研究中力求弥补本书研究中存在的不足之处。

　　本书得以顺利完成,离不开王宏维教授、罗洪铁教授、胡潇教授、皮家胜教授的启发和指导。感谢密歇根大学王政教授提供访学机会,让我在美国访学期间收集到新马克思主义城市学者的诸多外文资料。感谢我的同事及好友夏宏教授、张雪娇教授、谭苑芳教授、陈小红教授、邵小文博士,给予我生活和学习上的鼓励和帮助。感谢我的学生为书稿进行参考文献整理、注释校对、文献查证等工作。感谢父母、先生和儿子,他们给予我的亲情,是我不懈奋斗的动力。

　　最后,感谢人民出版社的洪琼先生,正是他的辛勤劳动,本书才能如期出版。感恩有你们!

刘　莉
2018 年 11 月 16 日于紫藤书屋

责任编辑:洪 琼

图书在版编目(CIP)数据

马克思主义城市空间发展论/刘莉 著. —北京:人民出版社,2019.12
ISBN 978 - 7 - 01 - 022291 - 2

Ⅰ.①马… Ⅱ.①刘… Ⅲ.①马克思主义-城市社会学-研究-中国
  Ⅳ.①C912.81

中国版本图书馆 CIP 数据核字(2020)第 119398 号

马克思主义城市空间发展论
MAKESIZHUYI CHENGSHI KONGJIAN FAZHANLUN

刘 莉 著

人民出版社 出版发行
(100706 北京市东城区隆福寺街 99 号)

北京汇林印务有限公司印刷 新华书店经销

2019 年 12 月第 1 版 2019 年 12 月北京第 1 次印刷
开本:710 毫米×1000 毫米 1/16 印张:16.75
字数:250 千字

ISBN 978 - 7 - 01 - 022291 - 2 定价:59.00 元

邮购地址 100706 北京市东城区隆福寺街 99 号
人民东方图书销售中心 电话 (010)65250042 65289539